LA ENCICLOPEDIA HISTÓRICA

POR LUIS ALBERTO GONZÁLEZ GARCÍA

Editorial: BoD · Books on Demand, Calle de Manzanares, 4,
28005 Madrid, bod@bod.com.es
Impresión: Libri Plureos GmbH, Friedensallee 273,
22763 Hamburg (Alemania)
ISBN: 978-84-1092-082-8

Sobre el autor:

Yo soy un joven de catorce años, apasionado por la historia desde que iba en primaria. Me apasionaban las clases de ciencias sociales, en las que aprendíamos sobre historia contemporánea e historia de España. Siempre que podía participaba en las clases y sacaba dieces en la materia.

También, descubrí videojuegos ambientados en lugares y acontecimientos históricos concretos por lo que me empecé a interesar por la historia fuera de las cuatro paredes del aula. Con doce años empecé a leer decenas de libros para aprender más sobre la historia de países, culturas, acontecimientos, imperios, etc. Un día de vez en cuando resumía, en unas cuantas páginas de una libreta, la historia de un país o región en concreto.

Después de más de un año haciendo resúmenes, con trece años, decidí utilizar esos escritos para algo más, recopilándolos en una sola obra ilustrada, "La enciclopedia histórica", con el objetivo de que cualquier persona, independientemente de su edad o sus conocimientos, pueda entender la historia de gran cantidad de países y regiones alrededor del globo. Siempre que tenga curiosidad e interés por aprender.

Ahora con catorce años, tras registrar y revisar en múltiples ocasiones la obra, me dispongo a publicarla para que cualquiera pueda aprender de forma sencilla sobre historia universal, un tema que desde pequeño me ha apasionado y me sigue entusiasmando a día de hoy.

Índice:

4

Introducción

La historia es un campo del saber mucho más extenso que las páginas que yo pueda poner en este libro. Desde que el primer ser humano apareció hasta día de hoy han pasado una cantidad innombrable de sucesos, conflictos, alianzas, culturas, innovaciones, guerras, civilizaciones, comunidades...

Durante toda la historia de la humanidad ocurrieron sucesos como guerras, grandes imperios, tribus... Que llevaron al establecimiento de las naciones como actualmente las conocemos.

En este libro cuento la historia de 50 de esas naciones en las que actualmente la población mundial está dividida. Aunque como se puede imaginar por la extensión de este libro que es imposible contar todos los sucesos históricos de cada nación en unos cientos de páginas. Podríamos llegar a necesitar de varios libros para redactar y explicar detalladamente la historia de una sola de las naciones que se incluyen en este libro.

Aunque mi intención no es explicar cada detalle de la historia de las naciones de las que hablo, si no resumir la historia de cada una de ellas desde sus orígenes hasta el día de hoy y como todos las conocen.

Por esa razón he decidido titular este libro "La enciclopedia histórica", porque actúa como una especie de enciclopedia en la que se recopilan datos, historias, etapas, eventos y guerras de países desde Italia, Francia o España hasta Kazajstán, Vietnam o Corea.

Está diseñado para que cualquier tipo de público que haya cursado sus estudios básicos primarios, con lo que conozca algunos términos muy generales, pueda entender esta obra.

Así que recomiendo este libro para todas las edades, desde los adolescentes hasta las personas más longevas, siempre que tengan un interés por la apasionante historia que rodea la a los grandes imperios, reinos, países, naciones y eventos históricos.

Dicho esto dejo al lector que comience la lectura de este libro por el primer capítulo y espero que si llega al final haya podido enriquecer su conocimiento histórico y pasión por aprender más de este ámbito del saber.

Nota: Durante la lectura de este libro lea y preste atención a las muchas imágenes que contiene, ya que son cruciales para poder entender lo que se relata.

1.Historia de España

Los primeros restos de algo parecido a un hombre son de hace 1,2 millones de años en Atapuerca.
Los mayores restos que dejaron fueron las pinturas rupestres de las cuevas de Atapuerca.

Los griegos y fenicios establecieron colonias en la costa mediterránea de la península, para extraer oro y comerciar con los locales. En aquella época la península estaba habitada por pueblos de origen celta como los galaicos, astures, cántabros y vascones. En el resto de la península estaban los pueblos íberos aunque había en el interior una especie de mezcla entre los dos pueblos, llamada celtiberia (celtíberos).

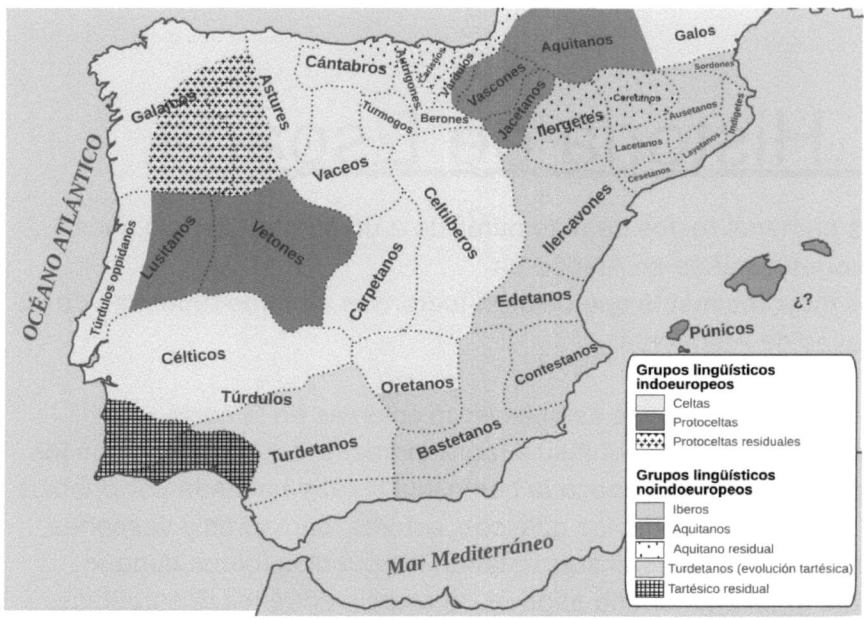

En el siglo 3 antes de cristo estallan las guerras púnicas entre Roma y Cartago. Entonces Cartago toma parte de la península ibérica como base para sus ataques a Roma, pero fracasa al intentar tomar la capital.

En el 218 a.C comienza la conquista de Hispania por parte de Roma, que duraría 2 siglos. Durante este hecho destaca la participación del héroe Viriato (apodado el terror de Roma). Los romanos extendieron su cultura, religión y lengua por Hispania.

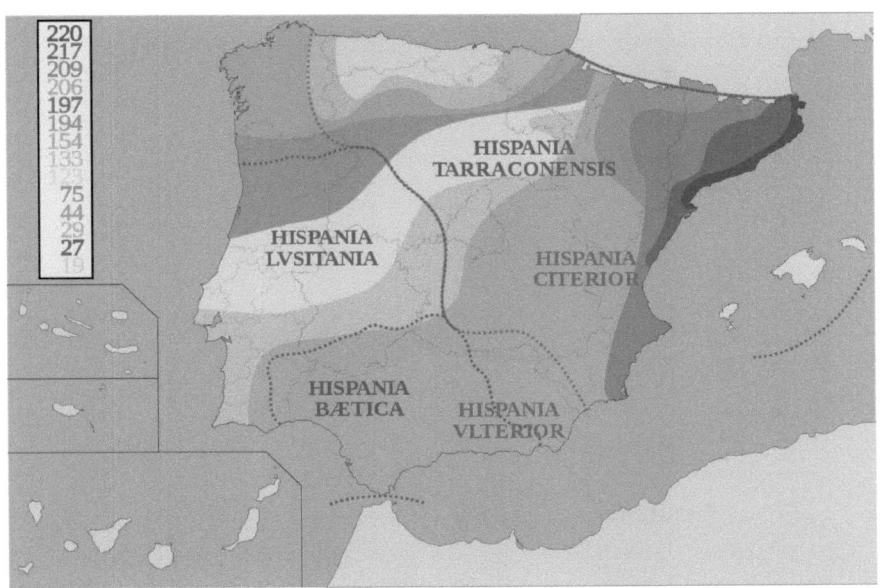

Tras el debilitamiento de Roma, pueblos como los Suevos, Vándalos y Alanos llegaron a la península y la invadieron, aunque los Visigodos, un pueblo aliado de Roma, echaron a los Vándalos y Alanos al norte de África y acantonaron a los Suevos en Galicia, con lo que se creo que el reino Suevo (409-585), que terminó siendo conquistado por el reino Visigodo de Toledo (507-711).

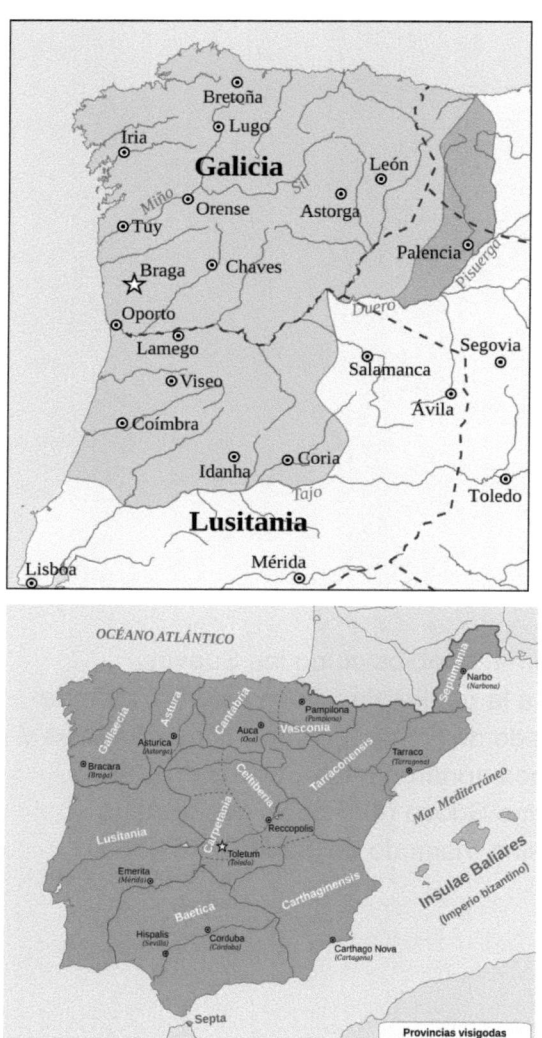

Los seguidores de Witiza, querían destronar al rey Rodrigo del reino Visigodo y fueron ayudados por los muslmanes (Califato Omeya), que en su expansión, vieron la oportunidad de tomar la península.

Tras la batalla de Covadonga (718 o 722) donde un grupo de cristianos derrotaron a los muslmanes, se creó el Reino de Asturias (con su primer rey, Pelayo) y se inicia la reconquista, en la cual los diversos reinos cristianos peninsulares lucharon contra el Al-Ándalus musulmán y sus estados sucesores para irlos empujando hacia el sur y retomando las tierras del antiguo reino Visigodo.

Tras la muerte del rey Alfonso III de Asturias (852-910), se dividió el reino entre sus tres hijos: García I de León, el rey Ordoño II de Galicia y posteriormente de León tras heredar el trono de su hermano y Fruela II rey de Asturias y posteriormente de León.

En esta época también se separó del reino de Galicia el futuro reino de Portugal.

Entre Galicia, Asturias y León el que cobraría mayor importancia sería el de León, que se terminaría uniendo con el nuevo reino de

Castilla, quedando ambos reinos bajo la misma corona a partir del año 1230. Además se crearían los reinos de Aragón y Navarra.

En cuanto a los muslmanes el rey Abderramán I crea el emirato de córdoba que se separaría del califato abasí musulmán. En el 929 se proclama el califato de Córdoba, aunque una guerra civil y la inestabilidad política llevaron a una posterior división en pequeñas taifas o reinos musulmanes a partir del año 1031.

En el 1212 los cristianos ganan la batalla de Navas de Tolosa tras la cual logran debilitar a los muslmanes y recuperar gran cantidad de territorios, dejando solo el reino de Granada que sería conquistado por los reyes católicos, Isabel I de Castilla y Fernando II de Aragón (unidos ambos por matrimonio) en el año 1492, que justo coincide con la llegada de Cristóbal Colón a América al servicio de la Corona de Castilla y la final expulsión de los judíos de la península.

A partir de aquí empieza la gran expansión del imperio español principalmente por América aunque también por parte de África y Asia, además en esta época aparecen grandes figuras de conquistadores como Francisco Pizarro, conquistador del imperio Inca (Perú), Hernán cortés, conquistador de México... También grandes figuras de la literatura y el arte en el llamado siglo de oro, tales como Miguel de Cervantes (autor de El Quijote de La Mancha), Francisco de Quevedo... Con la expansión territorial se crean dos Virreinatos para administrar los territorios conquistados, el del Perú (que con los borbones daría paso a dos más, el de Nueva Granada y el Río de la Plata) y el de Nueva España.

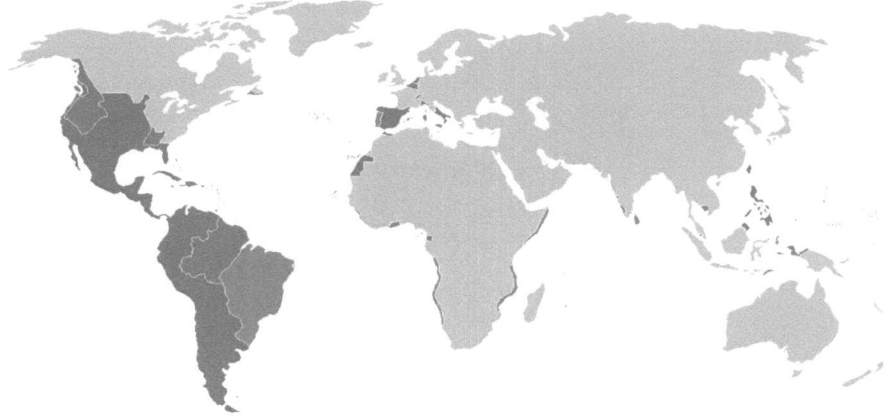

La dinastía sucesora de los Trastámara fueron los Austrias, teniendo a los considerados como los Austrias mayores, Carlos I (1500-1558) y Felipe II (1527-1598). Y luego los austrias menores, Felipe III y Felipe IV y el rey Carlos II que por las actitudes incestuosas de sus antecesores llevaron a que fuese esteril y a la posterior guerra de sucesión española entre el 1700 y el 1713 entre la casa de los Austrias y de Borbón, con sus respectivos partidarios, para ver quien gobernaría España. Esta fue finalmente ganada por el rey Felipe V de Borbón (cuya dinastía gobernaría en Francia y España).

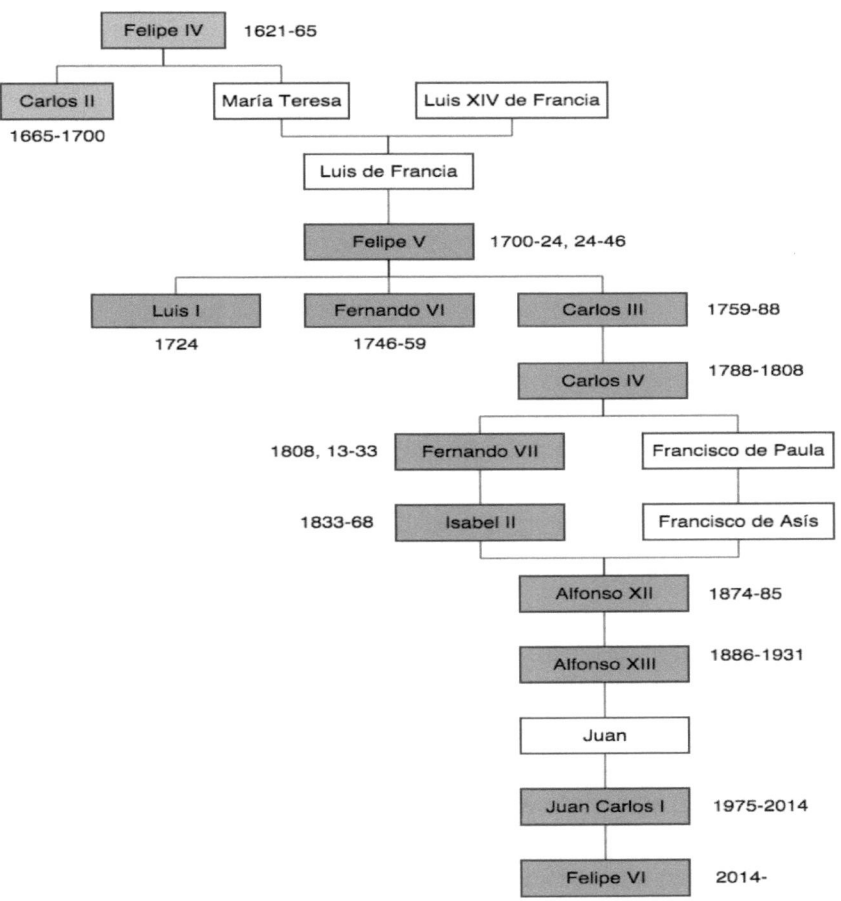

Felipe IV 1621-65

Carlos II 1665-1700

María Teresa

Luis XIV de Francia

Luis de Francia

Felipe V 1700-24, 24-46

Luis I 1724

Fernando VI 1746-59

Carlos III 1759-88

Carlos IV 1788-1808

1808, 13-33 Fernando VII

Francisco de Paula

1833-68 Isabel II

Francisco de Asís

Alfonso XII 1874-85

Alfonso XIII 1886-1931

Juan

Juan Carlos I 1975-2014

Felipe VI 2014-

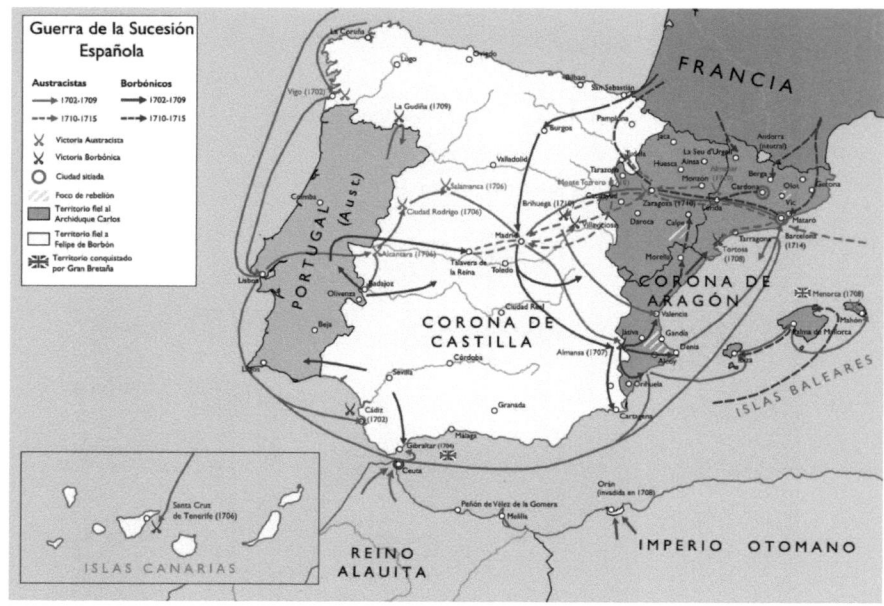

Aunque antes de los Borbón el imperio había entrado en una crisis por las constantes guerras (entre ellas destaca la guerra de los 30 años, entre 1618 y 1648, entre Católicos y protestantes y la pérdida de Flandes tras la guerra de los 80 años, entre 1568 y 1648).

Los Borbones trataron de arreglar la crisis del siglo XVII que las guerras y desavenencias habían provocado, por lo que se vivió un gran crecimiento económico y administrativo en el siglo XVIII.
En 1808 Napoleón invade España que en ese entonces era gobernada por el rey Fernando VII que sería recordado como uno de los más nefastos de la historia de España.

Esta invasión da inicio a la guerra de independencia española en la cual con ayuda de los ingleses y portugueses logran echar a los franceses en 1814. Durante la guerra se crea la primera constitución de la historia de España en 1812, la constitución de

Cádiz o Pepa, aunque con el regreso al trono de Fernando VII se abolió.

Aprovechando la situación gran cantidad de los territorios españoles se independizaron entre 1810 y 1821, excepto Cuba, Puerto Rico, Filipinas...

Tras la muerte de Fernando, estallaron una serie de guerras por la sucesión al trono entre su hija, Isabel II, la cual su padre puso como heredera. El hermano del difunto rey, Carlos María Isidro, no aceptó a una mujer como reina. Entonces Isabel y su madre se aliaron con el sector liberal de la nación y Carlos con los más conservadores estallando las guerras Carlistas (1833-1876), con un total de 3 guerras y diversos alzamientos. La que conseguiría el trono sería Isabel, aunque Carlos no se rendiría y seguiría luchando durante todo su reinado por la corona.

En 1868 una revolución destrona a Isabel y se establece un gobierno provisional el cual pone en el trono a Amadeo I de Saboya, que tras su renuncia al trono le sucedería la primera república española entre 1873 y 1874. Que sería derrocada y se volvería a la monarquía con una restauración de los Borbones.

En 1898 se pierden los últimos territorios de ultramar españoles tras una guerra con los Estados Unidos.

En el reparto de África, España obtiene Guinea Ecuatorial, el Sahara Occidental y el Ifni marroquí. Además, obtienen el rif marroquí tras ayudar a Francia en su guerra contra Marruecos.

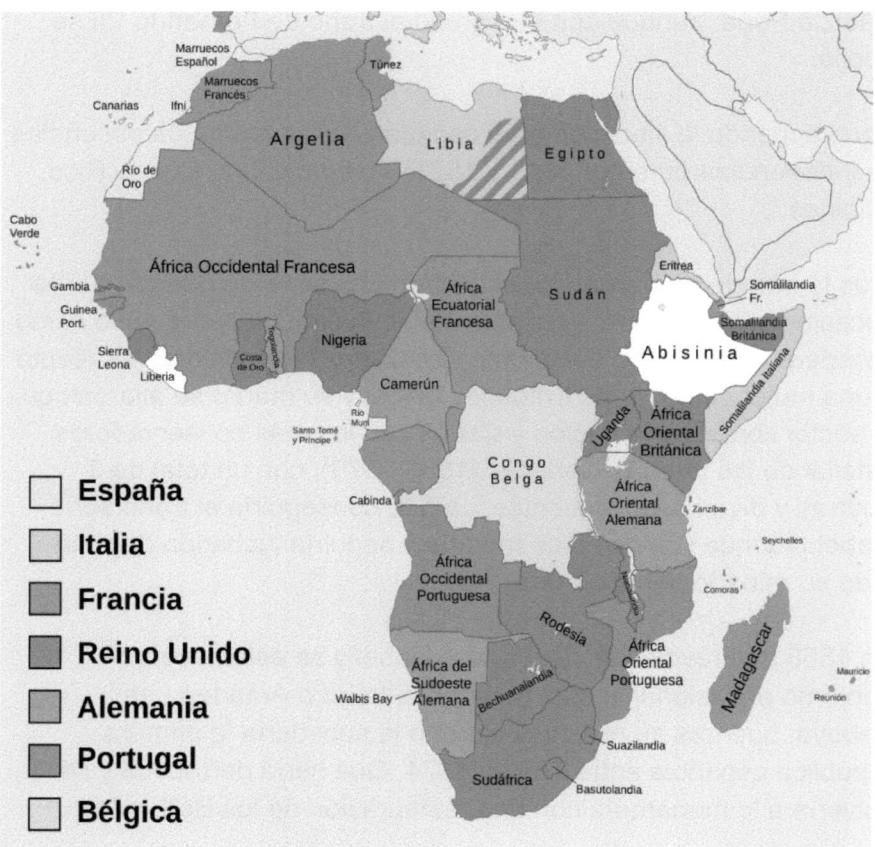

En la primera guerra mundial mantuvo su neutralidad y pudo comerciar y vender armas a ambos bandos.

En 1923 Miguel Primo de Rivera da un golpe de estado e instaura una dictadura que duró hasta 1930, tras el derrocamiento de esta se dan unas elecciones en 1931 tras las que se instaura la segunda república española.

En 1936 un grupo de militares dan un golpe de estado fallido a la segunda república que se encontraba en una enorme crisis, con esto se inicia la guerra civil española (1936-1939), en la que con el apoyo de Alemania e Italia los sublevados ganan y el general Francisco Franco se convierte en caudillo de españa.

Los españoles no participaron directamente en la segunda guerra mundial, aunque se inclinaron ante el eje dándoles apoyo logístico.

Fase de la dictadura	Explicación
Primera (1939-1950)	Represión, autarquía y pobreza.
Segunda (1950-1959)	Aperturismo, ingreso a la ONU, descolonización, economía al límite…
Tercera (1959-1975)	Tecnócratas en el gobierno y un gran milagro económico

Tras la muerte de Franco en 1975 empieza la transición, en 1978 se aprobó la constitución actual con Juan Carlos I, una monarquía parlamentaria y democrática.

El 23 de febrero de 1981 falló un golpe de estado liderado por el teniente coronel Antonio Tejero que entró en el congreso de los diputados mientras se producía la votación para investir a Leopoldo Calvo-Sotelo como presidente del gobierno, tras la renuncia de Adolfo Suarez, primer presidente democrático de España, que aún seguiría siendo presidente hasta el día 26 de ese mismo mes. También se desplegaron tanques y fuerzas militares en la ciudad de Valencia, aunque finalmente el golpe fracasó y los oficiales militares que lideraron el golpe fueron entregados a la justicia.

España entró en la UE, en 1986 y en la OTAN, en 1982. En el 2014 Juan Carlos renuncia a la corona y su hijo Felipe VI le sucede.

2.Historia de Portugal

Tras el debilitamiento de Roma se crean en la península ibérica el reino Suevo y el Visigodo. Los cuales fueron conquistados por los musulmanes (Califato Omeya).

Mientras los cristianos expulsaban a los musulmanes se formó el reino de León del cual se desprendió el condado de Portucalense (fundado en el 868, actual norte de Portugal), que se convertiría en el reino de Portugal en el 1139. Este se fue expandiendo hacia el sur.

Tras la batalla de Ceuta en la que toman esta ciudad, se considera que inicia su imperio (1415).

Durante el siglo XV los portugueses fueron pioneros en la navegación con expediciones como las de Bartolomé Dias, Vasco da Gama o Pedro Álvaras Cabral. Y generaron grandes rutas comerciales en el Atlántico, Pacífico e Índico.

Sus primeros territorios de ultramar fueron Madeira y las Azores tomadas entre 1419 y 1452.

Durante el siglo XV, también exploraron el Sahara Occidental, Mauritania, Senegal y Guinea-Bissau. En 1445 se construyó la primera factoría en Mauritania.

En 1462 llegaron a Cabo Verde y en 1472 a Santo Tomé y Príncipe.

También llegaron a Benín, Nigeria, Gabón, Angola y Namibia. Durante la expedición de Bartolomé Dias llegan al Cabo de Buena Esperanza que se convertiría en un lugar estratégico comercial entre Europa y Asia.

España se adelantó a Portugal en América y para evitar conflictos firman el tratado de Tordesillas y dividen las zonas de navegación y conquista con el consentimiento del Papa (1494).

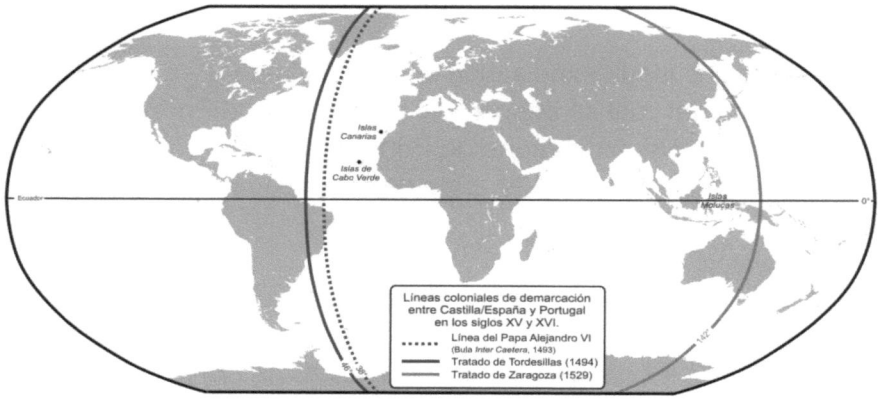

Tras las expediciones de Vasco da Gama se llega a Calicut (India).

Con una expedición de Pedro Álvares Cabral llegan a América y fundan la Terra de Santa Cruz.

En el siglo XVI forman colonias en Macao, Timor Oriental, Sri Lanka, Taiwán, Malasia e India.

En la Batalla de Alcazarquivir en la que intentan tomar la Dinastía Saad (Marruecos) son derrotados y el rey Sebastián I muere en combate y sin descendencia en 1578. Esto causa la guerra de sucesión portuguesa (1580-1583) en la que Felipe II (rey de España) se impone a Antonio I y toma el trono, proclamando la unión dinástica entre España y Portugal. En el siglo XVI siguen expandiéndose en Brasil y a pesar de estar unidos bajo la misma corona continúan sus conquistas por separado. En el siglo XVII toman Angola y Mozambique.

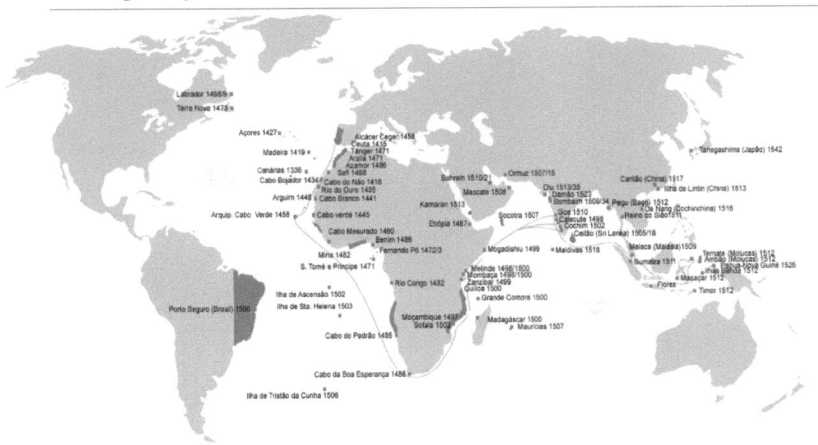

Con el ascenso de otras potencias, el poderío de Portugal en Asia se ve reducido, esto llevó a varias guerra como la Luso-Neerlandesa (1601-1661) en las que los neerlandeses toman Ceilán (Sri Lanka) y Malaca, pero no pudieron llegar a tomar otras colonias, aunque llegaron a ocupar Brasil entre 1630 y 1654, creando el efímero Brasil Neerlandés.

Tras la guerra de restauración portuguesa entre 1640 y 1668 la casa de Braganza aprovecha la situación que afectaba a España y se independiza comenzando el reinado de Juan IV.

Durante la guerra de los 7 años (1756-1763) España invade portugal, la cual es liberada con el apoyo de Gran Bretaña, aunque

25

los portugueses pierden Río Grande do sur y La Banda (Uruguay) tras la conocida como guerra fantástica (1762-1763, parte de la guerra de los 7 años).

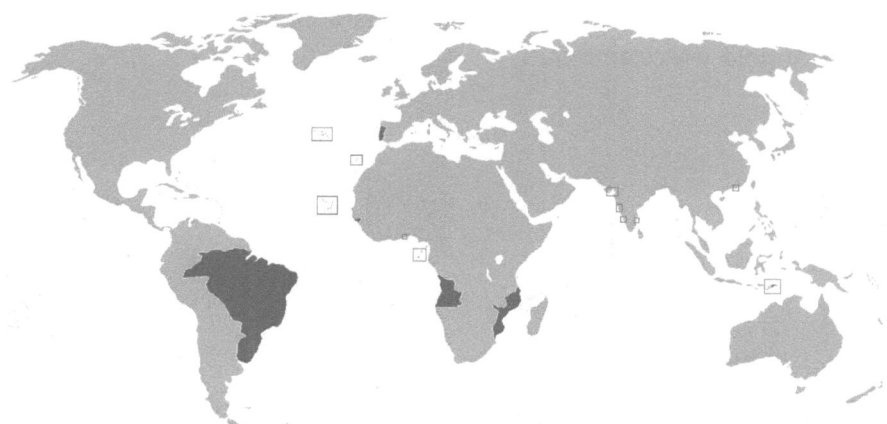

La Francia Napoleónica invade Portugal y tras el fin de las guerras napoleónicas es liberado.

Los portugueses recuperan Río Grande do sur y la banda (Uruguay), que en décadas anteriores España le había arrebatado, aprovechando las guerras de independencia de los Virreinatos Españoles.

El hijo del rey Juan VI, Pedro IV de Portugal (I de Brasil) independiza a Brasil y lo convierte en un reino independiente.

Entre los años 1828 y 1834 se dio la guerra civil portuguesa, en la que el rey Miguel I es derrocado tras intentar imponer el absolutismo que la reina María I (reinante entre 1777-1816) había abolido, tras esta guerra le sucede María II en unión con Fernando II de Sajonia y da inicio al periodo de la casa de Braganza Sajonia-Coburgo y Gotha.

Durante este periodo se dieron también varias revueltas por el republicanismo.

Durante el reparto de África reafirmó su soberanía en Angola, Mozambique, Guinea-Bissau y Santo Tomé y Príncipe, aunque tuvo que renunciar a otros lugares donde había establecido puestos comerciales.

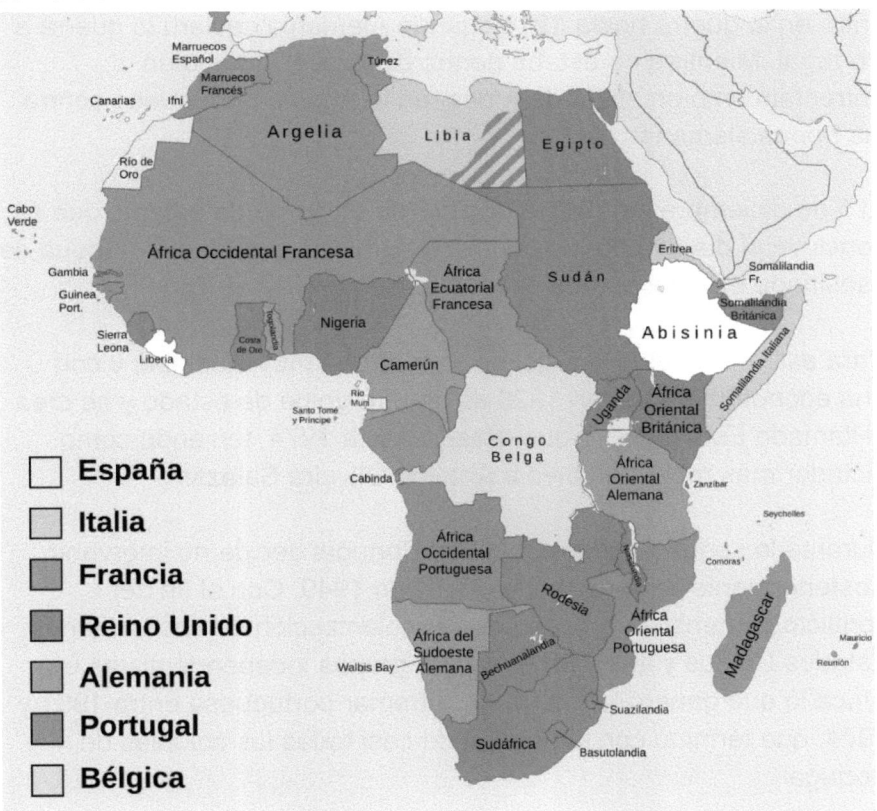

Esto último enfureció a la población y causó, entre otros factores, el asesinato del rey Luis Felipe de Braganza, que murió 28 minutos

después que su padre (el rey Carlos I), en un atentado contra ambos, siendo el reinado más efímero de la historia.

Su sucesor, Manuel II tuvo que abdicar tras la revolución del 5 de Octubre de 1910 y se dio paso a la primera república portuguesa.

En la primera guerra mundial, Portugal apoyó a los aliados, pero no entró en la guerra hasta 1916 cuando Alemania declaró la guerra a Portugal. Mientras no estaba dentro de la guerra hubo un enfrentamiento en el sur de África, en la Angola portuguesa contra las tropas alemanas.

El 5 de diciembre de 1917 Sido Pais da un golpe de estado, que se concluye el día 27 cuando asume el cargo de presidente, aunque es asesinado en un atentado el 14 de diciembre de 1918.

Para este momento Portugal se encontraba muy inestable y con una economía pobre, en 1926 se da otro golpe de estado y se crea el llamado Estado Novo que duraría hasta 1974, teniendo como dictador más representativo a Antonio Oliveira Salazar.

Durante la segunda guerra mundial Portugal decide no intervenir. Posteriormente entraron en la OTAN en 1949. Con el fin del conflicto comenzó el proceso de descolonización de sus territorios. Estados Unidos y la URSS financian grupos independentistas en África lo que generó la guerra de Ultramar portuguesa entre 1961 y 1974, que terminó con la pérdida de casi todas las colonias de Portugal.

En 1974 se dio la revolución de los claveles tras la cual se restauró la democracia y se reconoció finalmente la independencia de las colonias.

En 1986, entró en la Unión Europea y en 1999 cedió Macao a China. Finalmente, para el 2002 adopta el euro como moneda oficial.

3.Historia de Francia

A los celtas que habitaban en Francia se les denomina Galos. La región de la Galia abarcó los actuales Francia, Bélgica, partes de Suiza e Italia y parte de los Países Bajos y Alemania al oeste del río Rin.

Tras la 3º guerra púnica, Roma se estableció como potencia de Europa y el Mediterráneo. Julio Cesar justifica la invasión de la Galia en el 58 a.C como una protección de las tribus helvéticas (una tribu gala), por tanto se da inicio a la guerra de las Galias (58a.C-51a.C) y los galos fueron derrotados. Los romanos dividieron la Galia en 4 provincias: Narbonense, Aquitania, Lionesa y Bélgica.

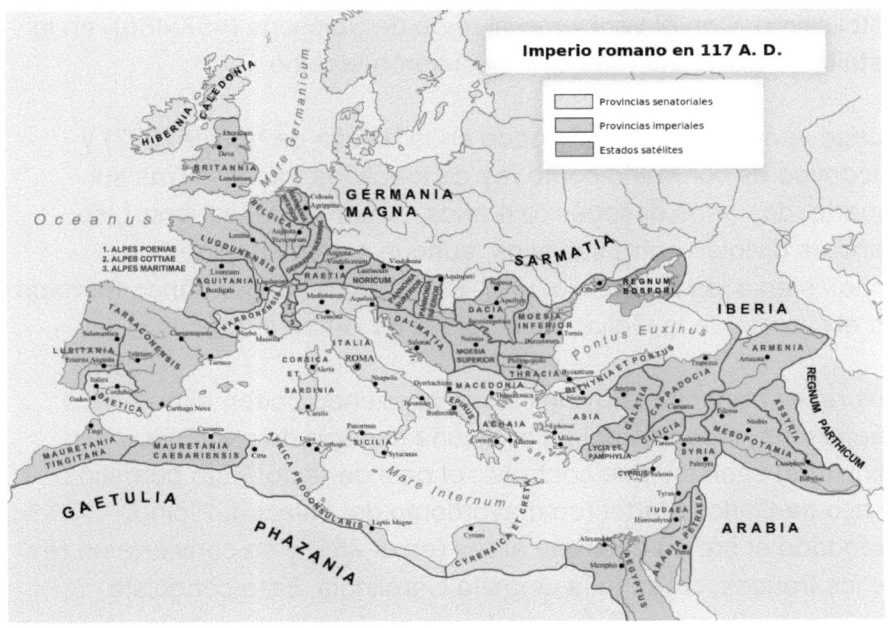

La Galia fue la región romana más poblada y una de las más relevantes.

En el siglo III surge el Imperio Galo (260-274 d.C). Gracias al debilitamiento de Roma, aunque solo duró 14 años antes de ser reconquistado por Roma. Además, durante este siglo surgen algunas guerras civiles en la Galia y también las conocidas invasiones germánicas.

En el siglo V los Burgundios llegan a la Galia y forman el reino Burgundio en el 413 como un federado de Roma.

Roma cae en el 476 y se forma entonces el Reino Franco (481-751), luego de que Clodoveo I sea bautizado y convertido al catolicismo. Con él vencieron al reino de Soissons (457-486), en la batalla de Soissons (486) y consolidaron el reino.

Luego vencen al Reino Visigodo en la batalla de Vouillé (507) y Clodoveo es coronado como rey de todos los francos. Tras su muerte, dos años después (o 4 años, depende de la fuente), su reino es dividido entre sus hijos, aunque esto no impide que conquisten a los burgundios(417-534), otro reino germánco formado en el sureste de la Galia, en la batalla de Autun (532).

Los reyes francos merovingios van perdiendo poder, lo que hace que los mayordomos del palacio (una especie de primeros ministros) sean los que controlan el país de facto. Esto permitió que el hijo de Carlos Martel (un mayordomo del palacio), Pipino (apodado el breve) destrone al rey (en el 751) y se convierta en rey de los francos, creando la dinastía Carolingia. Este conquista Aquitania y Septimania (sur de Francia). Tras su muerte su reino sería gobernado a la vez por sus dos hijos, Carlomán y Carlos (este último apodado Carlomagno), aunque tras la muerte de Carlomán, Carlos se quedaría con el control total del reino.

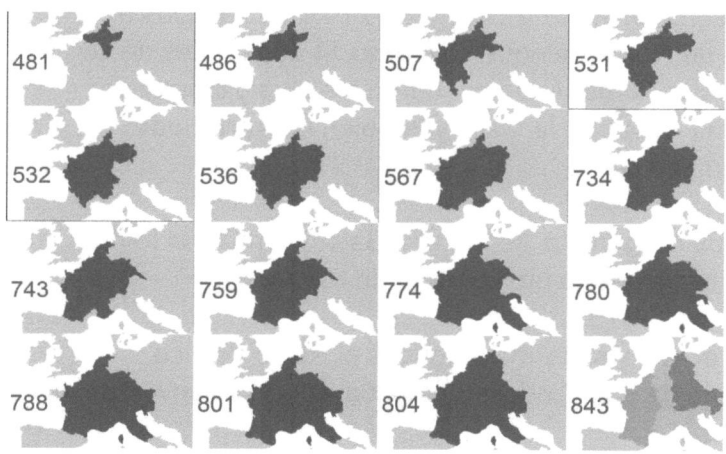

Este rey es conocido por extender su reino por toda Europa, creando el recordado Imperio Carolingio (800-843), con capital en Aquisgrán (actual Alemania). Este fue coronado emperador por el papa León III en el año 800.

Tras su muerte su hijo Luis el Piadoso hereda el imperio. Con la muerte de Luis, sus hijos dividen el imperio en 3 reinos: la franquia oriental (futura alemania, para Luis el Germánico); la franquia media (para Lotario) y la franquia Occidental (futura Francia, para Carlos el Calvo). Esto se concreta tras el tratado de Verdún (843), el cual fue firmado tras una guerra porque Lotario (hijo primogénito), había heredado en un principio todo el imperio, entonces sus hermanos, tras derrotarlo en una guerra, le obligan a repartir los territorios.

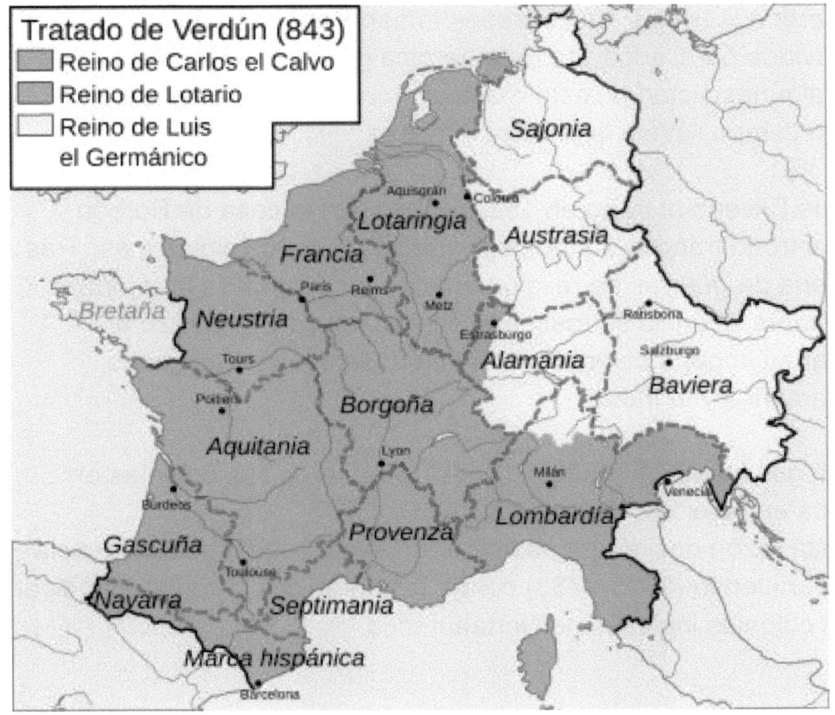

Carlos III el gordo, logró heredar todos territorios del antiguo imperio en el siglo IX, reunificando los territorios bajo una misma corona durante un corto periodo de tiempo. Aunque tras su muerte el señorío se disolvió rápidamente y se dividió en 5 estados sucesores.

Tras la muerte del rey Luis V, último rey carolingio, llega al poder Hugo Capeto (dinastía de los Capetos). Con este cambio dinástico se considera el inicio de Francia como tal.

En el siglo XII, Inglaterra ha logrado obtener aproximadamente ⅔ de Francia, principalmente tras una serie de matrimonios, con los que obtuvieron Normandía y Aquitania. Esto dió paso a la guerra de los cien años (1337-1453) en la que los franceses trataron de recuperar sus tierras. Los ingleses toman París pero Juana de Arco fue enviada por Carlos VII. Esta heroica guerrera lideró los frentes y logró algunas victorias, esto elevó la moral de los franceses, que tras un tiempo llevó a la victoria francesa.

Enrique IV llegó al trono en 1589, con lo que la casa de Borbón llega al trono francés donde permanecerá muchos siglos más. Tras una serie de guerras de religión en el siglo XVI contra la reforma protestante, Francia se mantiene de fe católica y comenzó a asentar su imperio colonial, extendiéndose por las Guayanas, Norteamérica y la India.

Tras la guerra de los 7 años (1756-1763) pierde sus colonias en Canadá en favor del Reino Unido.
Por esta razón decidieron participar en la guerra de independencia estadounidense (1775-1783) contra los británicos para independizar las 13 colonias inglesas de Norteamérica.

Las ideas de la ilustración se extendieron durante el siglo XVIII por Francia, en una época donde el absolutismo monárquico y la pobreza del pueblo llano estaban muy presentes. Esto llevó a la revolución francesa en 1789 que inició con la toma de la Bastilla por el pueblo francés, que marca el fin de la edad moderna y el inicio de la contemporánea. La revolución fue exitosa ya que logran ejecutar a la familia real, aprobar la declaración de los derechos del hombre y del ciudadano, el establecimiento de una monarquía constitucional y una posterior república.

En la revolución surgieron dos grupos ideológicos, los girondinos y los jacobinos (estos últimos más extremistas). Los jacobinos derrotaron a los girondinos al mando de Maximilien Robespierre. Con esto se da inicio a una época oscura conocida como el reinado del terror en el cual se ejecutaba a todo sospechoso de conspirar contra la recién nacida república.

Durante este periodo el general Napoleón Bonaparte estaba obteniendo grandes victorias militares contra los estados vecinos. En esta situación de descontrol Napoleón se hace con el poder y se corona posteriormente a sí mismo como emperador. Este líder fue un gran estratega militar que trató de extender la gloria de Francia por toda Europa con lo que inician las guerras Napoleónicas (1803-1815), en las que casi toda Europa luchaba en contra de Francia y sus estados satélite.

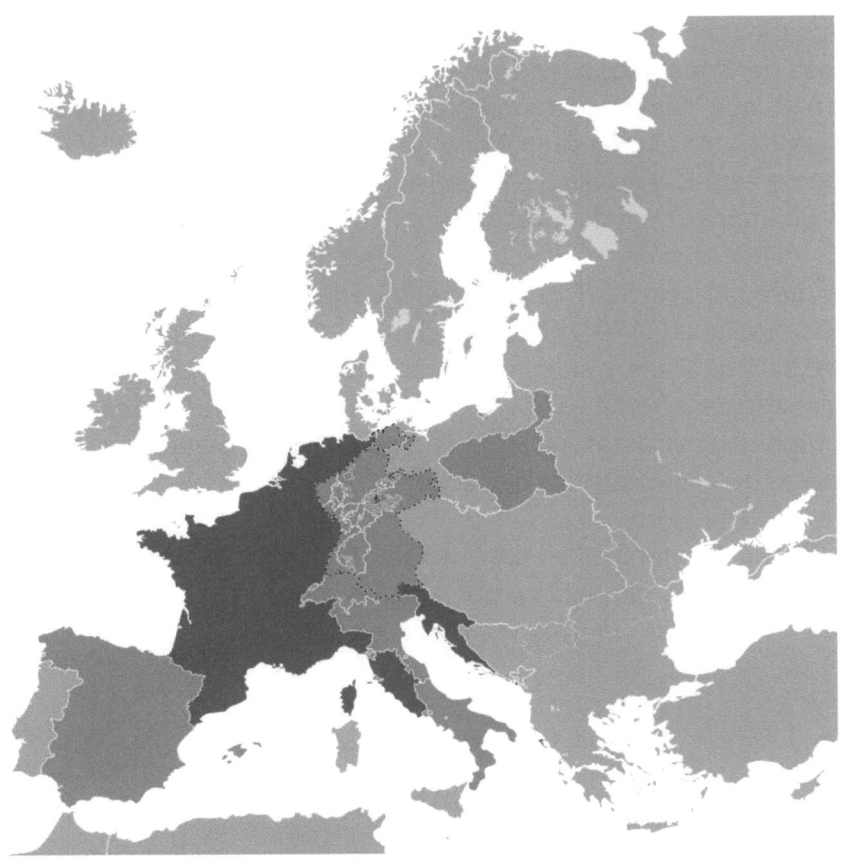

Los países europeos se unieron en 7 coaliciones para restaurar el orden en Francia. Finalmente, Napoleón fue derrotado y exiliado a la isla de Santa Elena y las consecuencias principales de las guerras fueron tres: la desaparición del primer imperio francés (el de Napoleón), la disolución del Sacro Imperio Romano Germánico y nuevos cambios territoriales en Europa tras el congreso de Viena.

Los borbones regresaron al trono en forma de monarquía constitucional con Luis XVIII y luego con Carlos X que sería derrocado tras una revolución en 1830. Le sucedió Luis Felipe I de la casa de Orleáns que también sería expulsado por una revolución en 1848, que llevó a la segunda república que tuvo como presidente a Napoleón III Bonaparte (sobrino de Napoleón), que en 1851 da un golpe de estado y se vuelve emperador formando el segundo imperio francés.

Este duraría hasta 1870 cuando sería derrocado en la guerra franco-prusiana (1870-1871). Los prusianos (conf. Alemania del norte) sitiaron París y obligaron a instaurar una tercera república. A comienzos de la república se produjo la comuna de París en la que un grupo de socialistas iniciaron una revolución y crearon un gobierno no oficial que fue derrocado.

Francia logró obtener gran cantidad de territorios en el reparto de África, a parte de expandirse por Asia.

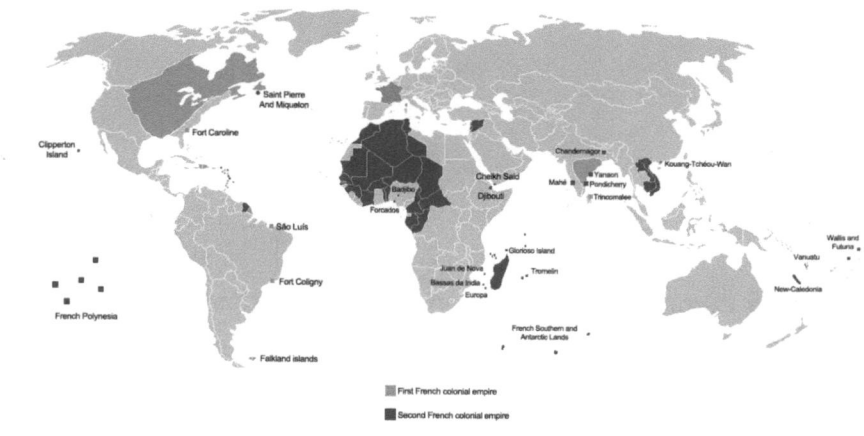

En la primera guerra mundial (1914-1918) participaron del bando aliado junto con el Reino Unido, Rusia… Y terminaron venciendo a las potencias centrales (Turquía, Alemania, Austria-Hungría) lo que le permitió obtener nuevos territorios y reparaciones de guerra.

Adolf Hitler no respetó el tratado de Versalles firmado tras la primera guerra mundial y atacó Polonia. Lo que hizo que Francia y el Reino Unido le declarasen la guerra e inicie la segunda guerra mundial (1939-1945). En esta, Francia fue ocupada por los nazis alemanes y fue dividida en dos, una zona ocupada y otra transformada en un títere (Francia de Vichy).

Tras la guerra, Francia fue liberada por los aliados (estableciendo la cuarta república en 1946) y recibió ayudas de Estados Unidos en el plan Marshall.

En la guerra fría se unió al bloque capitalista. Durante este periodo perdieron casi todas sus colonias. Algunas se independizaron de forma más violenta que otras, como fue el caso de Argelia (guerra de independencia argelina, 1954-1962).

Charles de Gaulle asumió la presidencia en 1958 y aprobó una nueva constitución que dió paso a la quinta república ese mismo año.

Francia fue miembro fundador de la OTAN en 1949 y la UE (antigua CECA en 1951) y a día de hoy es una de las mayores economías del planeta.

4.Historia de Bélgica

Bélgica formó parte de la región histórica de la Galia. Entre el 58 a.C y el 51 a.C se dio la guerra de las Galias, tras la cual esta región fue anexada, con lo que se crea la provincia romana de Bélgica. Durante este periodo destaca la cristianización de Bélgica por parte del obispo Servatius.

Tras la caída del imperio romano en el siglo V d.C, el reino de los francos tomó Bélgica. El primer reino franco de la dinastía Merovingia fue sustituido por la dinastía Carolingia (del recordado imperio Carolingio), tras la muerte de Carlomagno sus nietos dividieron el imperio en 3 reinos, en este contexto bélgica fue dividida entre el reino franco occidental y la lotaringia. Tras el tratado de Mersen en el 870, el reino franco occidental y el oriental se dividen la Lotaringia con lo que el territorio de Bélgica queda dividido entre Francia occidental y Oriental (posteriormente Sacro Imperio Romano Germánico).

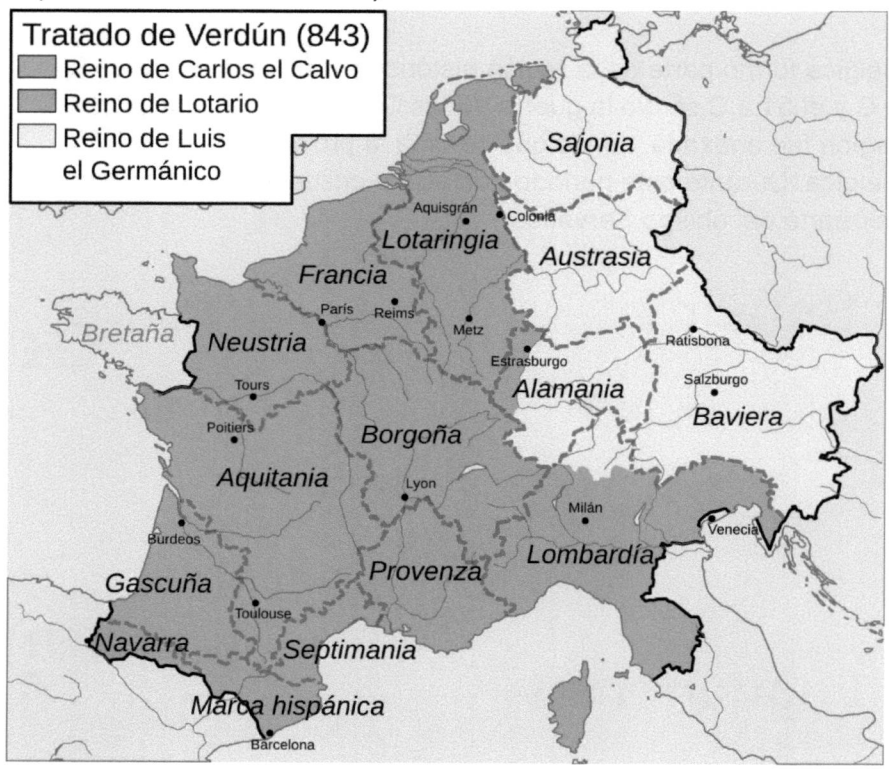

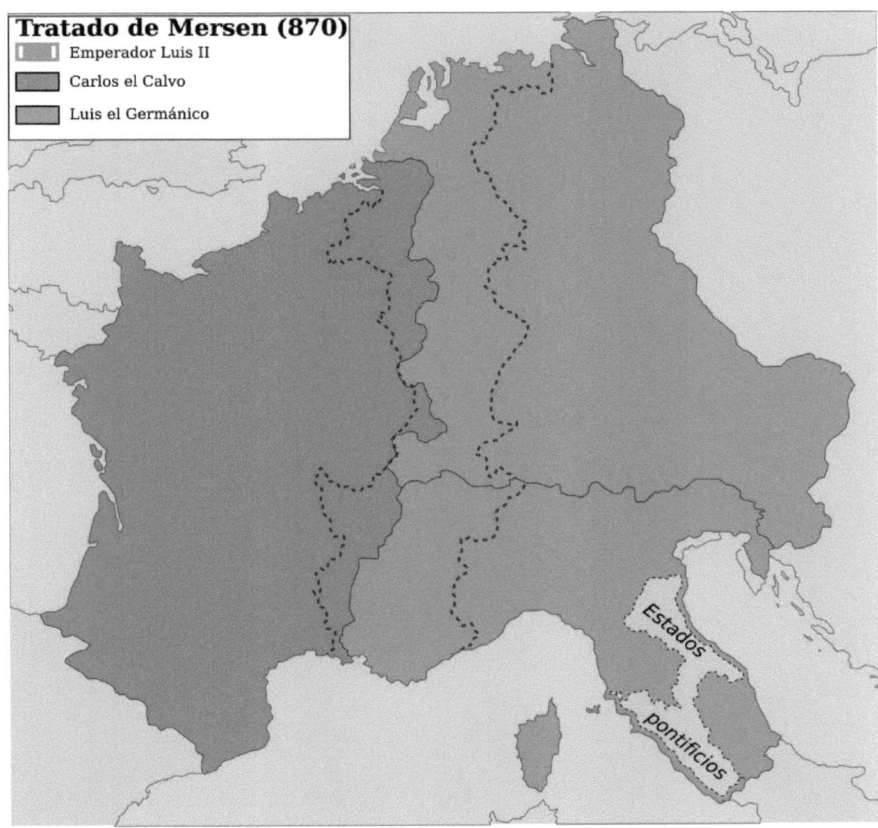

Tratado de Mersen (870)
- Emperador Luis II
- Carlos el Calvo
- Luis el Germánico

A fines del siglo IX se forma el condado de Flandes como un vasallo de Francia (la Francia occidental) y el principado-obispado de Lieja y los condados de Luxemburgo, Henao y Namur y el ducado de Brabante (todos estos últimos dependientes del S.I.R.G).

En el siglo XIII Flandes se independiza tras la batalla de Courtrai (1302), aunque los franceses ganarían en la batalla de Mons-en-pévèle. Tras el fin de estos conflictos (como parte de las guerras franco-flamencas), Francia reconoce la independencia de Flandes a cambio de que este le entregue varias ciudades y pagase una serie de compensaciones.

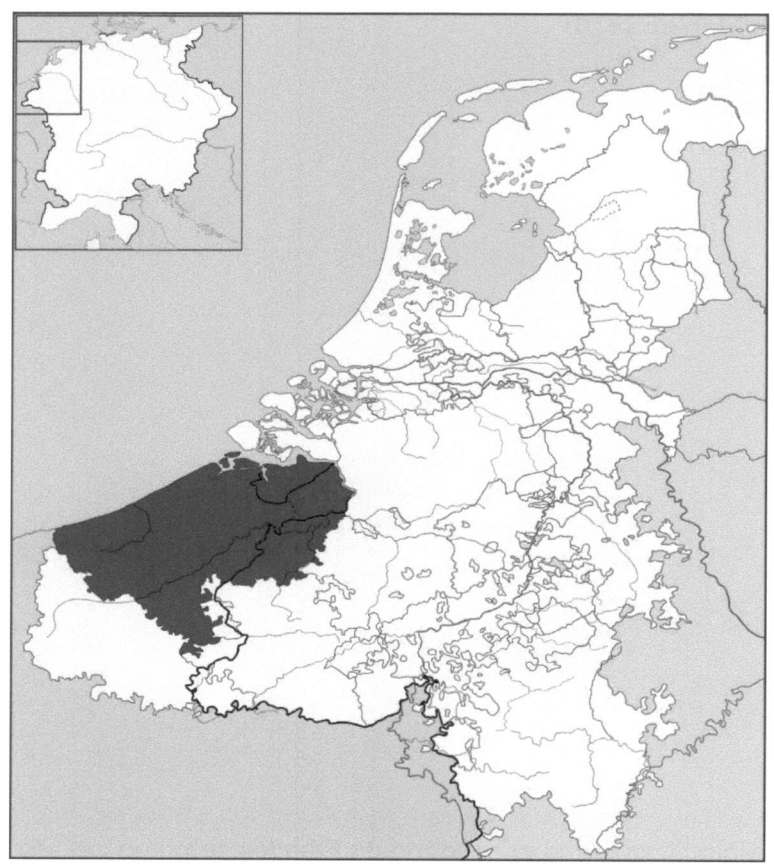

En 1369 la condesa de Flandes, Margarita II, se casa con Felipe II de Borgoña, por tanto Flandes pasó a ser parte del ducado de Borgoña, que estaba comenzando a anexionar casi todos los estados de Bélgica (menos Lieja), así como a los Países Bajos (denominados países bajos borgoñones).

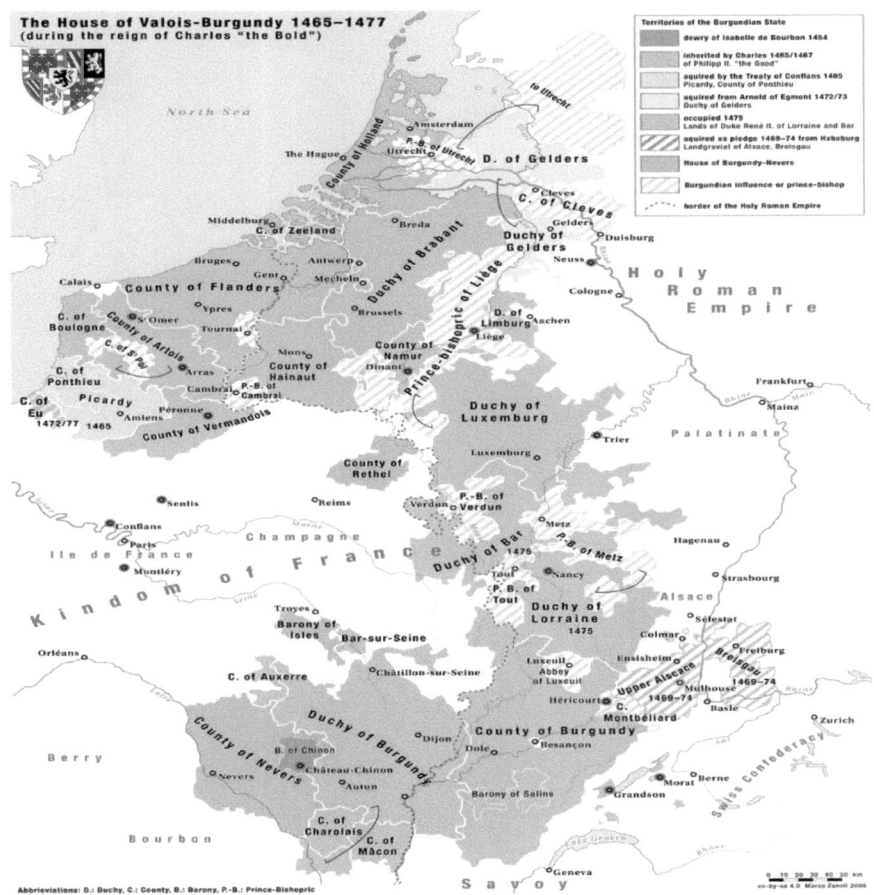

The House of Valois-Burgundy 1465–1477
(during the reign of Charles "the Bold")

Territories of the Burgundian State

dowry of Isabelle de Bourbon 1454

inherited by Charles 1465/1467
of Philipp II. "the Good"

aquired by the Treaty of Conflans 1465
Picardy, County of Ponthieu

aquired from Arnold of Egmont 1472/73
Duchy of Gelders

occupied 1475
Lands of Duke René II. of Lorraine and Bar

aquired as pledge 1469–74 from Habsburg
Landgraviat of Alsace, Breisgau

House of Burgundy-Nevers

Burgundian influence or prince-bishop

border of the Holy Roman Empire

North Sea

to Utrecht

Amsterdam

The Hague

P.-B. of Utrecht

Utrecht

D. of Gelders

C. of Cleves

Middelburg

C. of Zeeland

Breda

Gelders

Duisburg

Duchy of Gelders

Bruges

Antwerp

Mechelen

Neuss

Holy

Roman

Empire

Calais

County of Flanders

Gent

Duchy of Brabant

Cologne

C. of Boulogne

St. Omer

Ypres

Tournai

Brussels

D. of Limburg

Aachen

Prince-bishopric of Liège

Liège

C. of Artois

C. of St. Pol

Arras

Mons

County of Hainaut

County of Namur

Dinant

C. of Ponthieu

Cambrai

P.-B. of Cambrai

Frankfurt

C. of Eu

Picardy

1472/77 1465

Amiens

Péronne

County of Vermandois

Duchy of Luxemburg

Mainz

Trier

Palatinate

Senlis

County of Rethel

Reims

P.-B. of Verdun

Verdun

Luxemburg

Metz

P.-B. of Metz

Hagenau

Conflans

Paris

Ile de France

Montléry

Champagne

Duchy of Bar 1475

Toul

Nancy

Strasbourg

Kingdom of France

Seine

P.-B. of Toul

Duchy of Lorraine 1475

Alsace

Sélestat

Troyes

Barony of Isles

Bar-sur-Seine

Colmar

Freiburg

Upper Alsace

1469–74

Breisgau

Orléans

C. of Auxerre

Châtillon-sur-Seine

Luxeuil Abbey of Luxeuil

Ensisheim

1469–74

Basle

Mulhouse

Zurich

Héricourt

C. Montbéliard 1469–74

County of Burgundy

Berry

County of Nevers

Duchy of Burgundy

B. of Chinon

Château-Chinon

Dijon

Dole

Besançon

Morat

Berne

Swiss Confederacy

Nevers

Autun

Barony of Salins

Grandson

Bourbon

C. of Charolais

C. of Mâcon

Lake Geneva

Rhône

Geneva

Savoy

0 10 20 30 40 50 km

cc-by-sa A.B Marco Zanoli 2006

Abbreviations: D.: Duchy, C.: County, B.: Barony, P.-B.: Prince-Bishopric

En 1477 el duque de Borgoña Carlos I muere sin dejar un heredero varón y su hija María hereda el ducado y se casa con Maximiliano I de Habsburgo, vinculando Borgoña al Sacro Imperio.

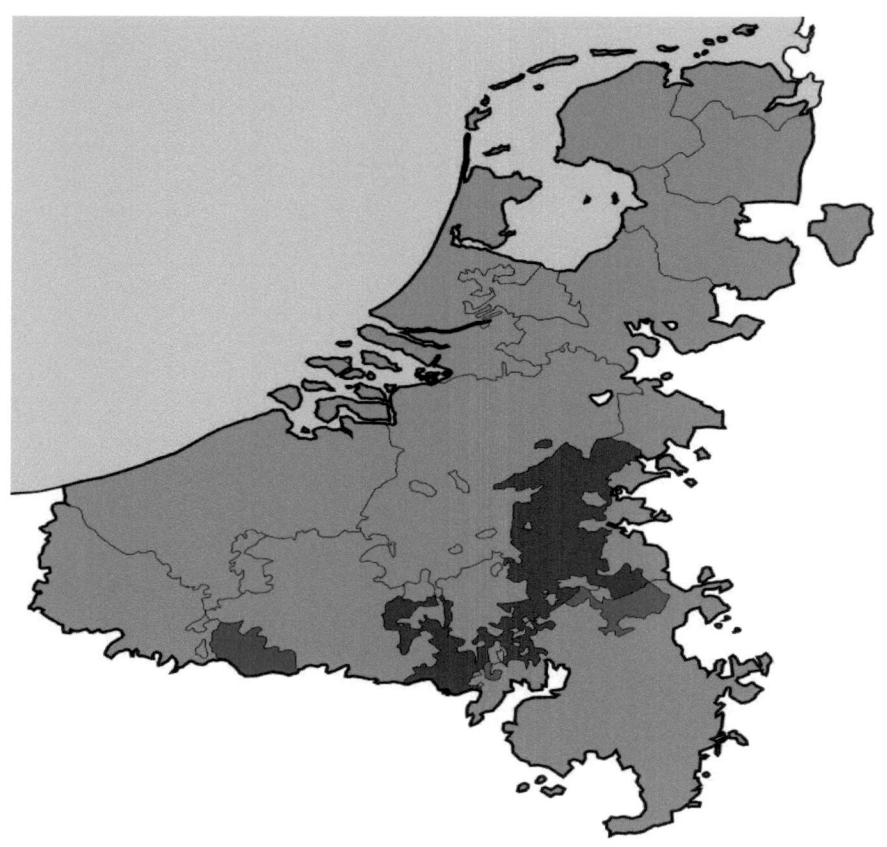

Luego Felipe I (hijo de Maximiliano) se casó con Juana I de Castilla, y su heredero, Carlos I de España y V del S.I.R.G, reparte sus dominios entre su hijo Felipe II (que hereda principalmente España y otros dominios) y su hermano Fernando I (que hereda principalmente el S.I.R.G).

Desde 1555 los Países Bajos Borgoñones pasan bajo el dominio de la corona española (Países Bajos Españoles). Con la reforma protestante del siglo XVI el sur se mantuvo fiel al Catolicismo pero el norte se unió al protestantismo calvinista.

Estas diferencias culturales y religiosas, sumadas a otros factores, provocaron que los Países Bajos se quieran independizar, lo que inició la guerra de los 80 años (1568-1648) cuando el norte declaró su independencia. Los independentistas fueron apoyados por Francia y el Reino Unido que trataban de reducir el poderío del imperio español.

Tras la guerra logran su independencia, aunque el sur (Bélgica), permanece bajo dominio español tras el fin de la guerra de sucesión española (1700-1713) con en las negociaciones de paz (tratado de Utrech), dejan de lado a los Borbones que se habían instaurado en el trono español tras la guerra y se forman los Países Bajos Austríacos (bajo control de los Habsburgo/Austrias).

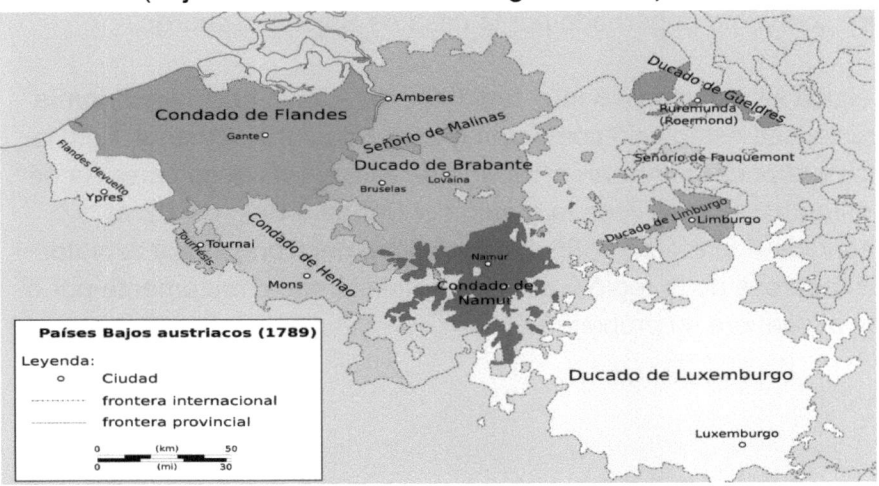

En 1789 se inicia una revolución en Bruselas contra las nuevas políticas centralistas del S.I.R.G. Esta se extendió por toda Bélgica, y acabó con la formación de los Estados Unidos de Bélgica en 1790. El emperador José II de la casa de Habsburgo reaccionó enviando sus tropas. Para finales de ese mismo año el control de Bélgica había sido recuperado.

Tras la guerra de la primera coalición, la república francesa logra sobrevivir y tras el tratado de campo formio (1797), el derrotado S.I.R.G cede algunos territorios en los que se incluye a los países bajos austriacos.

Napoleón es derrotado en 1815 y tras el congreso de Viena se decide que el territorio de Bélgica y Luxemburgo pasarán bajo la soberanía de los Países Bajos.
En 1830 estalló una revolución en Bélgica, que con el apoyo francés declara su independencia el 4 de Octubre como el reino de Bélgica. En 1839 se firma el tratado de Londres en el que las potencias Europeas reconocen a Bélgica como un reino independiente gobernado por la casa de Sajonia-Coburgo.

Bélgica se industrializó muy rápidamente, con lo que su economía creció y se estableció como una gran productora industrial. Esto le dió para poder entrar en el reparto de África, tras la conferencia de Berlín (1884) se le cede la región del Congo a Bélgica. El rey Leopoldo II formó en 1885 el estado libre del Congo para explotar los recursos de la región, este fue administrado directamente por el rey el cual era su propietario.

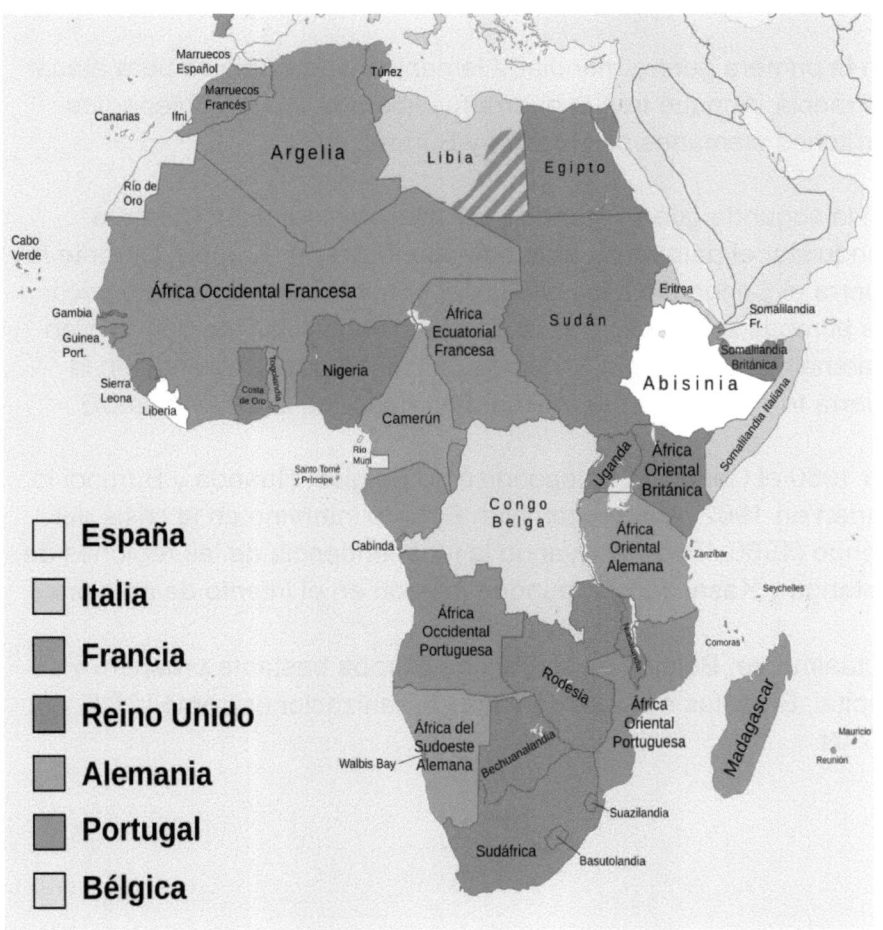

La extracción de recursos se hizo a costa de la explotación humana y muchas violaciones de los derechos de la población, por lo que tras presiones internacionales Leopoldo cedió el territorio al gobierno belga en 1908, los cuales detuvieron los maltratos y cambiaron el nombre a Congo Belga.

En la primera guerra mundial, Alemania invade Bélgica para atacar a Francia. Aunque tras la guerra fue liberada y pudo obtener los territorios alemanes de Ruanda y Burundi.

En la segunda guerra mundial, los nazis alemanes volvieron a conquistar el país en su afán de expandirse por Europa. Durante la guerra el Congo dió a los aliados el uranio necesario para fabricar las bombas atómicas. Tras la guerra fue liberada y se unió al plan Marshall de EE.UU por lo que se unió al bloque occidental en la guerra fría. También fue miembro fundador de la OTAN y la UE.

En 1960 el Congo se independizó de Bélgica, Ruanda y Burundi lo harían en 1962. Aunque también Bélgica intervino en la crisis del Congo (1960-1965), apoyando la independencia de las regiones de Katanga y Kasai del sur, aunque fallaron en el intento de apoyarlas.

Actualmente, Bélgica es un país de Europa bastante próspero y su capital, Bruselas es sede de varias organizaciones como la UE y la OTAN.

5.Historia de Rusia

Todo empieza con el primer estado eslavo organizado, la Rus de Kiev. Cuando se unificaron los pueblos eslavos de la región por Oleg de Nóvgorod en el 882.

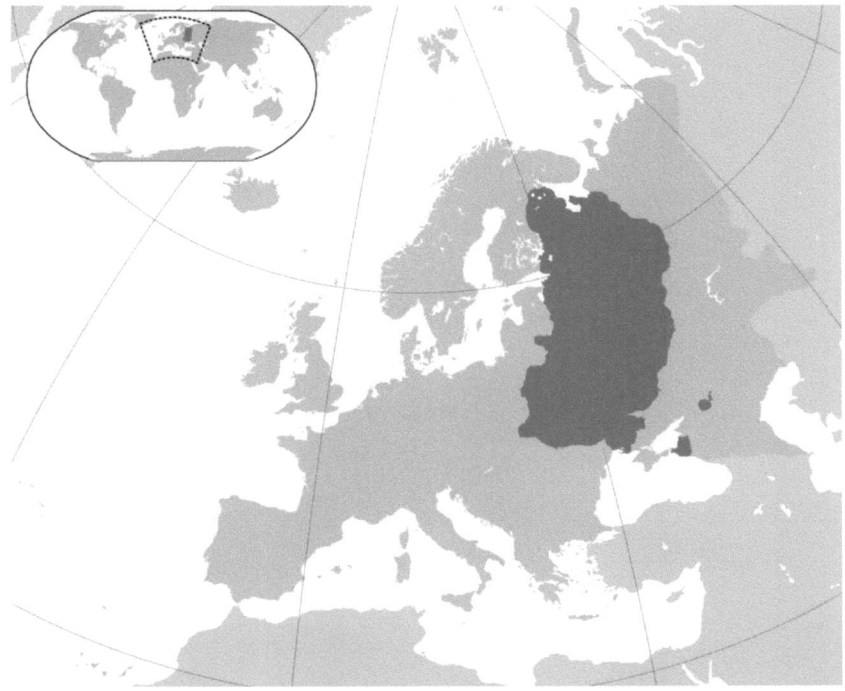

La caída de este estado se dió cerca de 1240 por el descubrimiento de nuevas rutas comerciales, que provocó un debilitamiento de la economía, lo que provocó su fragmentación y descentralización, para que finalmente fueran conquistados por el imperio Mongol.

En este periodo se formó el principado de Moscú en el 1283, que sería vasallo del sucesor de los Mongoles, la Horda de Oro, hasta que se independizaron de ella en el 1471. Este estado sería el predecesor de Rusia.

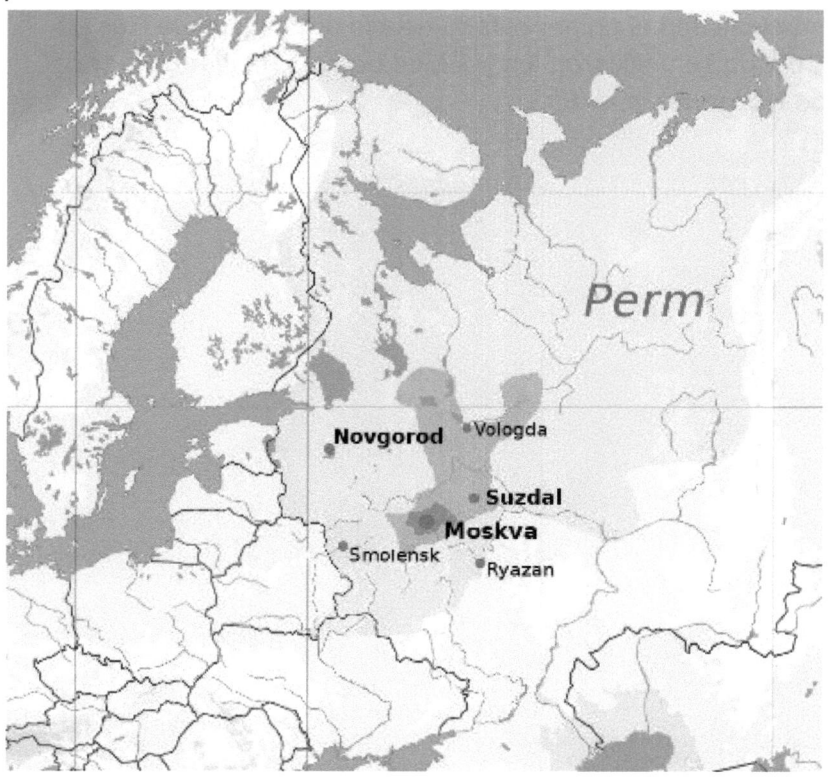

Con el reinado de Iván III (1462-1505) vencieron a la república de Nóvgorod y comenzaron conflictos con el Kanato de Kazán.
Con su sucesor, Basilio III también lograron expansiones territoriales. En 1547 este estado pasa de principado a Zarato con el reinado de Iván IV (1533-1584).

Con el establecimiento del Zarato sus sucesores se fueron expandiendo hacia Siberia. En 1613 asciende al trono Miguel I, primer zar de la dinastía Románov, que gobernaría Rusia hasta el fin de su era monárquica. Con el reinado de Pedro I (1682-1725), se formaría el imperio ruso.

La reina Catalina I la Grande, sucesora de Pedro I, se lograría expandir por Europa tras vencer al imperio otamano y la mancomunidad Polaco-Lituana, además de llegar a América y tomar Alaska.

El emperador Alejandro I tuvo que afrontar las guerras napoleónicas (1803-1815), en las que Napoleón trató de invadir el país en múltiples ocasiones, aunque el factor que más ventaja le proporcionó a los rusos fue el frío clima de invierno al cual las tropas francesas no estaban acostumbradas.

Con el fin de las guerras napoleónicas, tomaron Finlandia, Moldavia y parte del Gran ducado de Varsovia. Rusia continúa expandiéndose por Asia central. Aunque sufrieron un revés en la guerra de Crimea (1853-1856), en la cual lucharon junto con Grecia en contra de Francia, el Reino Unido, el Imperio Otomano y el reino de Cerdeña. Esta fue provocada cuando Rusia trató de expandir su territorio por las provincias otomanas Europeas, aunque Francia, Reino Unido y Cerdeña reaccionaron con miedo a que Rusia transformarse en un vasallo a los Otomanos.

La servidumbre tardó en abolirse, la cual siguió presente hasta la reforma emancipadora de 1861. Los rusos también perdieron la guerra Ruso-Japonesa (1904-1905), en contra de los japoneses que buscaban formar un gran imperio.

En la primera guerra mundial participaron del bando aliado, aunque tuvieron que retirarse en plena guerra por el estallido de la revolución rusa en 1917, por lo que tuvieron que ceder algunos territorios. Esta revolución de carácter socialista fue muy exitosa y el zar fue destronado en 1917 y ejecutado en 1918 por los soviéticos. Vladimir Lenin, uno de los principales líderes de la revolución, forma la República Socialista Federativa Soviética de Rusia (RSFSR), con lo que comienza una guerra civil entre los bolcheviques (socialistas) y el movimiento blanco (partidarios de restaurar la monarquía).

En 1922 la guerra finaliza con la victoria socialista, aunque pierden Polonia, Finlandia y los estados del Báltico. Con el fin de la guerra se cambia el nombre del movimiento a Unión de Repúblicas Socialistas Soviéticas (URSS) con 12 repúblicas al principio.

En 1924 muere Lenin y le sucede Iósif Stalin. En su gobierno se firmó un pacto de no agresión con Alemania (pacto

Ribbentrop-Molotov). Cuando inicia la segunda guerra mundial invaden la parte oriental de Polonia (1939) y Stalin trata de invadir Finlandia en la guerra de invierno (1939-1940) en la cual a pesar de ganar, no logran obtener todos los territorios que querían ante la gran resistencia Finlandesa la cual provocó numerosas bajas rusas.

En 1941 Alemania rompe el pacto que tenía con Rusia y comienzan la operación barbarroja para tratar de invadir la URSS, por lo que esta se ve obligada a entrar en la segunda guerra mundial del bando aliado, finalmente la guerra acaba en 1945 con la derrota del eje.

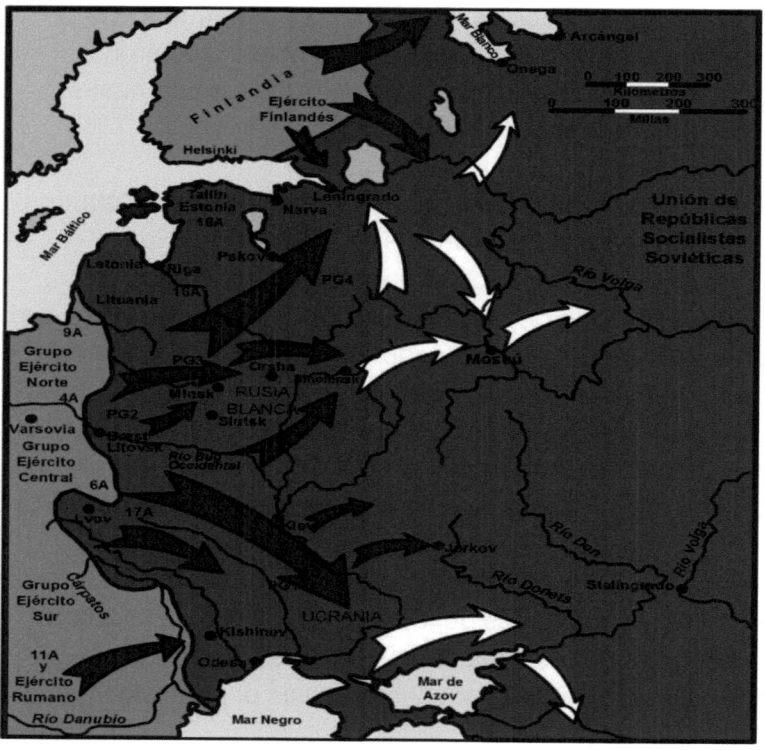

Con el fin de la guerra y la victoria aliada la URSS fue expandiéndose territorialmente (llegando a tener 15 repúblicas) y además expanden su ideología socialista por el mundo, con lo que inicia la guerra fría (1945-1991) contra EE.UU y su ideología capitalista para ver cual lograba influenciar más el mundo.

En la guerra fría surgieron diversos conflictos, como la guerra de Vietnam, de Corea... Donde cada potencia apoyaba a un bando para tratar de expandir su influencia. Esta guerra de ideologías la terminó ganando EE.UU, y la URSS fracasó como estado y se disolvió en 1991.

Con su disolución se forma la federación rusa actual, que ahora es gobernada por Vladimir Putin. Desde febrero del 2022 está en guerra contra Ucrania, la cual aún no ha llegado a su fin a día de hoy.

6.Historia de los Países Bajos: Imperio Neerlandés

El rey Carlos I de España estableció que los Países Bajos formen parte de una única identidad territorial, con lo que comienza el periodo de los Países Bajos españoles (1555-1714), que ocuparían los actuales Bélgica, Luxemburgo y Países Bajos.

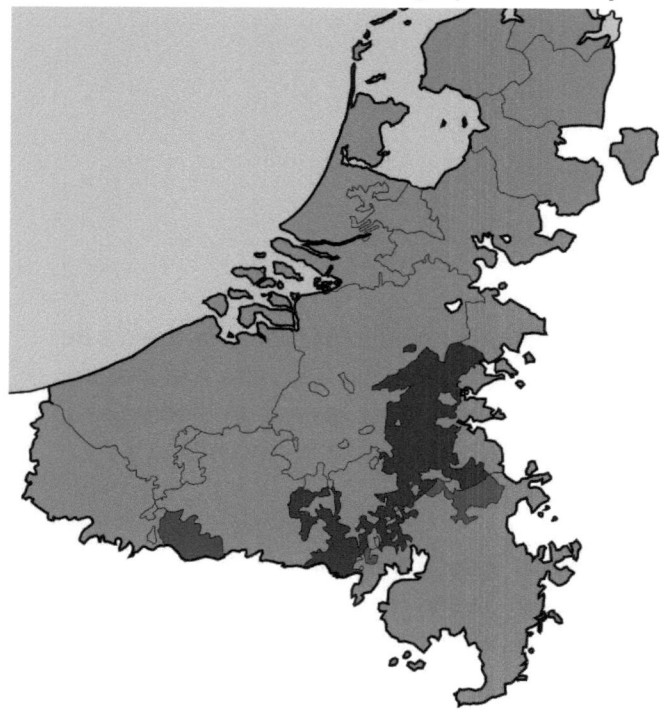

Los deseos neerlandeses de independencia llevaron a la guerra de los 80 años (1568-1648), en la cual los rebeldes fueron apoyados por Francia e Inglaterra que buscaban debilitar al imperio español.

Tras la unión de Utrecht (1579-1581), las provincias de los actuales Países Bajos se unieron y comenzaron a autogobernarse, formando la República de los siete Países Bajos Unidos. Aunque los territorios de Bélgica y Luxemburgo se mantuvieron fieles a la corona española.

Este estado funcionaba como una confederación, cada provincia tenía su propio gobierno pero mantenían una misma milicia y las relaciones, que eran llevadas por un Estatúder, el primero de todos fue Guillermo de Orange.

Los neerlandeses empezaron a formar su imperio colonial, lo que llevó a competir con otras potencias. Un ejemplo de ello es la guerra Luso-Neerlandesa (1601-1661, ver historia de Portugal), en la cual con el apoyo de Inglaterra logra tomar algunos territorios portugueses como Ceilán, Malaca, Formosa (Taiwán), las islas Molucas o la Costa de Oro. Esta expansión llevó a la creación de la compañía neerlandesa de las islas orientales en 1602.

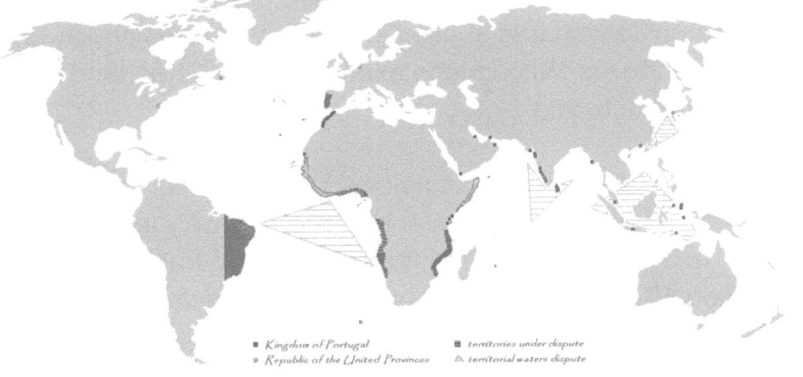

- Kingdom of Portugal
- Republic of the United Provinces
- territories under dispute
- territorial waters dispute

Además toman el actual Surinam en las guyanas en 1621 y fundan en ese mismo año la compañía neerlandesa de las indias occidentales. Los neerlandeses también se expandieron por la India e Indonesia.

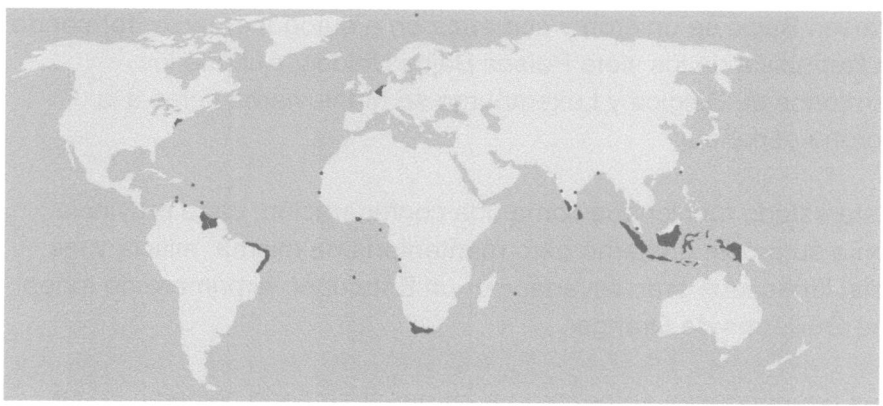

Los neerlandeses también compitieron con los ingleses en las guerras Anglo-Neerlandesas. La primera entre 1652 y 1654 la ganaron los ingleses y se firmó el tratado de Westminster donde se cedió la isla de Rum en Indonesia.

Los neerlandeses fundaron la colonia del cabo en Sudáfrica. Aunque perdieron Taiwán tras el asedio del fuerte de Zeelandia (1661-1662) cuando los Ming chinos expulsaron a los neerlandeses y crearon el reino de tuning.

Además, se dieron dos guerras anglo-neerlandesas más, la segunda guerra anglo-neerlandesa entre 1665 y 1667 y la tercera entre 1672 y 1674. Tras esta última firman un nuevo tratado de Westminster en 1674, que sustituye al tratado de Breda firmado tras la segunda, estos dos en teoría beneficiaron a los neerlandeses, los cuales se tuvieron que retirar de América del norte a cambio de poder expandirse en las guyanas.

Entre 1688 y 1697 se dio la guerra de los 9 años en la cual se intentó frenar la expansión francesa por el Rin con el apoyo de la gran alianza (Inglaterra, España, el Sacro Imperio, Provincias Unidas, Suecia, Portugal…) En esta destaca la participación del estatúder Guillermo III de Orange que llegó al trono inglés para evitar la restauración de Jacobo II en el trono. Esta terminó de una forma bastante indecisa con la firma del tratado de Ryswick.

La cuarta y última guerra Anglo-Neerlandesa se dio entre 1780 y 1784 y acabó con una decisiva victoria Británica con el tratado de París en el cual los neerlandeses ceden territorio en la india a cambio de poder quedarse en Ceilán, aunque lo más importante es que los ingleses obtienen el derecho al libre comercio en la India.

Por esta y otras razones llevaron a que la compañía neerlandesa de las indias orientales entre en declive y desaparezca en 1799, la compañía occidental corrió el mismo destino desapareciendo en 1792.

Los neerlandeses se dividieron en dos facciones, los Orangistas (de la casa de los estatuders, la de Orange) y los patriotas. La primera buscaba que el estatúder tuviera más poder y los segundos buscaban un estado más democrático.
Los patriotas se rebelaron con el apoyo francés y Guillermo V de Orange tuvo que huir, con lo que se formó la república Bátava en 1795 (como un estado satélite francés). A cambio apoyaron a Francia en las guerras napoleónicas, lo que fue aprovechado por los Británicos para tomar algunas colonias.

En 1806 Napoleón transforma la república en el reino de Holanda (otro estado satélite), y pone a su hermano Luis en el trono hasta 1810, cuando en ese mismo año pasa bajo control directo del primer imperio francés, ya que Luis se estaba interesando por los intereses de la población neerlandesa.

Con la derrota de Napoleón y el congreso de Viena (1814-1815), se decide crear el Reino Unido de los Países Bajos, conformado por los actuales Bélgica, Países Bajos y Luxemburgo; aunque como represalia el Reino Unido se quedaría con las colonias capturadas en la guerra.

En 1830 estalla la revolución Belga tras la cual Bélgica se independiza. Esta independencia es reconocida en 1839 con el tratado de Londres, tras la cual se crea el reino de los Países Bajos.

7.Historia de Austria: imperio austriaco e imperio austro-húngaro

A comienzos del siglo XIX, Austria aún pertenecía al Sacro Imperio Romano Germánico. En ese entonces el sacro emperador también era el archiduque de Austria, en 1804 el sacro emperador Francisco II, transforma el archiducado de Austria en el imperio Austriaco. Poco después, en 1806 el título de sacro emperador fue suprimido durante las guerras napoleónicas, más en concreto tras su derrota en la batalla de Austerlitz.

Los habsburgo (que gobernaron Austria desde el siglo XIII), participaron en todas las guerras de coalición de las guerras napoleónicas (1803-1815), excepto en la guerra de la cuarta coalición (1806-1807), porque tras el fracaso de la tercera guerra Francia obligó a Austria retirarse de la alianza contra Napoleón.

Con el fin de las guerras napoleónicas y la derrota francesa, pudo recuperar los territorios perdidos durante el conflicto y anexar el reino de Lombardo-Véneto según lo acordado en el congreso de Viena (1814-1815).

El nuevo imperio Austriaco, ganó influencia en Italia y en los estados del antiguo sacro imperio. Con la muerte del emperador Francisco I (Francisco II del antiguo S.I.R.G), le sucedió Fernando I en 1835. Este emperador sufriría una discapacidad mental que le dificultó reinar.

Durante todo su reinado se dieron varias revueltas de caracter nacionalista ya que el imperio albergaba muchas culturas que no se sentían representadas. Las revueltas fracasaron pero se realizaron reformas como la eliminación de la censura y la abolición de la servidumbre.

Durante el proceso de la unificación italiana (se inició en torno a 1815 hasta 1871), se dieron varios conflictos con el reino de Cerdeña que quería unificar toda Italia. Austria trataba de impedirlo porque perdería territorio e influencia en la región.

Con la segunda guerra de independencia italiana (1859), gracias al apoyo francés, Cerdeña le quita Lombardía a Austria. Austria ganó junto con Prusia la segunda guerra de Schleswig o guerra de los ducados (1864), tras la cual Prusia obtiene los ducados de Schleswig y Lauenburgo y Austria el ducado de Holstein.

La confederación germánica (unión entre los antiguos estados del S.I.R.G, con la misión de reunificar Alemania), llega a su fin en 1866 con la guerra Austro-Prusiana (1866), en la cual los dos estados más relevantes de esta unión, Austria y Prusia, entran en un conflicto por el liderazgo de la reunificación. Cada uno con sus alianzas, entre la que destaca la de Prusia con Italia, la cual lanza ese mismo año la tercera guerra de independencia italiana como parte de esta guerra.

La guerra acaba con la victoria de la alianza prusiana, con lo que Italia anexa Venecia y partes de Fluir; Prusia anexa algunos estados de la alianza austriaca y el ducado de Holstein y se excluye a Austria de la unificación con lo que se crea la confederación Alemana del norte.

En 1867 se fundó el imperio Austro-Húngaro, una unión personal de los títulos de monarca de Austria y Hungría en forma de monarquía constitucional. Donde los dos grupos mayoritarios eran representados, austriacos y húngaros.

Cada territorio fue administrado de forma diferente pero se trataban en unión los temas de defensa y política exterior.

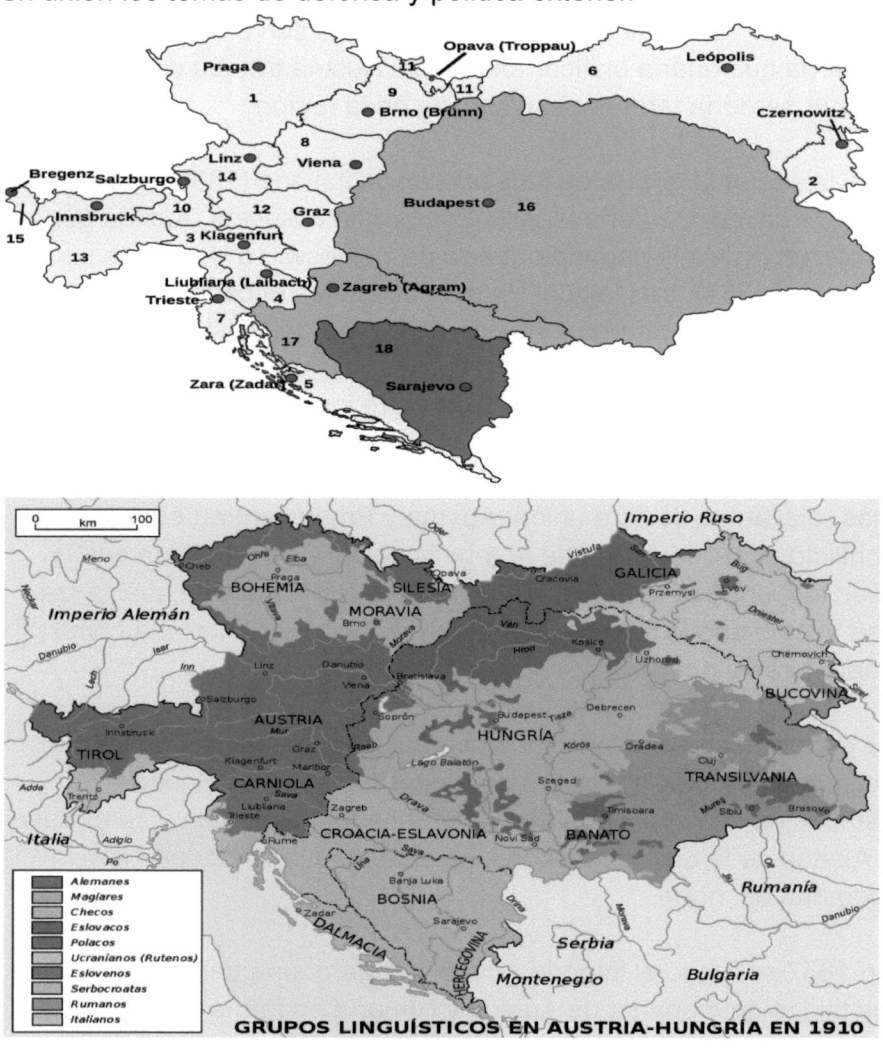

GRUPOS LINGUÍSTICOS EN AUSTRIA-HUNGRÍA EN 1910

En 1878 le arrebatan Bosnia al imperio otomano y lo administran en condominio entre los dos títulos.

Un ultranacionalista serbio-bosnio asesinó al heredero a la corona, Francisco Fernando y a su esposa en 1914. Lo que provocó que el imperio le enviase un ultimátum a Serbia que no fue respondido, por lo que le declararon la guerra y se activaron las alianzas entre los diversos países, esto ocasionó la primera guerra mundial, entre el bando de los aliados (Francia, Reino Unido, Italia, Rusia, EE.UU....) y las potencias centrales (Alemania, Austria-Hungría, Imperio Otomano, Bulgaria...)

Las potencias centrales son derrotadas en 1918, con lo que se firma el tratado de Versalles. En el caso de Austria-Hungría, fue obligada a disolverse en varios estados: Checoslovaquia, Austria, Hungría y el reino de los serbios, croatas y eslovenos. El resto de los territorios fueron entregados a Polonia, Rumanía e Italia.

Durante la segunda guerra mundial los alemanes anexaron Austria, aunque tras la segunda guerra mundial fue ocupada por los aliados hasta 1955, cuando se liberó en forma de un estado neutral. En 1995 se une a la UE.

8.Historia de los Estados Unidos

En el año 1565 el español Pedro Menéndez de Avilés funda la ciudad de San Agustín y se convierte en primer gobernador de Florida. Los españoles se irían expandiendo en Florida, California y algunas regiones al sur de EE.UU.

Los ingleses fundaron algunas colonias en la costa este de América, las conocidas 13 colonias de norteamérica: Massachusetts, Nuevo Hampshire, Rhode Island, Connecticut, Nueva York, Nueva Jersey, Pennsylvania, Delaware, Maryland, Virginia, Carolina del Norte, Carolina del sur y Georgia.

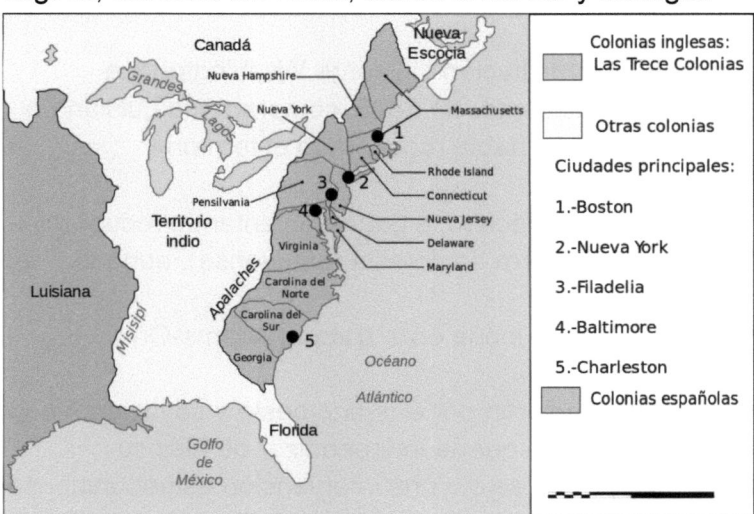

También, Francia controlaba la región de la Luisiana. Las dos potencias compitieron por la hegemonía de América del Norte.

Tras la guerra de los 7 años (1756-1763), los franceses fueron derrotados por Gran Bretaña pese al apoyo español. Francia cede la Luisiana a España por el apoyo prestado, aunque Gran Bretaña anexa Florida y el Quebec francés.

Los constantes conflictos de Gran Bretaña en Europa ocasionaron una subida de impuestos en las 13 colonias, esto generó grandes tensiones con la población, por lo que esta busca independizarse y se da inicio a la guerra de independencia estadounidense (1775-1783).

Gracias al apoyo francés y español lograron declarar su independencia el 4 de julio de 1776 (declaración de independencia de las 13 colonias), con lo que se crearon los Estados Unidos de América. En 1781, Gran Bretaña pierde decisivamente en la batalla de Yorktown y en 1783 se ven obligados a reconocer la independencia.

En 1787 se redactó la constitución y George Washington fue elegido como primer presidente. En 1803, compraron la Luisiana a la Francia Napoleónica que había recuperado el territorio.

En 1812 el Reino Unido le declaró la guerra, intentando recuperar sus antiguos territorios (guerra anglo-estadounidense), aunque fracasó en el intento.
En 1821, España les cede Florida en el tratado Adams-Onís.

Posteriormente se expandieron por el lejano oeste y se hicieron con Texas aprovechando que se quería independizar de México.
Además, entre 1846 y 1848 se dio una intervención estadounidense en México tras la cual ganaron los estados de California, Arizona, Utah, Nuevo México, Nevada y Colorado tras la firma del tratado de Guadalupe Hidalgo (1848).

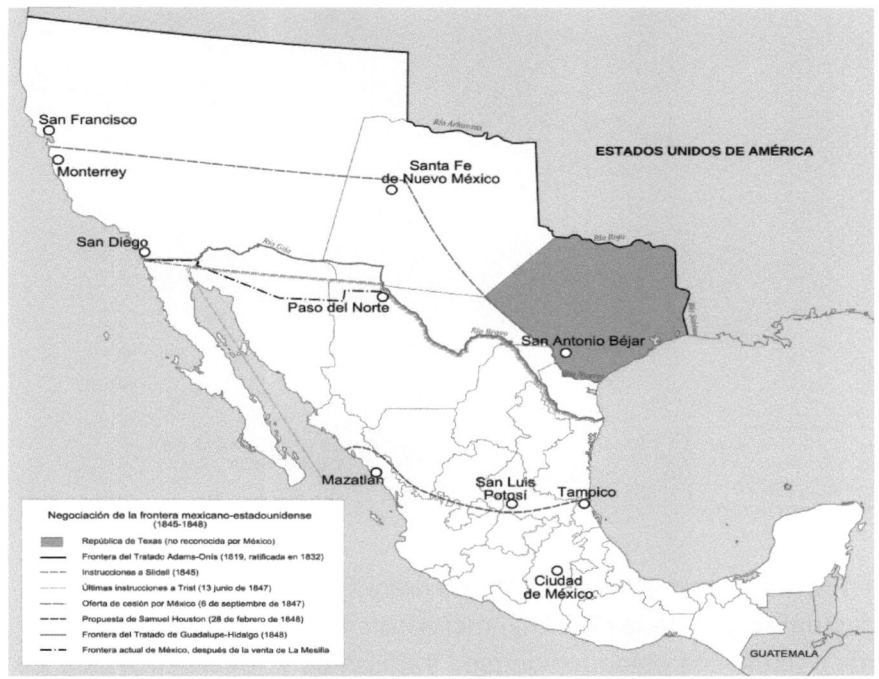

Negociación de la frontera mexicano-estadounidense
(1845-1848)

República de Texas (no reconocida por México)
Frontera del Tratado Adams-Onís (1819, ratificada en 1832)
Instrucciones a Slidell (1845)
Últimas instrucciones a Trist (13 junio de 1847)
Oferta de cesión por México (6 de septiembre de 1847)
Propuesta de Samuel Houston (28 de febrero de 1848)
Frontera del Tratado de Guadalupe-Hidalgo (1848)
Frontera actual de México, después de la venta de La Mesilla

En 1860 el partido republicano de Abrahán Lincon quería abolir la esclavitud, pero habían algunos estados que se negaban a hacerlo, lo que ocasionó la guerra de secesión (1861-1865) , en la cual 13 estados se separaron creando los estados confederados de América que fueron derrotados. Por lo que se terminó prohibiendo la esclavitud, aunque la discriminación racial siguió presente.

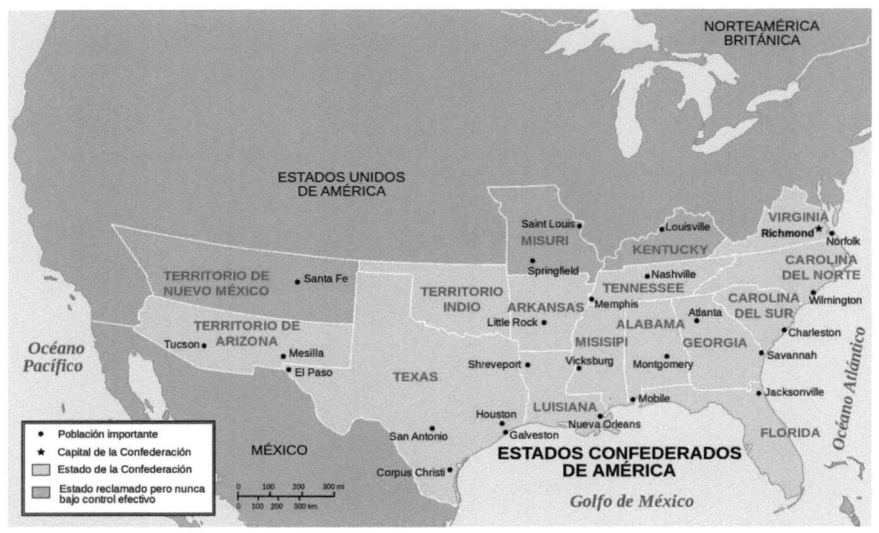

En 1867 compran Alaska al imperio ruso. Gracias a la rápida industrialización de los EE.UU, recibieron mucha inmigración de otros países. Los estadounidenses trataron de arrevatar tierras a los nativos americanos, lo que provocó algunos conflictos entre los que destacan la guerra de Black Hills (1876-1877), en la cual aunque resistieron valientemente fueron fácilmente derrotados.

Cuba estaba tratando de independizarse de España, lo que aprovecharon para intervenir ocasionando la guerra hispano-estadounidense de 1898. Tras la guerra España se vio obligada a vender a Estados Unidos: Cuba, Filipinas, Puerto Rico y Guam. De estas, Cuba se independiza en 1902 y las Filipinas en 1946.

Durante la primera guerra mundial, Alemania hundió unos barcos estadounidenses que iban al Reino Unido y le enviaron un telegrama a México en el que le proponían atacar a los Estados

Unidos. Esto provocó la entrada de EE.UU a la guerra en 1917 del bando de los aliados, el cual terminó ganando.

En 1929 se dio el conocido Crack del 29 y la gran depresión provocada por una enorme crisis económica que ya se venía forjando en el país. En 1933 se pone en marcha la política del New Deal por el presidente Franklin D.Rooswelt, con la cual se intentaban recuperar de la crisis.

Tras el ataque japonés a Pearl Harbour en 1941 deciden entrar en la segunda guerra mundial. Los aliados ganaron la guerra tras la rendición de Alemania y las bombas nucleares de Nagasaki y Hiroshima en 1945.

Tras el fin del conflicto inicia la guerra fría entre la ideología capitalista de los Estados Unidos y el socialismo de la URSS por ver cual influiría más en el mundo. En este conflicto de ideologías se dieron diversas guerras en las cuales cada país apoyó a su respectivo bando por la hegemonía de su ideología. Entre estas destacan la guerra de Corea (1950-1953) o la guerra de Vietnam (1955-1975).

En esta época también se dieron protestas contra la discriminación racial. En 1962 estalló la crisis de los misiles de Cuba cuando descubrieron que la URSS tenía misiles nucleares en Cuba apuntando a EE.UU. Las tensiones se calmaron cuando llegaron a un acuerdo, la URSS quitaría sus misiles de Cuba y EE.UU sus respectivos misiles en Turquía, además de prometer que no intervendría en Cuba.

En 1959 se admite a Hawái como el estado número 50. En 1963 el presidente John F. Kennedy es asesinado en un atentado público.

En 1969 llegan a la Luna por lo que ganan la carrera espacial contra la URSS.

Tras la disolución de la URSS en 1991 finaliza la guerra fría con una victoria de la ideología capitalista. En 1990 estalló la guerra del Golfo contra Irak cuando este intentó tomar Kuwait y los Estados Unidos y sus aliados tratan de defender al pequeño país árabe. Esta guerra finalizó en 1991 con la victoria de la coalición contra Irak.

El 11 de septiembre de 2001 se dio en atentado a las torres gemelas en el cual unos aviones tomados por la organización terrorista Al-Qaeda impactaron contra este icónico edificio de Nueva York, además de otros edificios como el Pentágono.

En el 2003 inicia una intervención en Irak que duraría hasta el 2011 (guerra de Irak), con el pretexto de acabar con el territorismo y desarmar a Irak de las bombas nucleares que supuestamente poseía. Esta termina en el 2011 cuando su líder, Saddam Hussein es condenado a muerte por crímenes contra la humanidad.

Actualmente, es la potencia hegemónica mundial y la economía más grande del mundo con más de 339 millones de habitantes. Esta república, con capital en Washington DC es miembro fundador de la OTAN y posee el ejército más potente del mundo.

AK 1959
PURCHASED FROM RUSSIA 1867
WA 1889
OREGON TERRITORY
TITLE ESTABLISHED 1846
OR 1859
ID 1890
MT 1889
ND 1889
TITLE ESTABLISHED 1818
SD 1889
MN 1858
WY 1890
NE 1867
IA 1846
WI 1848
MI 1837
ME 1820
VT 1791
NH 1788
NY 1788
MA 1788
CT 1788
RI 1790
PA 1787
NJ 1787
DE 1787
OH 1803
IN 1816
IL 1818
LOUISIANA PURCHASE 1803
TERRITORY OF THE THIRTEEN ORIGINAL STATES 1783
WV 1863
VA 1788
KY 1792
TN 1796
NC 1789
SC 1788
GA 1788
AL 1819
MS 1817
LA 1812
AR 1836
MO 1821
KS 1861
OK 1907
CO 1876
NV 1864
UT 1896
CEDED BY MEXICO 1848
CA 1850
AZ 1912
NM 1912
TREATY 1819
GADSDEN PURCHASE 1853
TX 1845
TEXAS ANNEXED 1845
CEDED BY SPAIN 1819
FL 1845
HI 1959
ANNEXED 1898

Alaska
USA

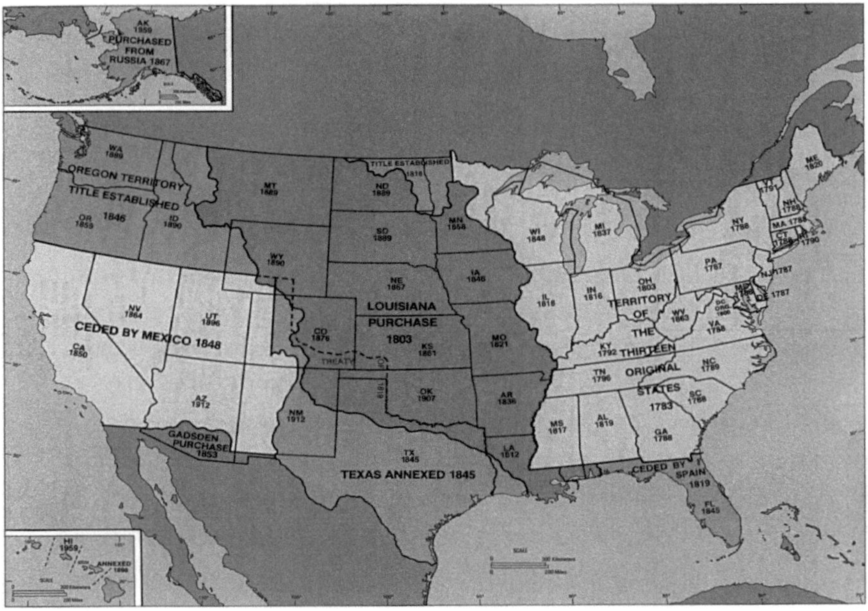

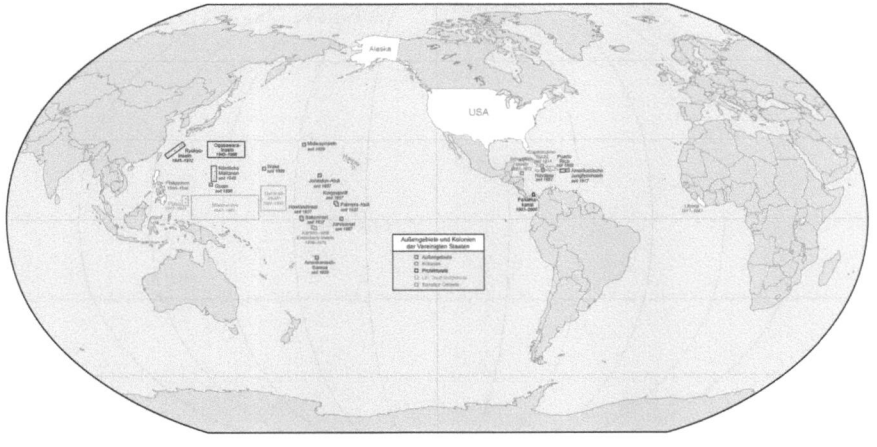

9.Formación de Inglaterra

Hace unos 41.000 años Inglaterra empezó a ser poblada por seres humanos. Los celtas se establecieron en las islas británicas y el sur de Gran Bretaña empezó a ser poblada por la cultura Hallstatt.

Hacia el 55 a.C, Julio Cesar comenzó la invasión romana de Britania en el contexto de la guerra de las Galias (ver historia de Francia). Con el reinado del emperador Claudio, se comienza la anexión formal de britania cerca del 43 d.C, que finalizó en el 84 d.C.

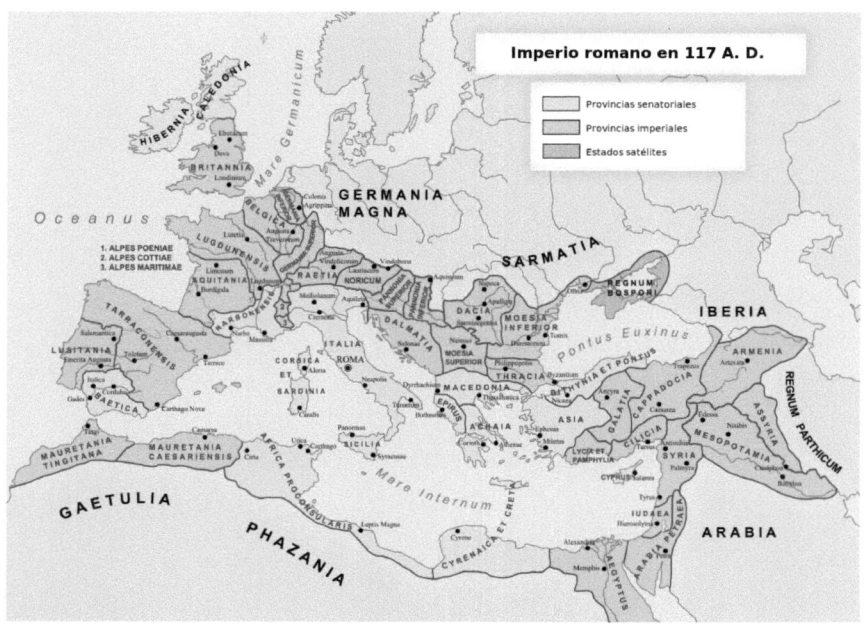

El emperador Adriano mandó construir el muro de Adriano para separar sus tierras (Inglaterra) de Escocia. En el 410 Roma pierde el control, sobre Britania y se crearon diversos estados, como por ejemplo: Dumnonia, Kent, Lindsay, Powys, Gwynedd... Con la llegada de los pueblos germánicos, Inglaterra fue objeto de pueblos Anglos, Sajones y Jutos.

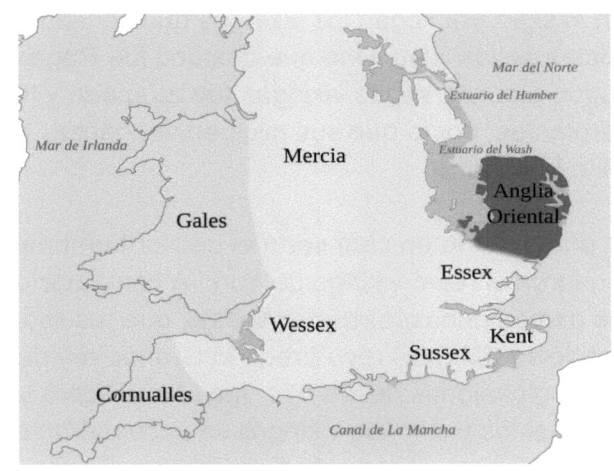

El episodio decisivo en la historia fue la batalla de Deorham, donde el reino de Wessex se consolida con el poder sobre los celtas. Tras este episodio se forman siete reinos

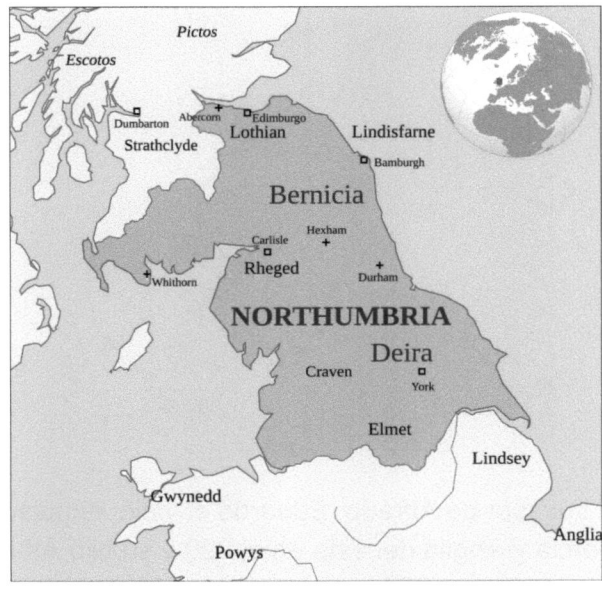

importantes: Wessex, Northumbria, Estanglia, Essex, Sussex, Kent y Mercia. En el siglo VII comienza la cristianización de los pueblos germanos de los anglosajones.

En el siglo VIII llegan los vikingos que comienzan a saquear las costas de las islas. Uno que destacó fue Ragnar Lothlerok, que según algunas sagas vikingas fue atrapado y lanzado a un pozo de serpientes, por lo que sus hijos en venganza, organizan un ejército vikingo pagano.

El primer reino en caer sería el de Northumbria en el 867 donde fundaron el reino vikingo de York. A continuación fueron cayendo los demás reinos, excepto Wessex que resistió en la batalla de Ashdown (871). El rey Alfredo el Grande rey de Wessex y de todos los Anglosajones desde 871, fue el que lideró la defensa y firmó la paz. Así los territorios vikingos se convirtieron en la Danelaw.

El sucesor de Alfredo, Eduardo el viejo, expulsó a los vikingos de Mercia y Anglia del este en el 920 y su hijo Athelstan conquista York en el 927 y en 954 son expulsados finalmente de toda Inglaterra. Con esto Wessex obtiene una gran hegemonía. La corona de

Wessex cae en manos del rey Svend I de Dinamarca y su hijo canuto el grande que fundó el imperio del mar del norte al gobernar en Noruega, Dinamarca e Inglaterra.

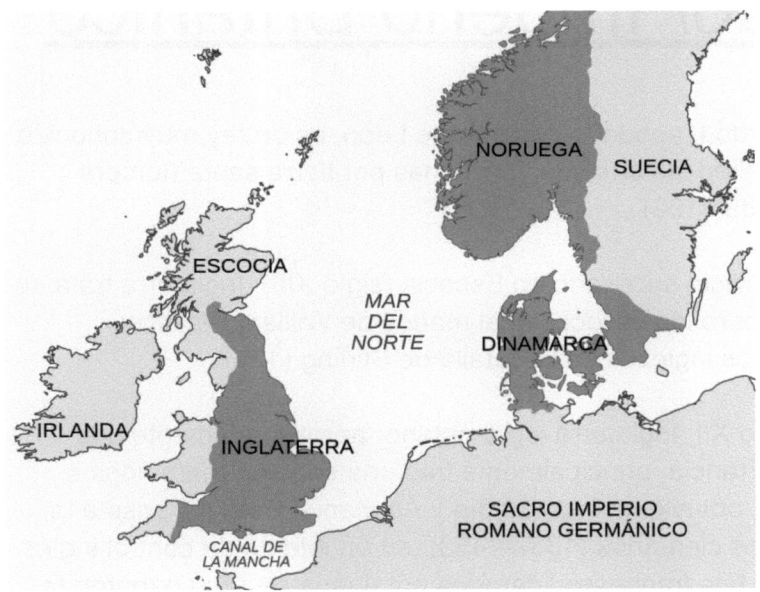

A su muerte sus sucesores dividieron el reino y Wessex fue restaurado gracias a Eduardo el confesor, tras su muerte en el año 1066 no pudo engendrar un heredero. Con esto asciende al poder Harold II, aunque moriría el mismo año ascendería al trono semanas después de liderar las tropas en la recordada batalla de Stamford Bridge, en la cual vencen decisivamente a los vikingos.

Tras la batalla las tropas anglosajonas quedaron debilitadas lo que permitió a Guillermo I el conquistador, el duque de Normandía, reclamar el trono que es tomado tras la batalla de Hastings en el 1066, por lo que se convierte en el primer rey de Inglaterra de la casa de Normandía.

10.Historia del Reino Unido/ Imperio Británico

El rey Ricardo I, apodado corazón de León, es un rey muy conocido por su papel en las cruzadas cristianas por tierra santa (tercera cruzada 1189-1192)

Tras un conflicto sucesorio en Escocia (siglo XIII), Inglaterra trata de invadirlos, pero los escoceses al mando de William Wallace derrotan a los ingleses en la batalla de Stirling (1297).

Para el siglo XII, Inglaterra logró obtener aproximadamente dos tercios de Francia, principalmente tras una serie de matrimonios, con los que obtuvieron Normandía y Aquitania. Esto dió paso a la guerra de los cien años (1337-1453), en un intento de control inglés de Francia. Los franceses liderados por Juana de Arco ganaron la guerra e Inglaterra perdió casi todos los territorios que habían obtenido (ver historia de Francia).

En 1455 estalló una guerra civil entre la casa de York y la casa de Lancaster, por ver quien conseguiría el trono (guerra de las dos rosas). La casa de York logró algunas victorias iniciales y lograron gobernar por 20 años, pero finalmente los Lancaster llegaron al poder en el 1485 fundando la casa de los tudor con Enrique VII como primer rey. La guerra acabaría en 1487 con su consolidación en el trono.

Su sucesor, Enrique VIII, rompió lazos con la iglesia católica en el año 1534, fundando su propia iglesia, la anglicana, de la cual él sería el jefe supremo. Este rey también creó el reino de Irlanda, dió a Gales representación en el parlamento y llegó a tener 6 mujeres, matando a 2 de ellas.

Para frenar el poder español los ingleses apoyaron a los independentistas neerlandeses en la guerra de los 80 años (ver historia de los Países Bajos), además de interceptar y capturar barcos españoles que venían con oro desde América. Por esto Felipe II de España creó la armada invencible para tratar de conquistar Inglaterra (1587), aunque fracasaron. Al año siguiente, los ingleses mandaron su contraarmada que también fue vencida.

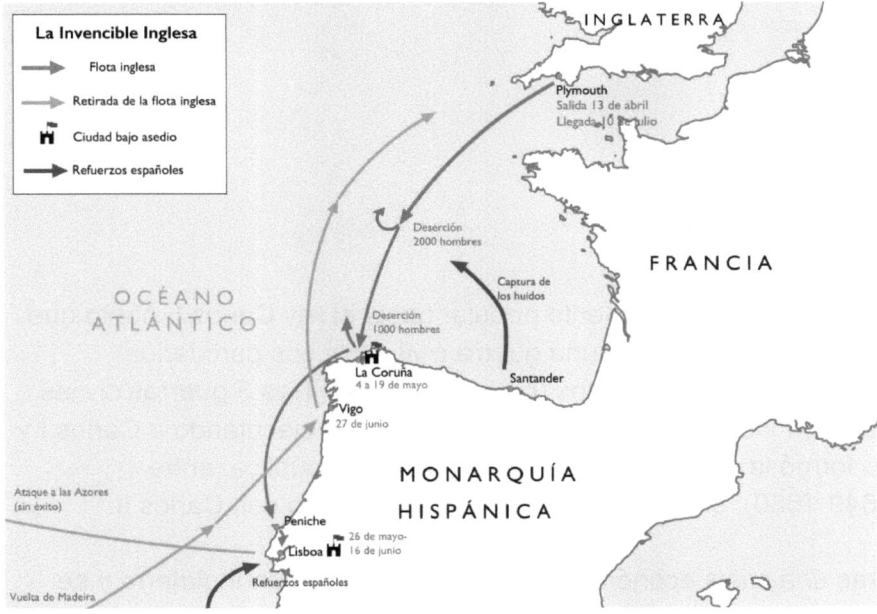

El renacimiento, también llegó a Inglaterra. Su figura más representativa fue el dramaturgo, poeta y actor William Shakespeare.

Con la muerte de la reina Isabel I en el año 1603, le sucede Jaime I de Inglaterra, que además de rey de Inglaterra e Irlanda, también fue rey de Escocia.

En 1607 establecen su primera colonia en Jamestown, para posteriormente irse expandiendo por América del Norte y crear las 13 colonias de Norteamérica.

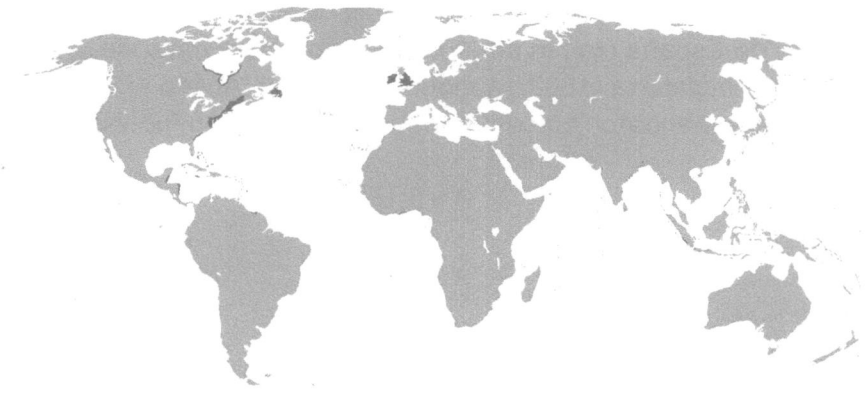

Hubo un gran descontento popular hacia el rey Carlos I, por lo que estalló en el año 1642 una guerra civil entre sus partidarios (realistas) y no partidarios (parlamentarios). Tras 3 guerras civiles ganaron los parlamentarios, que terminaron ejecutando a Carlos I y se formó la mancomunidad de Inglaterra (república, entre 1649-1660), en 1660 se restaura la monarquía con Carlos II.

Tras una crisis económica en Escocia se une con Inglaterra y se forma el Reino de Gran Bretaña en 1707. Los británicos se involucraron en la guerra de sucesión española (ver historia de España), tras la que obtienen Menorca y Gibraltar y la guerra de los 7 años (1756-1763), tras la que le arrebatan territorios en Norteamérica a Francia y España y obtienen Bengala.

Las 13 colonias de Norteamérica tratan de independizarse (guerra de independencia estadounidense, entre 1775 y 1783, ver historia de EE.UU), donde se independendiza con ayuda de Francia y España.

En 1800 se une el Reino de Irlanda, creando el Reino Unido de Gran Bretaña e Irlanda. Los británicos participaron en las guerras napoleónicas, donde derrotaron a la flota franco-española en la batalla de Trafalgar. Finalmente la coalición derrota a Napoleón en 1815.

Los británicos toman el tren de la revolución industrial, además se expanden por Australia, Canadá, la India y con la conferencia de Berlín (reparto de África) se expanden por todo el continente. Así se forma el conocido imperio británico.

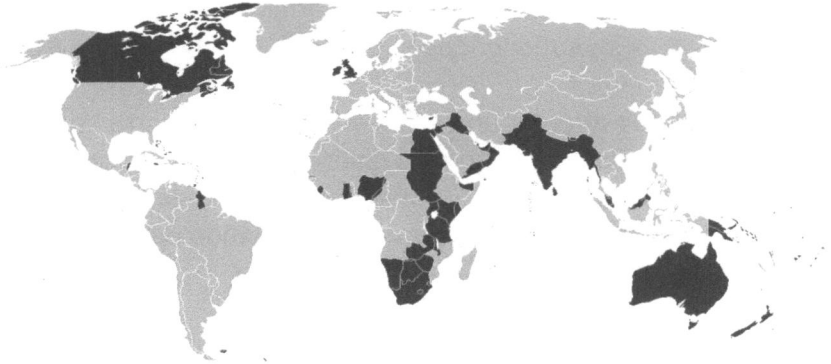

En la primera guerra mundial (1914-1918) participaron del bando aliado, el cual finalmente venció a las potencias centrales en 1918. Tras la guerra obtiene territorios de Alemania en África y algunos otros de Turquía en medio oriente.

En 1921 la parte sur de Irlanda se independizó tras una guerra y es en este periodo cuando países como Canadá, Australia, Nueva Zelanda… Van obteniendo progresivamente su independencia.

En la segunda guerra mundial (1939-1945), participan del bando aliado y obtienen una victoria respecto al eje. En 1946 se formó la ONU y el Reino Unido fue uno de sus miembros fundadores, así como de la OTAN en 1949.

En esta época comienzan a perder casi todas sus colonias en África, la India… En 1952 es cuando empiezan a desarrollar armamento nuclear.

En 1973 entran en la UE y en 1982 estalla una guerra contra Argentina por las islas Malvinas, la cual terminan ganando los británicos dado a su superioridad militar.

Además, tuvo que afrontar una crisis en Irlanda del Norte (que se había mantenido fiel), en la que los unionistas (que querían permanecer en el Reino Unido) y los republicanos irlandeses (que querían su independencia e integración a la irlanda del sur que era independiente).

En 1997 cede Hong-Kong a China. Además, participó en la guerra del golfo (1990-1991) y la guerra de Irak (2003-2011, para ambas ver historia de EE.UU). Entre el 2016 y el 2021 se produjo el Brexit donde tras un referéndum deciden separarse de la UE.

11.Historia de Suecia: Imperio Sueco

En el siglo XV Suecia poseía casi todo su territorio actual más Finlandia (que era un ducado bajo la corona Sueca).

Con la unión de Kalmar (unión personal entre Dinamarca, Suecia y Noruega con hegemonía danesa, entre 1397 y 1523), debido a grandes tensiones se perpetúa el conocido como baño de sangre de Estocolmo (1520), donde el rey danés asesina a una gran cantidad de nobles y clérigos. El pueblo sueco, que se encontraba enormemente descontento, inicia una rebelión en 1521 y ponen a Gustavo Vasa como rey, por tanto se independiza de Dinamarca y los expulsa definitivamente en 1523.

El nuevo reino de Suecia se une a la reforma protestante Luterana. Además, participó en la guerra nórdica de los 7 años (1563-1570), tras la cual Suecia ratifica su soberanía y Dinamarca hace lo mismo en sus diferentes provincias no reconocidas por Suecia.

Los suecos se expanden por Estonia tras la guerra livona (1558-1583), donde se imponen contra Rusia.
Tras la guerra ruso-sueca (1590-1595), se firmó el tratado de Teusina, en donde se delimitan las fronteras, por lo que logran ganar territorio en Finlandia.

Gustavo II Adolfo (reinante desde 1611 hasta 1632) inició guerras contra polacos y rusos. En una de ellas, la guerra de Ingria (1610-1617), se lograron expandir por Ingria y Cecshorn a costa de los rusos.

Las guerras polaco-suecas (1600-1629) fueron 4: la primera (1600-1611), la segunda (1617-1618), la tercera (1621-1625) y la cuarta (1626-1629). Tras estas se firma el tratado de Altmark donde los suecos reafirman y obtienen su soberanía en Livonia.

Suecia entra en la guerra de los 30 años (1618-1648) en su tercera fase (desde 1630 hasta 1635). Gustavo II Adolfo muere en esta guerra durante la batalla de Lützen en 1632. En 1635 los suecos son derrotados por los Habsburgo durante la guerra.

Aunque participó junto con Francia en la cuarta fase de la guerra (1635-1648). La parte de este fase donde se enfrentan contra los daneses es la guerra de Torstenson (1643-1645), tras la cual gana y obtiene nuevos territorios que eran daneses y la abolición de los peajes que dinamarca cobraba a suecia y que pagaban los barcos que pasaban por el estrecho de Øresund.

Con el fin de la guerra de los 30 años y la paz de Westfalia en 1648, obtienen Pomerania, Bismark y Berner.

Tras la abdicación de la hija de Gustavo como reina (Cristina), llega al poder Carlos X Gustavo de la dinastía palatinado -Zweibrücken.

En 1638 se establecen en Delaware. Además fundan la compañía Sueca de África, para administrar sus colonias de la costa de oro (Ghana).

Los neerlandeses tratan de tomar Delaware en 1651, lo cual finalmente logran en 1655.

De 1665 a 1660 se da la segunda guerra nórdica, contra Polonia, Rusia y Dinamarca. La guerra acabó con una considerable victoria sueca.

Tras las expansiones suecas por Europa, las potencias europeas se unieron en una coalición la cual termina derrotando a Suecia, que se ve obligada a ceder sus territorios en Noruega y la isla de Bornholm a Dinamarca-Noruega. Los daneses también tomaron la costa de oro sueca en 1663.

Entre 1675 y 1679 estalla la guerra de Escania donde mientras los suecos combaten contra brandemburgo-prusia apoyando a Francia, los daneses invaden las provincias del sur. La guerra termina con un "status quo ante Bellum", es decir, algo inconclusa y sin grandes cambios.

Entre el año 1700 y el 1721 estalla la gran guerra del norte donde Dinamarca, Rusia y Polonia se unen y atacan a Suecia.
El imperio otomano también se une entre 1710 y 1714 tratando de ayudar a Suecia. El conflicto termina con una derrota del decadente imperio sueco, donde rusia anexiona las provincias bálticas y gran parte de Finlandia, Prusia anexiona la mitad de Pomerania, Hanover anexiona los ducados de Bremen-Verden y Dinamarca Schleswig y Holstein.

En 1733 establecen un puesto comercial en la India llamado Parangi Pettai y ya en el siglo XIX obtienen Guadalupe y San Bartolomé (Islas del caribe), que fueron vendidos a Francia.

12. Historia de Alemania

Algunos pueblos como los Celtas, Bálticos y Eslavos habitaron la región, aunque las tribus germánicas fueron las más relevantes en la antigüedad.

En el 58 a.C Julio César se enfrentó y derrotó a varias tribus germánicas y las fronteras del imperio romano con estas tribus se establecieron en el río Rin. En el año 9 d.C los romanos fueron derrotados al tratar de conquistar Germania en la batalla de Teutoburgo.

A partir del siglo III, el imperio romano se empezó a debilitar y estas tribus germánicas comenzaron a hacer incursiones en territorio romano. Ya en el siglo V estas invasiones más los problemas internos causaron la caída del imperio romano de occidente.

Después de la caída de los romanos se crearon algunos reinos germánicos en la parte occidental de Europa, como el reino de los francos, que en el año 800 se convertiría en el recordado imperio carolingio (ver historia de Francia). Este vasto imperio llegaría hasta Alemania la cual fue conquistada y convertida al cristianismo.

Tras la muerte del emperador Carlomagno en el 814 su hijo y sucesor Luis el piadoso no fue capaz de llevar este vasto imperio. Tras su muerte en el 840, sus hijos se repartirán el imperio dividiéndolo en: el reino franco occidental, medio (Lotaringia) y el oriental. Este último el predecesor del actual Alemania. En el caso del reino de la Lotaringia sería repartido entre el reino occidental y oriental a mediados del siglo IX, tras una serie de tratados.

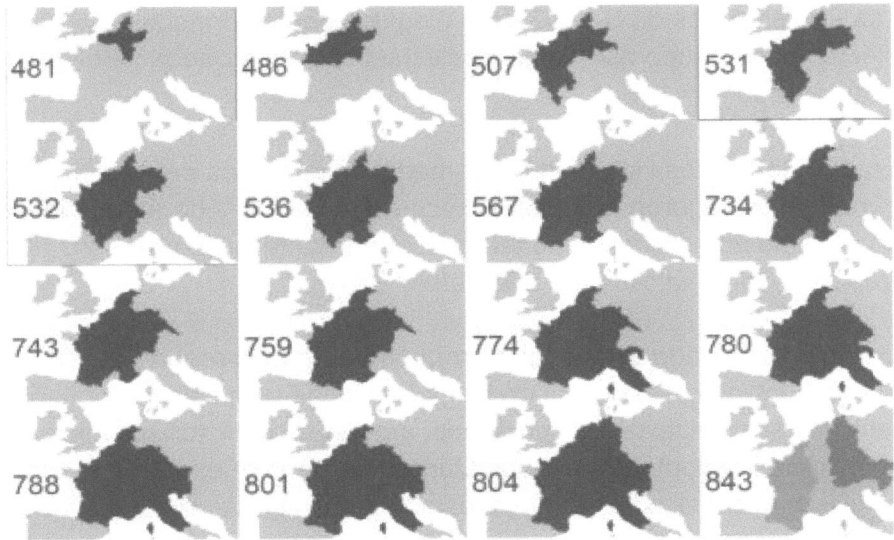

El primer rey de la Francia oriental fue Luis el Germánico, hijo de Luis el piadoso. En el siglo X moriría el último rey de este reino de la dinastía carolingia (la de Carlomagno), el rey Conrado I. Por lo que sería elegido rey Enrique I el pajarero, al ser el duque de Sajonia. Con esto inicia el periodo de la dinastía sajona.

El sucesor de Enrique, Otón I, venció a los húngaros, empezó un programa de cristianización e intervino en los problemas políticos de Italia. Como agradecimiento, el papa lo coronó en el 962 como el primer emperador del Sacro Imperio Romano Germánico.

En el siglo XI llega al trono Conrado II de la dinastía Salia en el año 1027. En el siglo XII el emperador Federico I Barbarroja trató de conquistar Italia, aunque el papa se alió con algunas ciudades libres y los logró expulsar, a cambio de firmar un acuerdo en el que les debían pagar un tributo.

91

Los emperadores de S.I.R.G eran elegidos por los príncipes electores. Un grupo de nobles y eclesiásticos encargados de elegir al emperador.

En el siglo XVI los Habsburgo por medio de una serie de matrimonios llegaron al poder. El recordado Carlos V de Alemania, no solo fue emperador, si no también gobernante de España, Nápoles, Cerdeña, Austria, Los Países Bajos…

Durante su reinado estalló la reforma protestante luterana por Martín Lutero el cual cuestionó las prácticas de la iglesia y propuso reformar sus políticas. Los príncipes, gracias a conflictos pasados con Roma lo adoptaron, aunque Carlos V ordenó que todos volvieran al catolicismo lo que ocasionó diversas guerras en las que los protestantes se aliaron y con el apoyo francés, lograron la división del cristianismo y el respeto a ambas partes de este.

En 1618 estalló la guerra de los 30 años ya que algunos nobles se alinearon con el calvinismo, que era una rama protestante que estaba prohibida. Esta guerra comenzó siendo un conflicto principalmente religioso, aunque acabó teniendo carácter político y territorial. En 1648 finalizó la guerra con la paz de Westfalia y el calvinismo fue finalmente aceptado.

Tras la guerra comenzó a ganar protagonismo el estado de Brandemburgo-Prusias, que se terminaría transformando en el reino de Prusia.

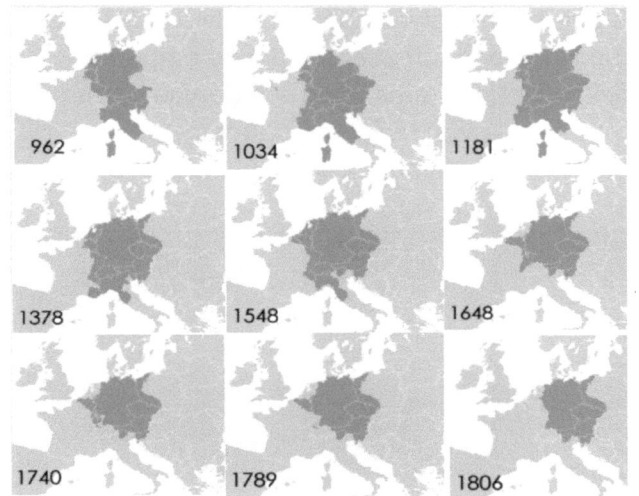

962   1034   1181
1378   1548   1648
1740   1789   1806

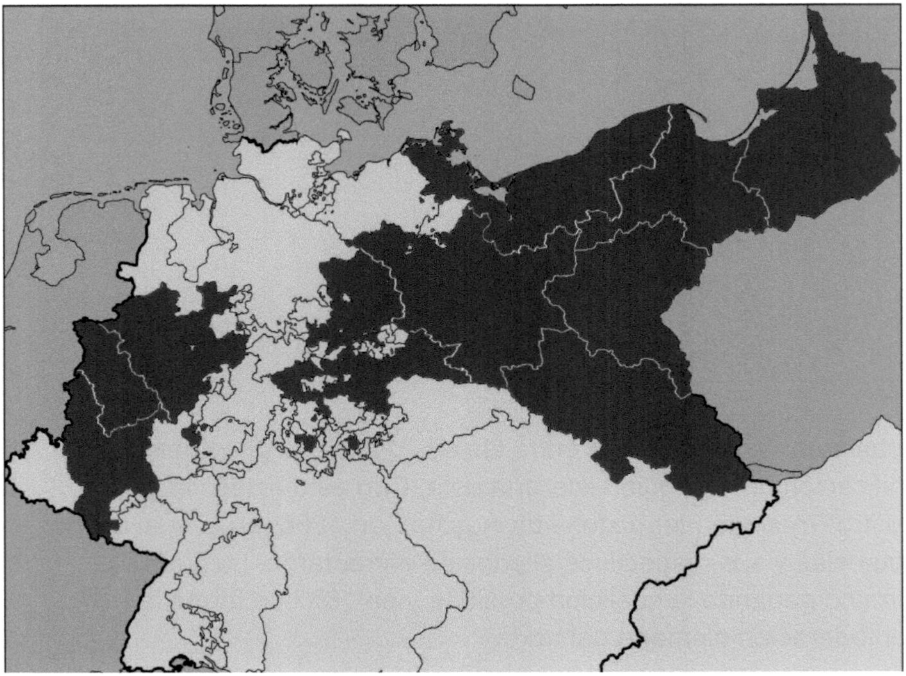

Con el estallido de las guerras napoleónicas se disolvió el S.I.R.G en 1806 para evitar que Napoleón tomase el título de emperador. Tras el fin de los conflictos y el posterior congreso de Viena entre 1814 y 1815, el Reino de Prusia y el recién creado Imperio Austriaco comenzaron un proceso de unificación alemana (ver historia de Austria).

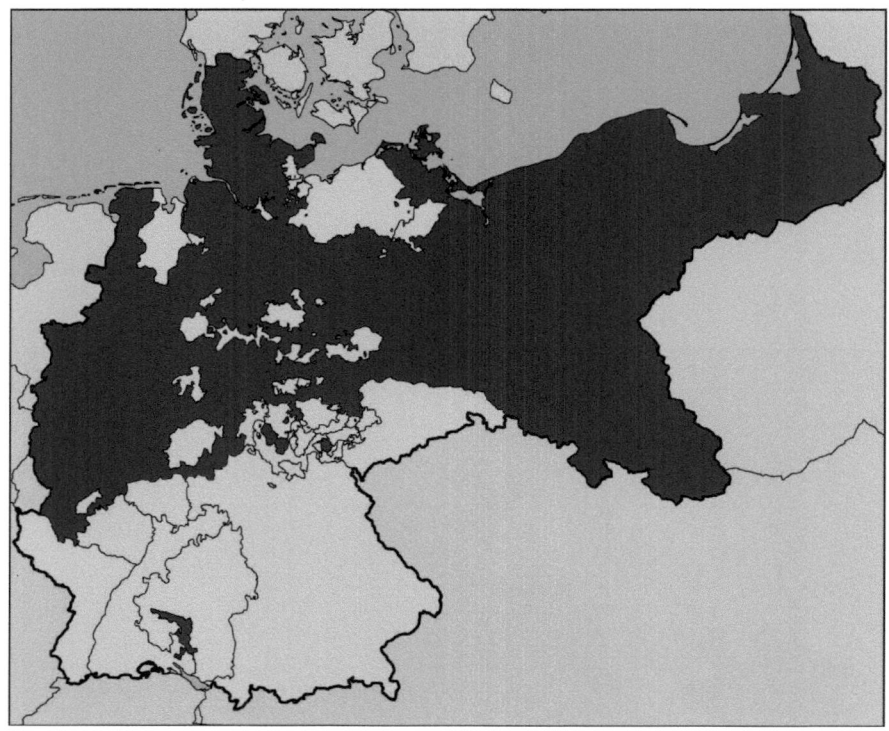

Estallaron varias disputas entre las dos potencias principales de la unificación por ver quien lideraría esta. Con esto estalló la guerra Austro-Prusiana (ver historia de Austria), en 1866, en la cual las dos potencias y sus respectivos aliados se enfrentaron. La guerra la terminó ganando la coalición prusiana y en 1867 se formó la confederación alemana del norte.

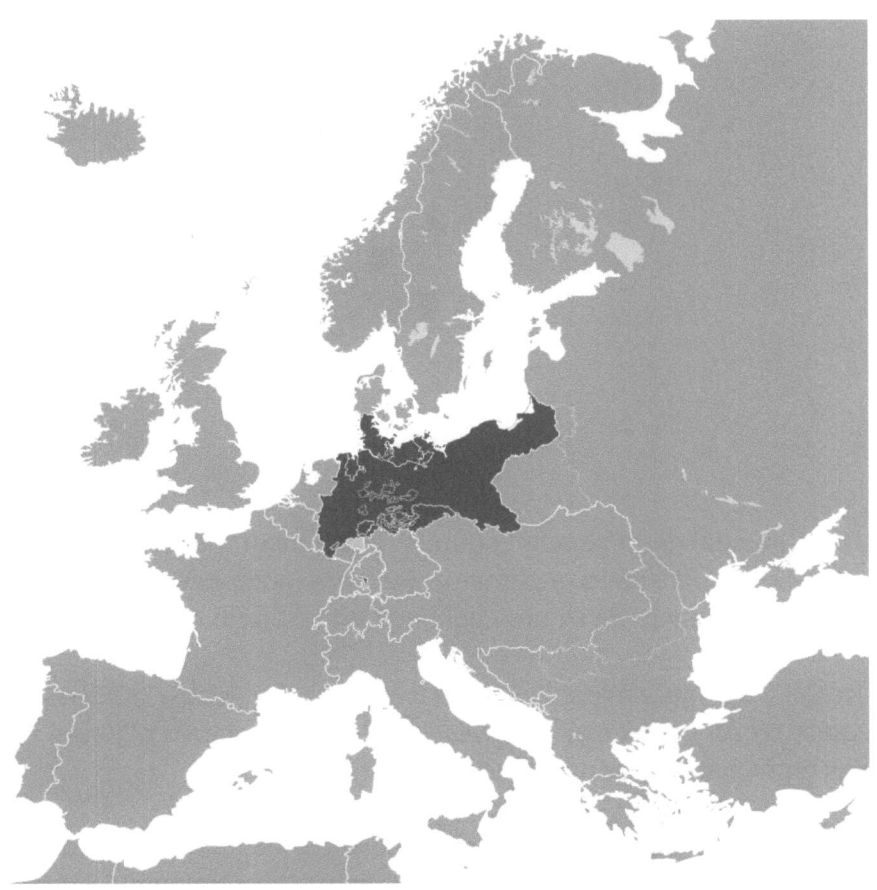

Tras la guerra Franco-Prusiana (1870-1871), vencieron a los franceses y les quitaron Alsacia y Lorena y unificaron finalmente toda Alemania creando el Imperio Alemán.

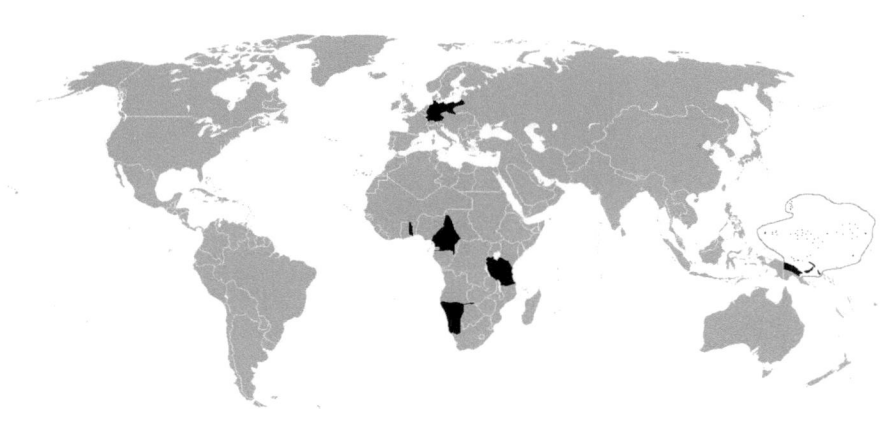

Al principio del denominado segundo reich (imperio alemán, ya que el S.I.R.G se considera el primero), Bismark (entonces canciller y ministro-presidente de Prusia) continuó en su cargo hasta 1890.

Alemania se había expandido principalmente por África, gracias al reparto de África del siglo XIX. Aunque también, obtuvo algunas islas en Oceanía, Papúa Nueva Guinea...

En 1914 estalló la primera guerra mundial donde luchó en el bando de las potencias centrales junto con Bulgaria, los Otomanos y Austria-Hungría. Se enfrentaron contra Francia, el Reino Unido, Italia, Rusia, EE.UU...

En 1918 finaliza la guerra con una derrota alemana y la posterior firma del tratado de Versalles donde el Imperio Alemán llegó a su fin porque fueron obligados a ceder todas sus colonias, así como territorios de Europa. Formándose así la república de Weimar, en la cual se destituyó a la monarquía tras una revolución a finales de esta guerra.

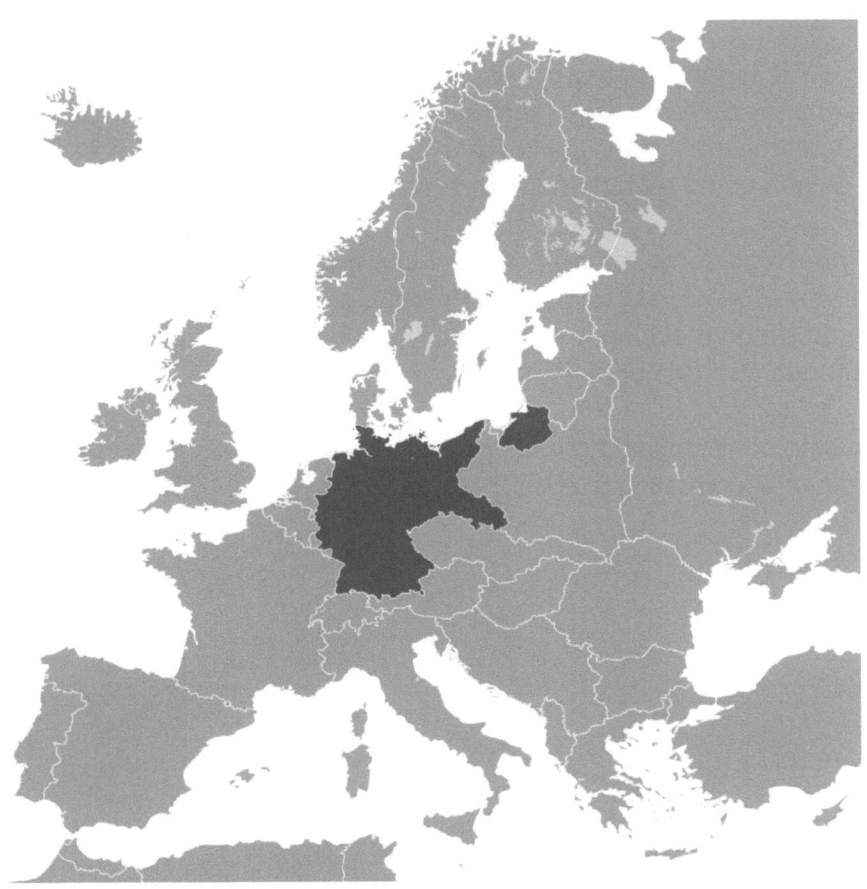

Esta nueva república tuvo dificultades económicas como una gran hiperinflación por las reparaciones que debían pagar tras la guerra. Además, la población estaba en total descontento por la gran humillación que su país había sufrido.

En esta situación desesperada es donde buscar una ideología y un líder fuerte, con lo que aparece el partido nacionalsocialista obrero alemán, con Adolf Hitler como líder.

En 1933 llegan al poder con lo que se inician una gran cantidad de campañas de represión y se crean numerosos campos de concentración. A parte de la creación de las "SS" las cuales servían al estado como método para la represión.

El nuevo gobierno reformó su ejército e incumplió el firmado tratado de Versalles. Con esto invaden Polonia, por lo cual Francia y el Reino Unido reaccionan declarando la guerra por lo que inicia la segunda guerra mundial en 1939.

En este conflicto lucharon las potencias del eje: Italia, Japón y Alemania; contra los aliados: Francia, Reino Unido, EE.UU, la URSS…

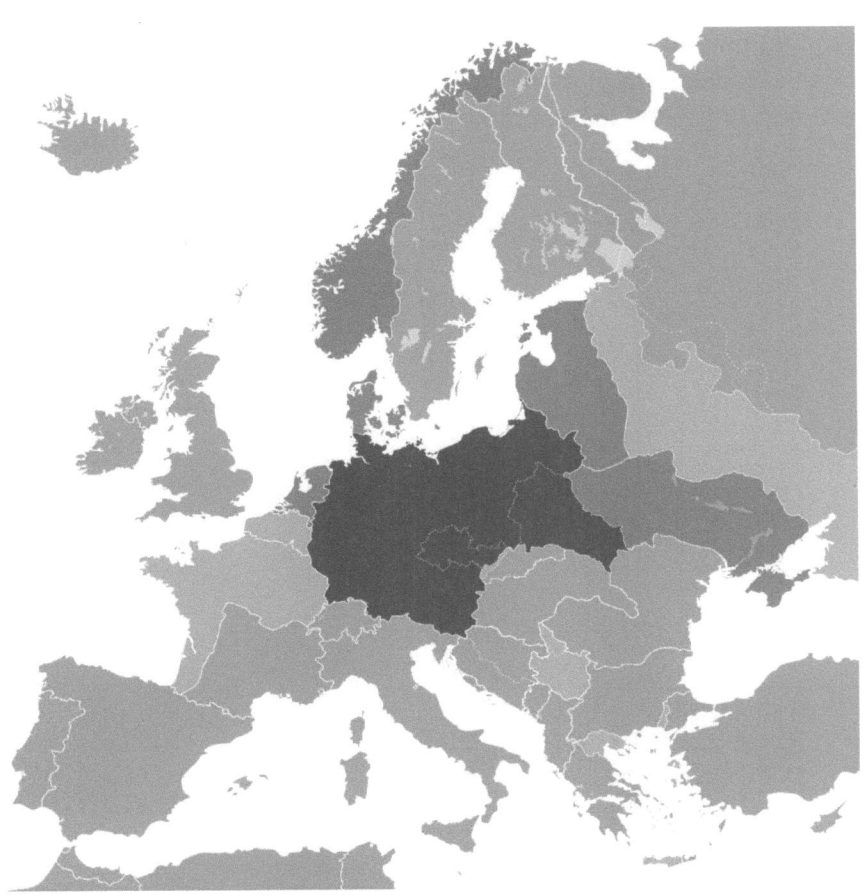

Durante el conflicto hubo una gran represión, principalmente contra los judíos en el conocido holocausto donde millones de judíos murieron en campos de concentración.

En 1945 finaliza la guerra y los aliados dividieron Alemania en zonas de ocupación. En 1949 el Reino Unido, Francia y los Estados Unidos unen sus zonas para crear la república de Alemania occidental, de ideología capitalista. Mientras que los soviéticos forman la república de Alemania oriental, de ideología socialista como un estado satélite de la URSS. Como separación de las 2 zonas se construyó el muro de Berlín en 1961, que dividía la ciudad de Berlín entre los dos estados.

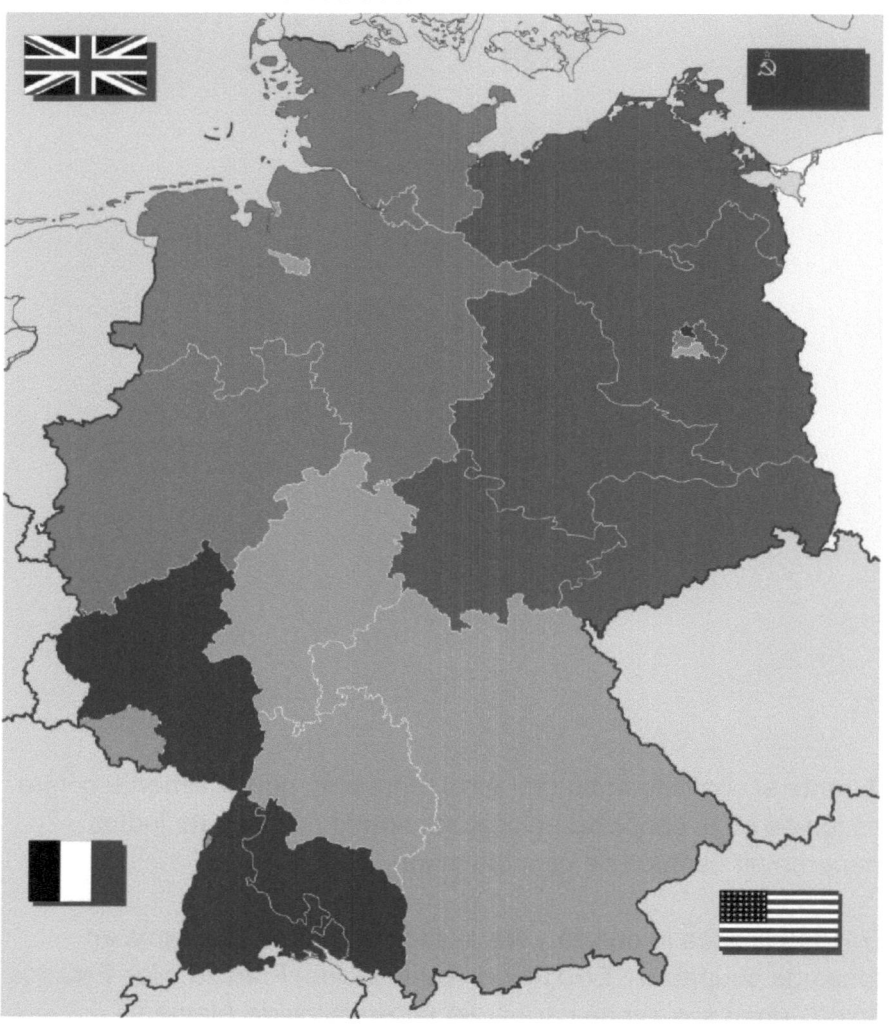

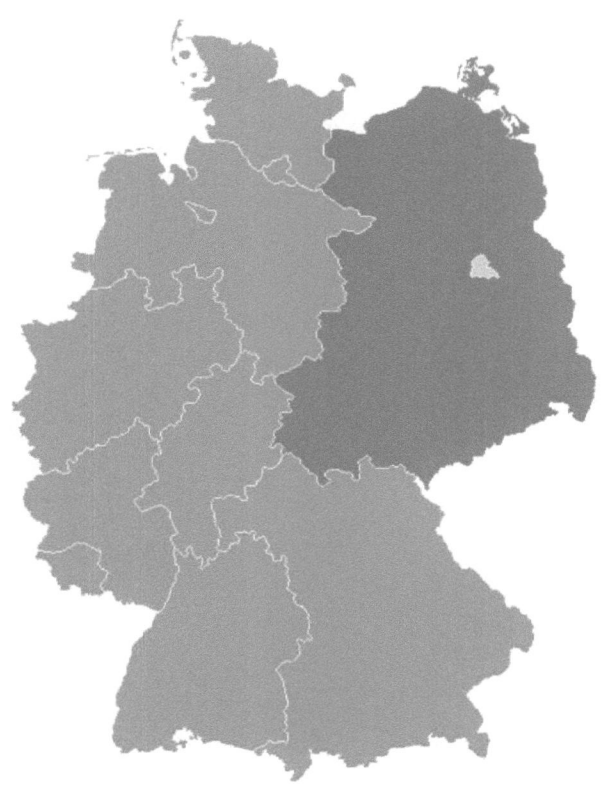

La parte occidental comenzó a prosperar y a recuperarse más rápido de la guerra que la parte oriental. En 1989 los habitantes de la Alemania oriental se manifestaron y revelaron contra el gobierno de la URSS, por lo que los manifestantes derribaron el muro de Berlín en forma de protesta.

A la decadente URSS no le quedó más que cederles la independencia y pronto Alemania se reunificó el 3 de octubre de 1990.

Actualmente, Alemania es una república con capital en Berlín y una de las mayores economías del mundo (puesto 3 en PIB mundial para 2023). Así como miembro de la OTAN y la UE.

13.Historia de Irlanda

Antes de su invasión y ocupación por parte de los ingleses
existieron diversos estados celtas irlandeses. Estos se comenzaron
a cristianizar sobre el año 400 d.C, abandonando la religión
tradicional celta.

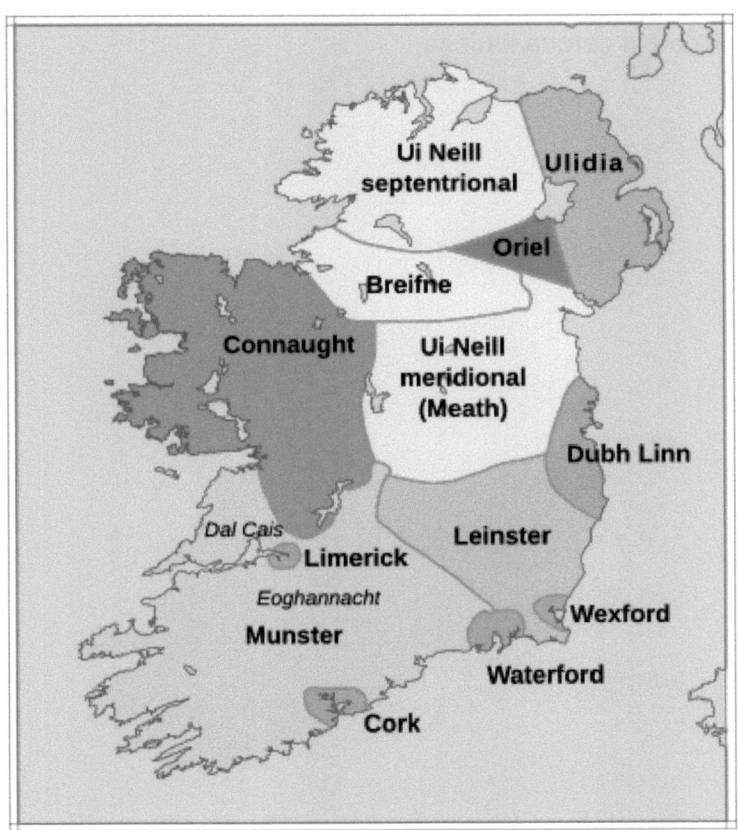

Desde su cristianización las diversas tribus y reinos se negaron a reconocer la autoridad política de Roma y a pagar los diezmos al papado. Por tanto el papa inglés Adriano IV emitió una bula papal en el 1155 que otorgaba al rey Enrique II de Inglaterra autorización para invadir Irlanda para restaurar el derecho romano en la región.

Desde este momento sus sucesores comenzaron invasiones y campañas para arrebatar territorio a los nativos irlandeses formándose así el señorío de Irlanda en el año 1171, que estaría en unión personal con la corona inglesa.

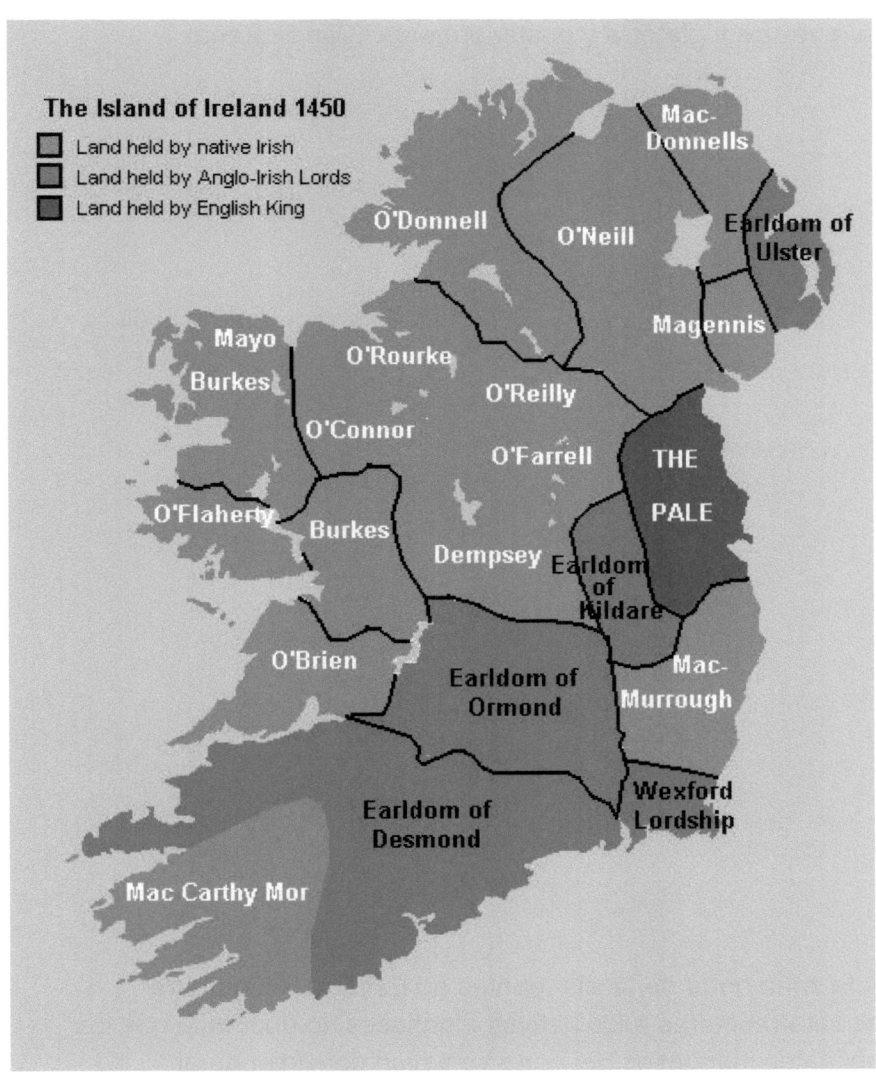

The Island of Ireland 1450

Land held by native Irish
Land held by Anglo-Irish Lords
Land held by English King

Mac-Donnells

O'Donnell

O'Neill

Earldom of Ulster

Magennis

Mayo

Burkes

O'Rourke

O'Reilly

O'Connor

O'Farrell

THE

O'Flaherty

Burkes

PALE

Dempsey

Earldom of Kildare

O'Brien

Earldom of Ormond

Mac-Murrough

Wexford Lordship

Earldom of Desmond

Mac Carthy Mor

Ya en el reinado del rey Enrique VIII en la primera mitad del siglo XVI, ya se tenía un control casi total y más estable de la isla por lo que crea el título de reino de Irlanda en 1542, que estaría unido a los reyes de Inglaterra y posteriormente Gran Bretaña.

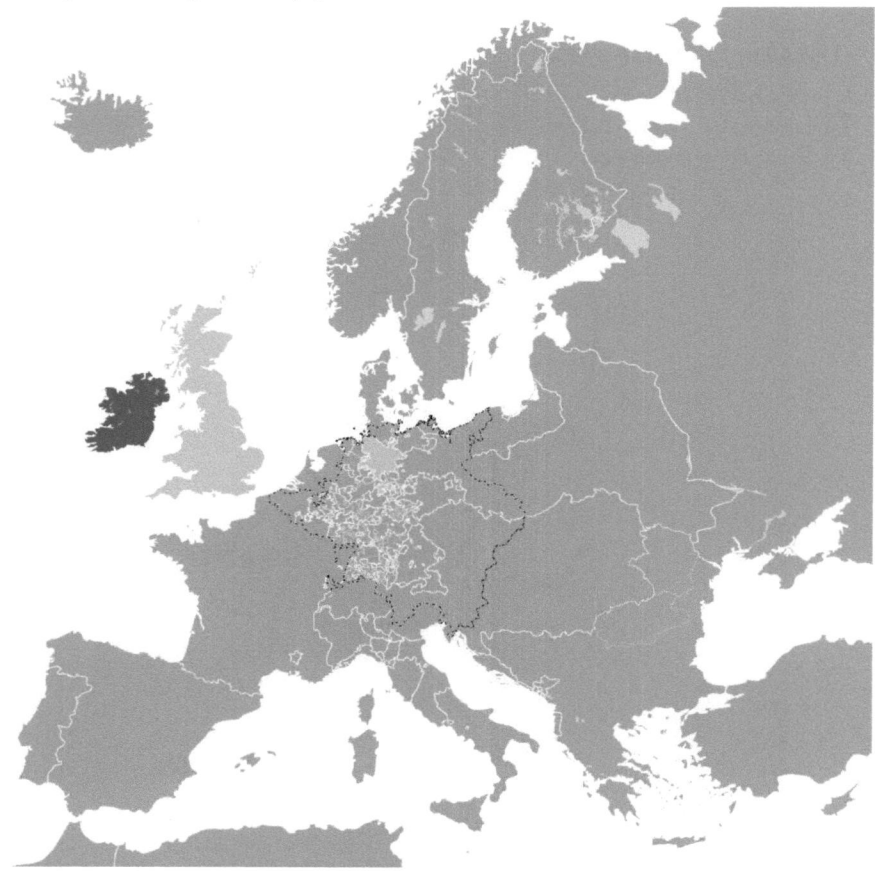

En la zona norte de la isla, gentes de Escocia e Inglaterra arrebataron tierras a los nativos irlandeses, lo que hace que los habitantes irlandeses del norte se vayan convirtiendo al protestantismo anglicano.

Entre 1641 y 1653 se dan las guerras confederadas de Irlanda tras la cual los parlamentarios ingleses de la mancomunidad de

Inglaterra (ver historia del Reino Unido) se hacen con Irlanda en contra de los realistas que apoyaban a la monarquía y se consolida el dominio del anglicanismo sobre el del catolicismo. Aunque como ya sabemos la mancomunidad desapareció en 1660 y se restauró la monarquía.

Entre 1689 y 1691 se da la guerra Guillermita en el contexto de la guerra de los 9 años (ver historia de los Países Bajos), en la cual los jacobitas irlandeses apoyados por Francia tratan de reponer a Jacobo II de Inglaterra y VII de Escocia en el trono, el cual había sido usurpado por Guillermo III de Orange, aunque no lo logran.

En 1798 se da la rebelión irlandesa la cual es suprimida y lleva a la firma del acta de Unión del año 1800 tras la que se une formalmente con Gran Bretaña (para crear una entidad conjunta, ya que como comentábamos antes estaba en unión personal) formando el Reino Unido de Gran Bretaña e Irlanda.

Entre 1845 y 1849 se dio la hambruna irlandesa o hambruna de la patata, en la cual un millón de personas murieron de hambre y cerca de otro millón tuvo que emigrar. Se le conoce como hambruna de la patata ya que la mayoría de irlandeses se alimentaba de este tubérculo y como los cultivos de esta fueron arrasados por la enfermedad de la patata la población no tenía comida para alimentarse.

En 1886 se propuso la política del home rule la cual dotaría a Irlanda de más autonomía, pero esta no fue aprobada hasta 1912. Aunque no pudo entrar en vigor por el estallido de la Primera Guerra Mundial. En 1916 la población irlandesa se rebela aprovechando que el Reino Unido estaba en guerra, con lo que se dio el conocido alzamiento de pascua el cual fue duramente sofocado.

En 1919 se proclama la república de Irlanda (la cual no fue reconocida por el Reino Unido), por lo que estalla la guerra de independencia irlandesa hasta 1921. Los irlandeses del norte preferían mantenerse unidos al Reino Unido por sus similitudes religiosas y culturales, por lo que tras la firma del tratado anglo-irlandés la parte sur conseguiría una autonomía mayor creándose el estado libre de Irlanda (con un estatus similar al de Canadá o Australia).

La sociedad de este nuevo estado se dividiría en dos, los pro-tratado y los anti-tratado (estos últimos querían la independencia total), lo que causó la guerra civil irlandesa entre 1922 y 1923. Finalmente, los pro-tratado ganan con el apoyo británico.

En 1937 tras un referéndum se aprueba la constitución de Irlanda y se independiza al completo del Reino Unido, por lo que nace la República de Irlanda.
Entre 1968 y 1998 se dio el conflicto norirlandés, entre los grupos católicos (algo más partidarios de su unión con Irlanda) y los protestantes (fieles al Reino Unido). Con el fin de las tensiones se firma el tratado de viernes santo tras el cual se mantiene en status quo.

Actualmente, la isla de Irlanda está dividida entre la República de Irlanda (independiente y miembro de la UE) y Irlanda del norte (como parte del Reino Unido).

14. El Imperio Mongol

Hubo algunas tensiones entre dos grupos nómadas de mongolia, los tártaros y los mongoles. Los tártaros envenenaron a Yesugei (jefe del clan mongol) el cual dejó a Temujin (su hijo) en la orfandad.

Temujin se alió con otras tribus como los keraitas, derrotando finalmente a los mequitas, naimanos y a los tártaros. Tras todo esto en 1206 se unificaron los mongoles y Temujin fue coronado como kan de todos los mongoles (apodado Gengis Khan).

Así comenzó el imperio mongol que derrotó entre 1207 y 1209 a algunas tribus siberianas y desde 1206 empezó a invadir al estado chino de Xia occidental, para que en 1211 se convirtiera en su vasallo. En este año comenzaron a tomar la dinastía Jin, llegando a Pekín en 1215. Pero los naimaros al mando de Kuchlug se rebelaron contra la expansión. Con este decidieron cesar la conquista de china y expandirse por el oeste, conquistando algunos estados como el kanato de Jara-Jitai y derrotando a Kuchlug en el año 1218.

(imagen Jara-Jitai)

Tras el ataque musulmán a una carabana mongola, Gengis Khan y sus ejércitos se prepararían para la guerra contra el imperio jorezmita. Los mongoles arrasaron todo el imperio (matando a ¼ de su población), finalmente fueron anexionados en el 1231.

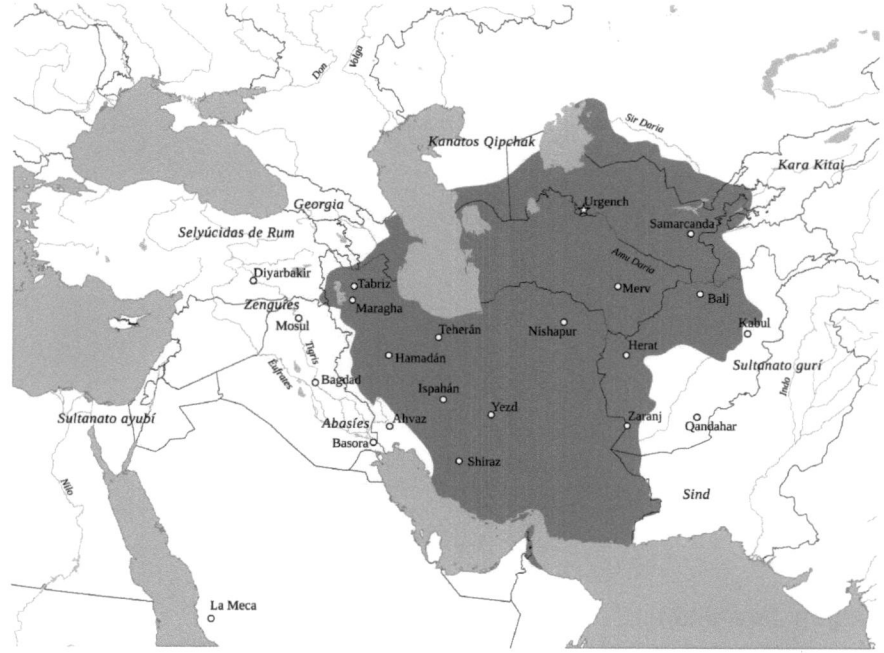

(Imagen Imperio Jorezmita)

Para este momento el imperio era ya muy extenso y controlaba importantes rutas comerciales como la de la seda.
(Imagen Rus de Kiev)

Aunque Gengis Khan reanuda la conquista de china, sin embargo este moriría en el año 1227.
Su sucesor fue su hijo Ogodei, que conquista el Cáucaso y se expande por Corea, el Tíbet y conquista a la dinastía Jin. Además, anexionan la Rus de Kiev en Europa oriental y toman la Bulgaria del Volga.

En 1241 empiezan a tomar Polonia y Hungría, aunque tras la muerte del gobernante a finales de 1241 deben retirarse ya que para escoger un nuevo Kan todos los gobernantes deben volver a mongolia para elegirlo. También, se creó la horda de oro en 1242

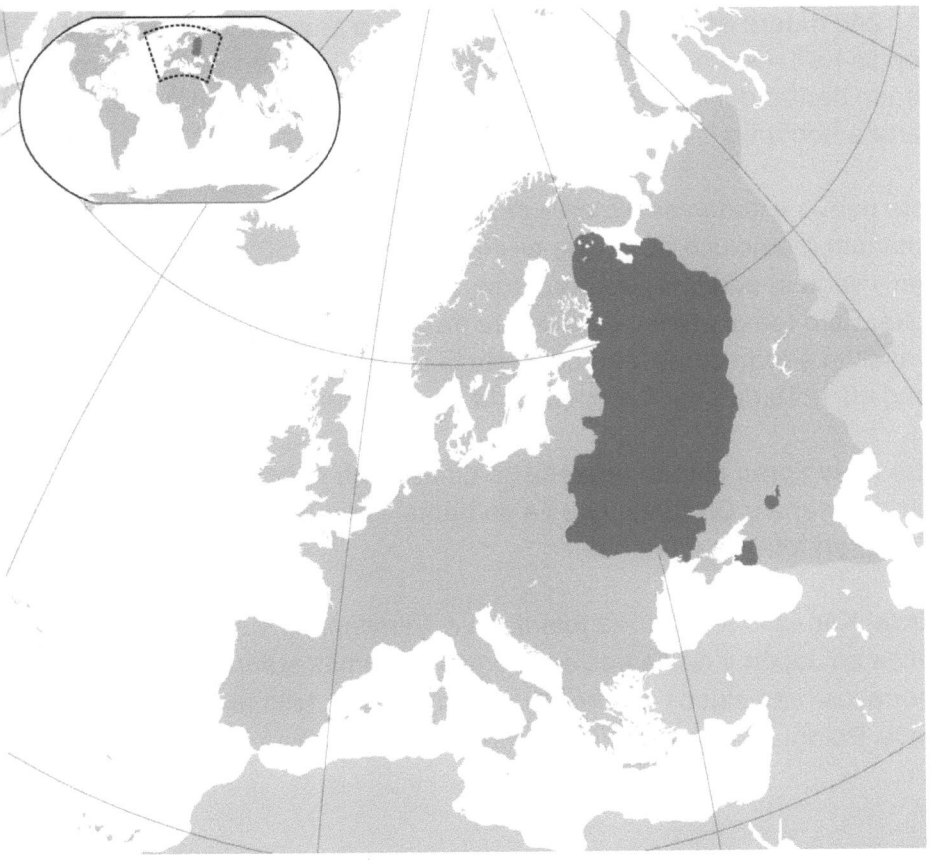

con Batú Kan (nieto de Gengis Kan) como primer líder, aunque este estado no dejaría de ser un vasallo de los mongoles a pesar de tener cierta autonomía.

El trono fue pretendido por el hermano de Gengis Kan (Temuge) y el hijo de Ogodei (Guyuk Kan), aunque este último sería elegido.

Este nuevo gobernante falló a la hora de tomar Serbia y Bulgaria, aunque lograron conquistar el sultanato de Rum.

En 1248 muere este dejando como sucesor a Möngke Kan, nieto de Gengis Kan, este se expande por Siria e Irak. También se creó otro estado dentro del imperio, el ilkanato, también vasallo aunque con cierta autonomía.

Este nuevo estado vasallo en su expansión fue derrotado por el sultanato mameluco de Egipto en Palestina. En 1259 muere este Kan y llega al poder Kublai Kan, tras vencer a su hermano Ariq Boke. Este fue el primer gobernante de la dinastía Yuan, con el cual avasallan a toda corea y se concreta la conquista de la dinastía Jong en 1279 (la cual fue empezada por Ogodei Kan).

Otro nuevo gran estado aparece, la dinastía de la gran Yuan. Así como el Kanato Chagatai que ya se había consolidado en 1225. Siendo un total de 4 regiones.

Kublai Kan falló al tratar de tomar Java, lo mismo le sucedió dos veces en Japón y hasta tres en Vietnam, además sufriría derrotas contra los mamelucos y la horda de oro también falló al tratar de tomar Polonia y Hungría. En 1294 Kublai Kan falleció.

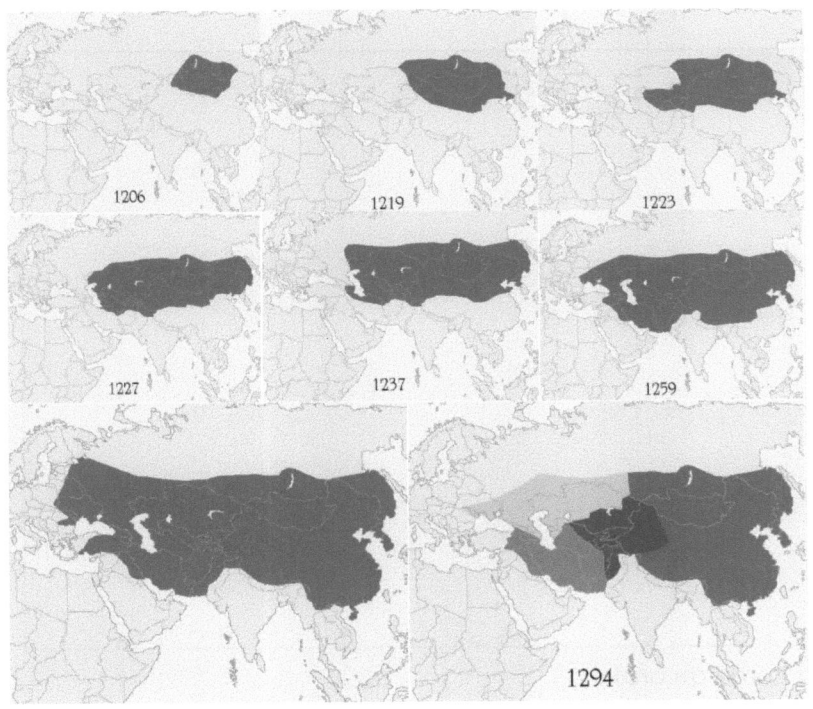

Este fue sucedido por Timur Kan que no logró grandes expansiones y apenas logró mantener la cohesión en el imperio, por lo que los estados del imperio se irían separando del Kan. Este moriría en 1307 y fue sucedido por diversos emperadores que reinaron muy poco tiempo.

El último de todos, el Kan Toghon Temur, fue testigo de la desaparición del ilkanato en 1353 así como el del kanato Chagatai que caería bajo la influencia timúrida.

Finalmente, los Han se rebelan contra la dinastía Yuan, creando la dinastía Ming en 1368. Por lo que los territorios de Corea y la horda de oro se desligaron.

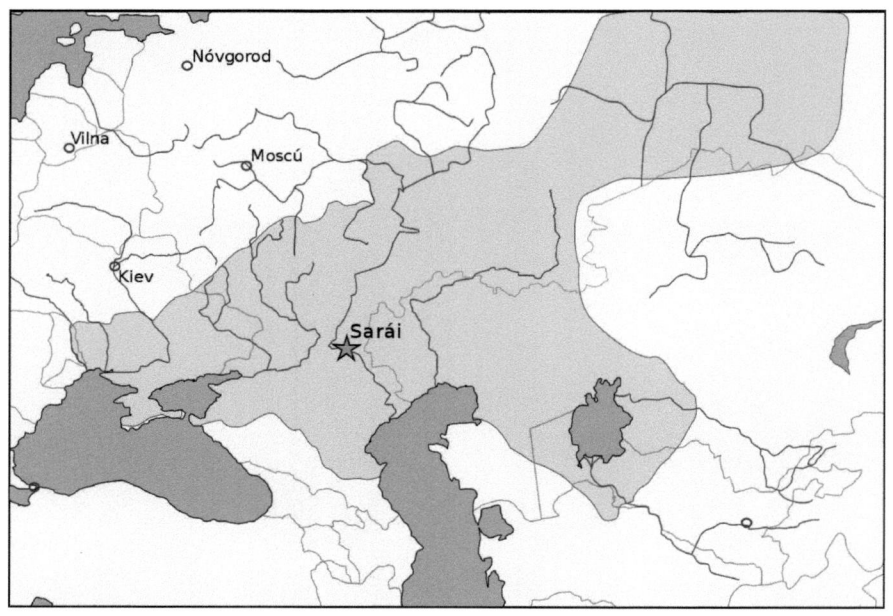

(Imagen horda de oro)

(Imagen kanato chagatai)

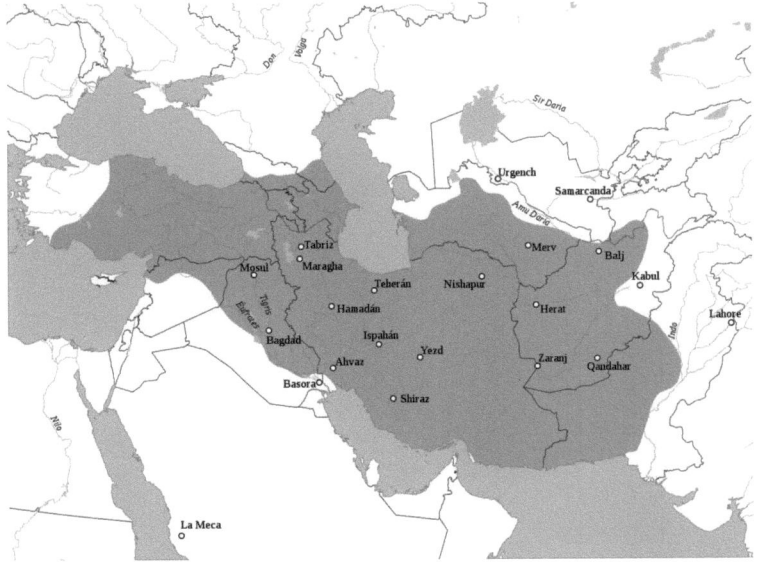

(ilkanato máxima expansión)

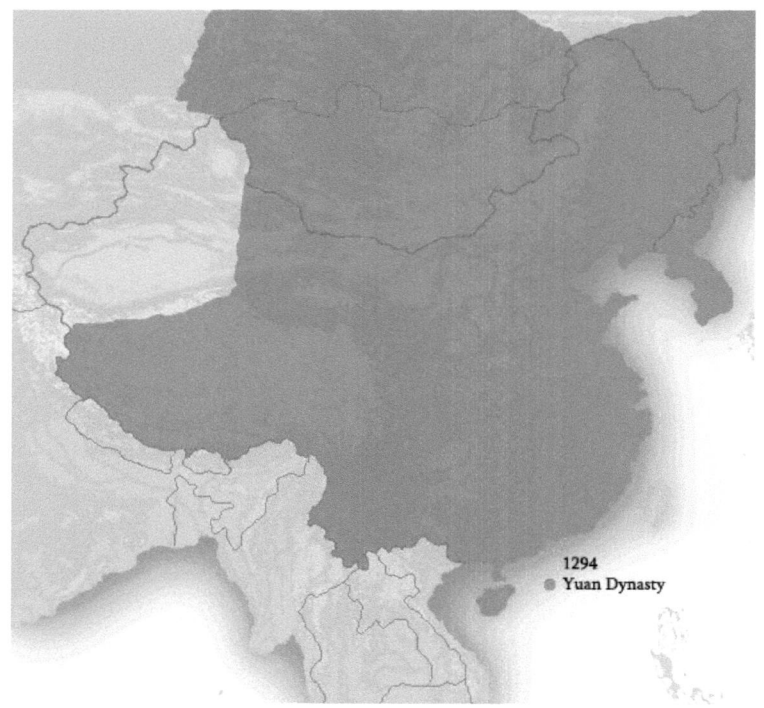

(Imagen Gran Yuan)

15. Historia de Polonia

En el siglo X d.C, las tribus de la región se unen y forman el ducado de Polonia en 960, aunque en un primer momento las tribus de la región eran paganas. Pero con el ascenso al trono del primer monarca, Miecislao I (dinastía de los piastas), se bautizaron en el catolicismo. Este monarca también juró fidelidad a Otón I del S.I.R.G.

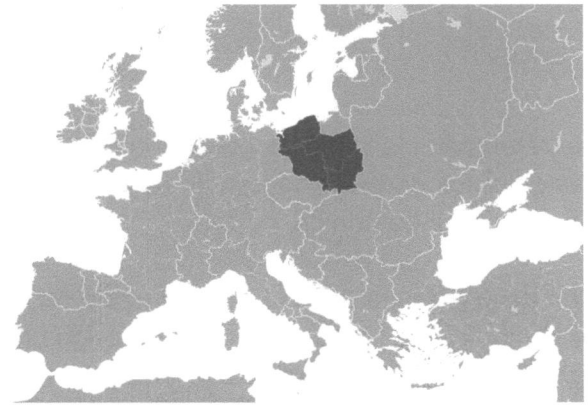 (ducado de Polonia)

El sucesor de Miecislao, Boleslao I fue coronado en el año 1025 como rey de Polonia con la autorización del papa Juan XIX, con lo que nació el reino de Polonia. Pero tras conflictos internos, Boleslao III dividió el reino en cinco ducados en el siglo XIV, en el que el duque más antiguo poseería el poder supremo.

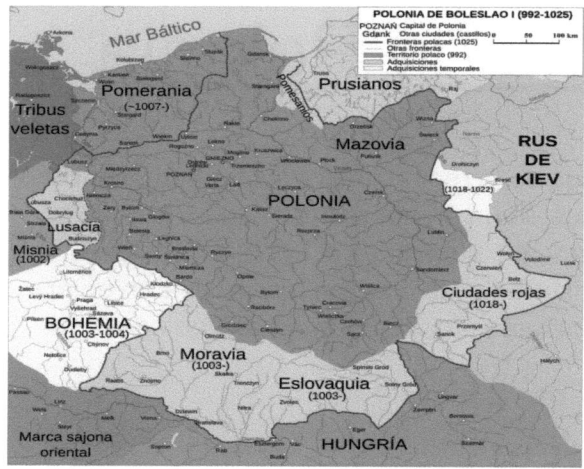

(Reino de Polonia)

Con el rey Casimiro III se refuerzan los cimientos del reino tras muchos años de disputas entre los duques y logran firmar acuerdos con los vecinos Bohemia y la orden Teutónica.

Tras su muerte, el periodo de la dinastía de los Piastas llega a su fin y llega al poder Luis I de Hungría, que fue sucedido por Eduviges I de Polonia (dinastía Angevina). Eduviges se casa con Vladislao II (dinastía Jagellón, una dinastía lituana) lo que inicia un periodo de unión personal entre los dos reinos.

Con la muerte de Eduviges, Vladislao derrota a la orden teutónica en 1410 y logran una considerable expansión territorial.

En la batalla de Mohács (1526) son derrotados por los otomanos al tratar de apoyar a Hungría. Además, durante las guerras lituano-moscovitas (1486-1537) perdieron territorio en su parte oriental contra los rusos.

El último rey Jagellón, Segismundo II firma la unión de Lublin y se crea por tanto la mancomunidad polaco-lituana y pasan a ser una monarquía selectiva (1569).

(entidades de la mancomunidad)

En la guerra polaco-rusa (1605-1618), ganan territorio a costa de los rusos. Entre 1648 y 1654 se dio la rebelión cosaca en la cual ucranianos, bielorrusos y otros grupos étnicos se rebelan con el apoyo del kanato de Crimea que a su vez pide ayuda a Rusia. El líder cosaco, Boydán Jmelnitski propuso al zar ruso que luego de su apoyo en la revuelta, convertir a Ucrania en un ducado bajo su protección. Por lo que se da inicio a una segunda guerra polaco-rusa (1654-1667), que marca el inicio del periodo del diluvio en el cual se debe enfrentar a Prusia y a Suecia, por el control del Báltico, y a Rusia por lo anteriormente mencionado.

Esta disputa por el mar báltico dio inicio a la segunda guerra nórdica (1655-1660), tras la que Prusia, un feudo de la mancomunidad se independiza y Polonia cede livonia a Suecia. La guerra con Rusia se extendió hasta 1667 y acabó con victoria rusa.

Aunque logran ganar la guerra polaco-turca (1672-1676) con el apoyo del S.I.R.G.

Se dan muchas inestabilidades políticas a principios del siglo XVIII, por lo que la monarquía electiva comenzó a ser un caos político. Lo que provocó la guerra de sucesión polaca (1733-1738), en la que Estanislao I (apoyado por Francia, España, Cerdeña y Parma) y Augusto III (apoyado por Rusia, el S.I.R.G, Austria, Sajonia y Prusia) se enfrentan, aunque finalmente Augusto III de Wettin llega al poder.

El último rey de la Polonia independiente fue Estanislao II, que llegó al poder en 1764. Durante su reinado se dio la partición de Polonia.

La primera en 1772 en la que perdió un 30% de su territorio repartido entre Prusia, Rusia y Austria. La segunda en 1793 tras la guerra polaco-rusa (1792), tras la cual Rusia y Prusia le vuelven a quitar territorio. En 1794 el líder polaco Tadeuz Kosciuzko se rebela contra las tres potencias: Prusia, Rusia y Austria. Esto generó una tercera y última partición de Polonia en 1795, en la que se repartieron lo que quedaba del país.

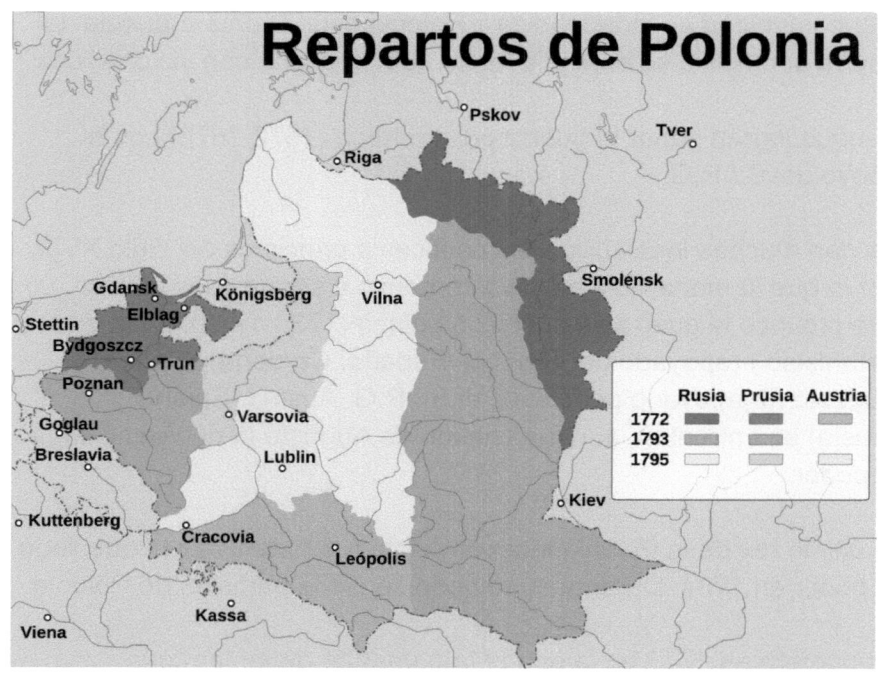

Repartos de Polonia

Pskov

Tver

Riga

Smolensk

Gdansk Königsberg Vilna

Stettin Elblag

Bydgoszcz

Trun

Poznan

Goglau Varsovia

Breslavia Lublin

Kiev

Kuttenberg

Cracovia

Leópolis

Kassa

Viena

	Rusia	Prusia	Austria
1772			
1793			
1795			

Napoleón crea el gran ducado de Varsovia (1807-1815) como un estado satélite de Francia durante las guerras napoleónicas. Pero tras su derrota fue repartido entre Rusia y Prusia. Aunque tras el congreso de Viena (1814-1815) se decidió crear la república de Cracovia. Sin embargo tras unas revueltas fue anexionado al reino de Galitzia (parte del imperio austriaco).

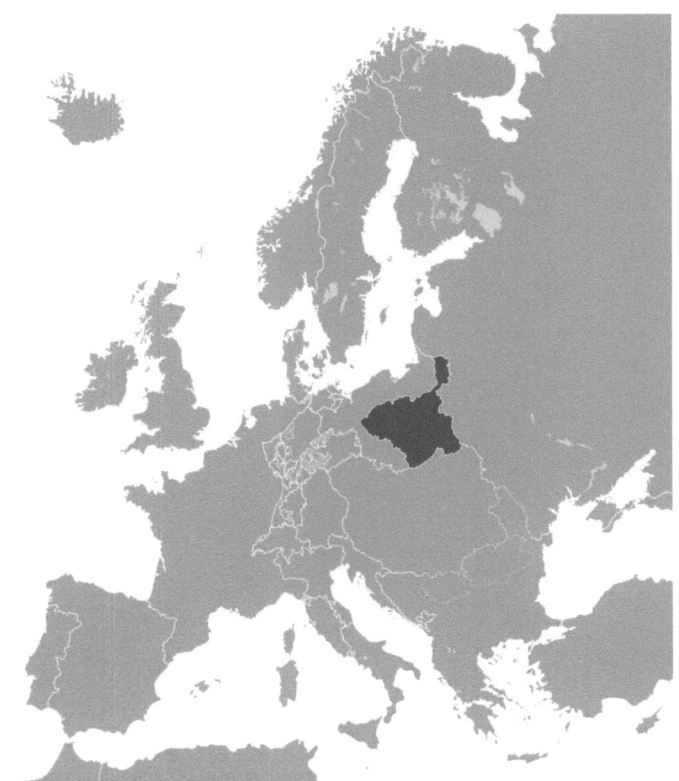

(Gran ducado de Varsovia)

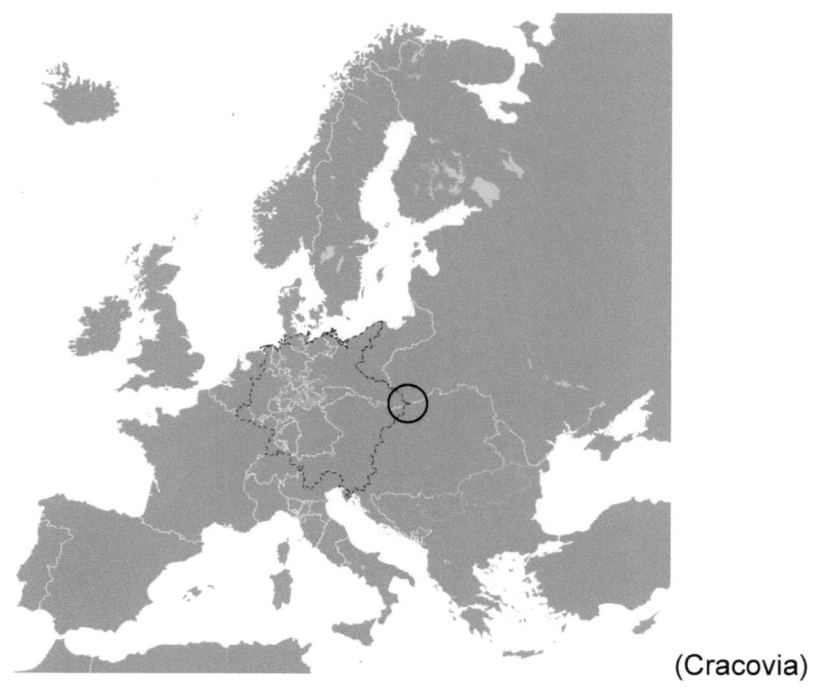

(Cracovia)

Con la derrota de las potencias centrales en la primera guerra
mundial (1914-1918), se decide crear la República de Polonia. Esta
logró derrotar a los Lituanos (guerra polaco-lituana, entre
1919-1920), ucranianos (guerra polaco-ucraniana, 1918-1919) y a
los soviéticos (guerra polaco-soviética, 1919-1921).

Polonia tuvo que afrontar varias revueltas como las de Cracovia (1923) y Lesko (1932), así como un golpe de estado en mayo de 1926.

En el contexto de la segunda guerra mundial (1939-1945), Alemania y Rusia invaden Polonia en 1939. Esto da inicio a la segunda guerra mundial. Tras la derrota del eje, Polonia queda bajo la esfera de influencia de la URSS, siendo un títere de Moscú. Además, de la ratificación de su sumisión en el Pacto de Varsovia en 1955.

(URSS)

El papa Juan Pablo II denunció ante la ONU la falta de libertad religiosa y las violaciones de los derechos humanos en Polonia, a partir de ese momento comenzaron a aparecer ideas en contra de la URSS. Tras el debilitamiento de esta aprovecharon para independizarse en 1989 tras unas elecciones libres.

Finalmente, se unen a la OTAN en 1999 y a la UE en el 2004.

16.Historia de Brasil

En el año 1500, Pedro Álvares Cabral encabezó una expedición en la que desembarcó el 23 de abril de 1500 y reclamó el territorio de Brasil para la corona portuguesa.

En este territorio se descubrieron grandes plantaciones de azúcar lo que hizo que esta colonia fuese la mayor productora de azúcar en esa época. En 1548 se crea el gobierno general de Brasil para centralizar el poder y establecieron su sede en la ciudad del Salvador de Bahía.

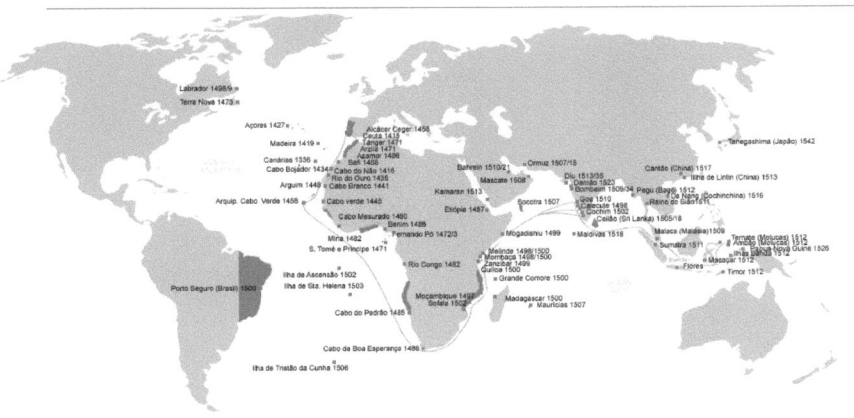

En 1555 los franceses se apoderaron del actual Río de Janeiro, para frenar el ataque, las tropas portuguesas bloquearon el puerto y obligó la rendición de sus tropas. En 1567 fundan la ciudad de Río de Janeiro.

Los holandeses tomaron la ciudad de Salvador y en 1630 capturaron Pernambuco. Todo esto en el contexto de la guerra luso-neerlandesa (1601-1661, ver historia de los países bajos). Finalmente, los portugueses los lograron expulsar en 1654.

En 1695 los portugueses encontraron oro en el actual Minas Gerais las cuales mejoraron la economía. Posteriormente los portugueses trasladaron la capital a Río de Janeiro en 1763.
En 1759 los jesuitas fueron expulsados de Brasil, en 1775 se abolió la esclavitud y además entre 1750 y 1777 comenzaron a ampliarse las industrias agrarias. Todas estas medidas fueron tomadas por el marqués de Pombal que dirigió la colonia. Aunque tras su fallecimiento, sus sucesores reanudaron la esclavitud.

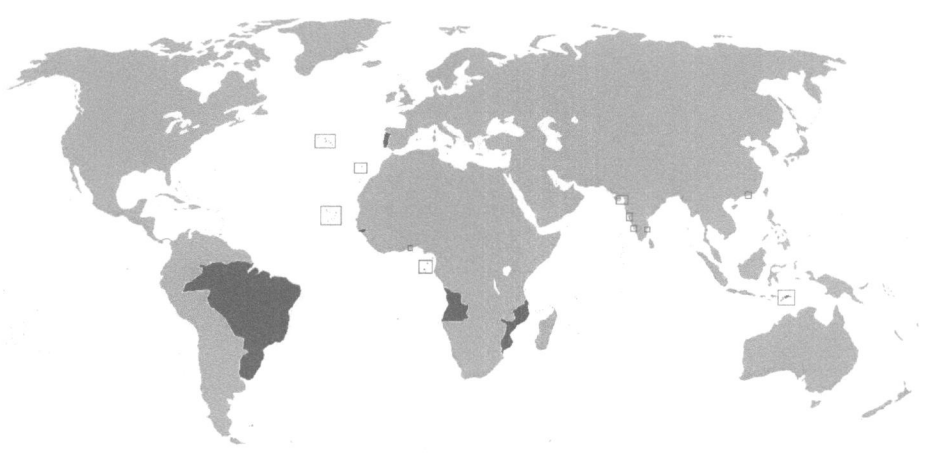

En 1792 estalló el levantamiento de tiradentes, influenciado por las ideas revolucionarias francesas. En 1807 el rey Juan VI de Portugal escapó a Brasil para huir de Napoleón Bonaparte, cuyas tropas habían ocupado la península ibérica.
Fue bien recibido y comenzó una serie de reformas muy relevantes para la economía brasileña.

Luego de un tiempo Juan regresó a Portugal y dejó a su hijo Pedro en la regencia. Tras el crecimiento de las ideas liberales, Pedro aprovechó la situación para independizar Brasil de Portugal y el 7 de septiembre de 1822 se proclamó la independencia y se otorgó el título de emperador de Brasil, creando el imperio del Brasil.

(Brasil 1822)

Entre 1825 y 1828 se dio la guerra del Brasil donde lucha contra Argentina la cual quería recuperar la provincia de Cisplatina, en 1828 se cede la independencia a Cisplatina y se crea Uruguay como un estado colchón entre ambos países.

El descontento contra Pedro I hizo que abdicara y lo sucediera su hijo, Pedro II en 1831. Brasil vence en la guerra platina (1851-1852) en donde consigue hegemonía en la cuenca de plata y en Uruguay (1864) donde consolidan el poder de Venancio Flores del partido colorado en Uruguay.

Entre 1864 y 1870 se dio la guerra de la triple alianza en donde una coalición de Brasil, Argentina y Uruguay lucharon contra Paraguay, el cual había tratado de influir en Uruguay y al punto de que entró en conflicto con Brasil. Esta guerra fue un desastre para Paraguay que perdió entre un 50% y un 80% de su población, además de algunos territorios en disputa con sus vecinos.

En 1888 Pedro II abolió la esclavitud, pero muchos ricos poderosos no estaban de acuerdo con eso por lo que estalla la revolución de 1889 en la cual se abolió la monarquía y se crean los estados unidos del Brasil.

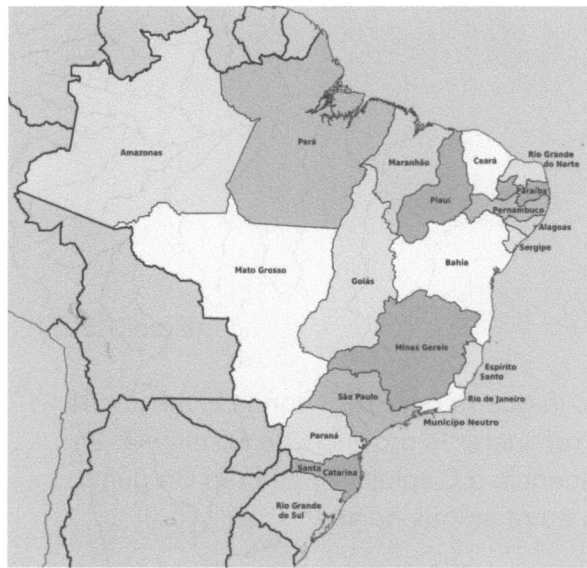

(Provincias 1889)

La historia republicana se divide en 5 periodos. Primero, la vieja república (1889-1930) en la que se instauró una democracia constitucional. En este periodo anexionaron el Acre en las guerras del Acre y Purús (1889-1903) contra Bolivia.

Además, de manera pacífica anexionaron las misiones orientales de Argentina y una zona del Amazonas que estaba en disputa con Colombia.

(Estados Unidos del Brasil)

En 1930 se dio un golpe de estado con lo que llega al poder Getúlio Vargas para dar inicio a la segunda fase, el estado novo (1930-1945). En 1934 se proclamó una nueva constitución para extender su mandato y en 1937 se dio un nuevo golpe de estado con lo que se instauró una férrea dictadura.

En 1945 es depuesto por una junta militar con la que se da comienzo a la tercera fase, la república nova (1945-1964). Este fue un periodo democrático en el que se traslada la capital de Río de Janeiro a Brasilia en 1960. El presidente Joao Goulart, tenía una ideología muy de izquierdas por lo que es derrocado por un golpe de estado apoyado por los Estados Unidos, con lo que da comienzo la cuarta fase, la dictadura militar (1964-1985).

En esta se modificó el nombre a república federativa de Brasil y pasaron 5 presidentes distintos. Hubo una enorme censura contra todo tipo de ideal comunista o contra la dictadura.

El nuevo presidente, José Surrey aprobó una constitución democrática y se dio paso a la quinta y última fase, la nueva república (1985-act.).

17.La unificación italiana

Después de las guerras napoleónicas (1803-1815, ver historia de Francia) y el posterior congreso de Viena (1814-1815), Austria controlaba el Reino de Lombardo-Véneto y tenía gran influencia en muchos de los estados de la región. Aunque las ideas nacionalistas italianas se expandieron y la idea de una Italia unificada se hacía poco a poco más grande, influenciada por otras corrientes liberales europeas.

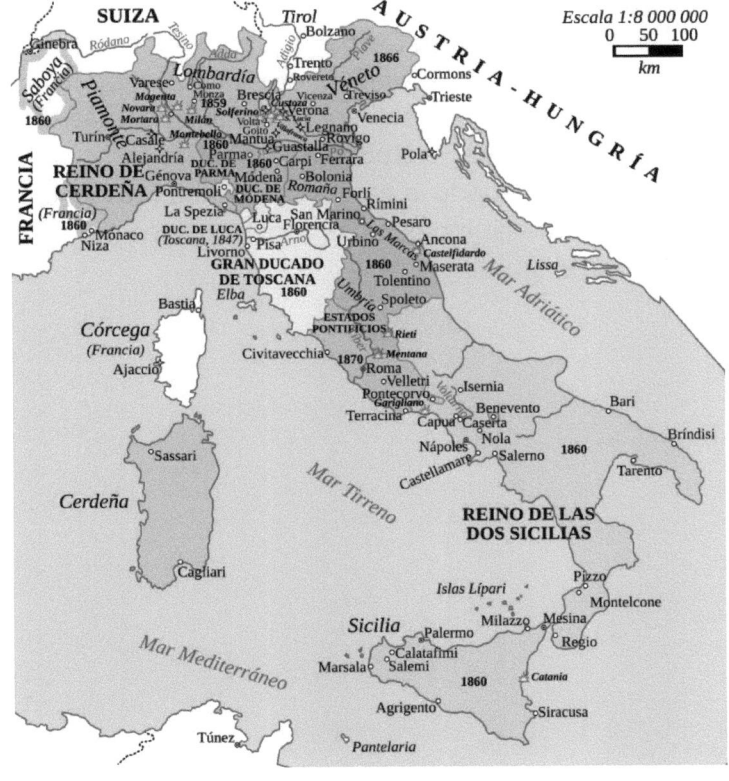

(Italia 1815)

Los nacionalistas se rebelaron en 1830, aunque fracasaron. Después de esta revolución los nacionalistas se unieron a Giuseppe Mazzini que fundó un movimiento llamado la joven Italia, que buscaba unificar la península bajo una república.

En 1848 comenzaron a aparecer rebeliones en los estados Italianos, la primera fue en el reino de las Dos Sicilias y se fueron expandiendo por Italia. Los gobernantes se vieron forzados a aprobar nuevas constituciones más liberales.

También, en Lombardo-Véneto se comenzaron a rebelar contra el dominio austriaco, entonces el rey de Cerdeña, Carlos Alberto, asumió el liderazgo de este nuevo movimiento de lucha contra los austriacos. Aunque ellos lograron sofocar las revueltas, además de que el papa Pío IX logró recuperar la ciudad de Roma de los revolucionarios que habían fundado la república romana (1849), con el apoyo de Francia. Finalmente todas estas constituciones se abolieron menos en Cerdeña.

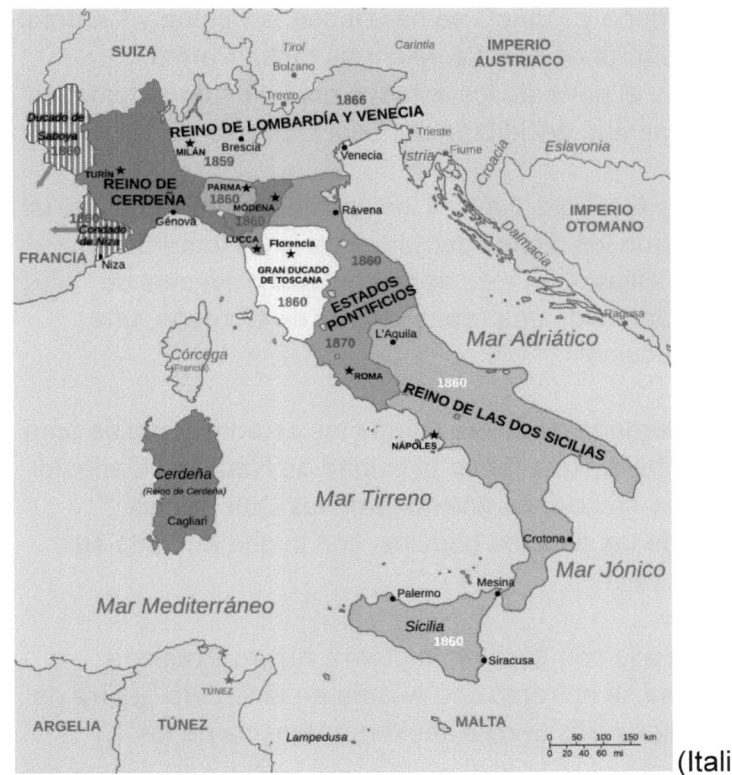

(Italia 1843)

El rey de Cerdeña, Victor Manuel II, nombró al conde Camilo de Cavour como primer ministro en 1852. Este logró potenciar la economía industrial, el ejército y logró una alianza con Francia, a los cuales les entregaron los territorios de Niza y Saboya a cambio de su apoyo en sus campañas contra Austria.

En 1859 estos dos se enfrentaron contra Austria en la llamada segunda guerra de independencia Italia (ya que hubo una primera en la cual se enfrentaron principalmente Cerdeña y Toscana entre 1848 y 1849 contra Austria y fueron derrotados).

Tras la guerra Cerdeña y Francia se hacen con la victoria y Cerdeña logra anexar Lombardía de Austria. Mientras tanto, Parma, Toscana, Módena y el norte de los estados papales fueron tomados por los nacionalistas que decidieron unirse a Cerdeña en 1860.

En el sur Giuseppe Garibaldi lideró a los llamados camisas rojas, un ejército revolucionario los cuales derrotaron al rey y tomaron el reino de las Dos Sicilias. Con esto aparecen dos proyectos de unificación: el de Garibaldi, una república y el de Cerdeña, una monarquía constitucional.

Esto llevó a que Cerdeña decidiera invadir los estados papales para adelantarse a Garibaldi. Tras tomar la ciudad de Nápoles, Garibaldi se retiró y tras unas elecciones anexionaron las Dos Sicilias además de parte de los estados papales, con lo que en 1861 se formó el Reino de Italia.

En 1866 Prusia se alió con Italia en la guerra Austro-Prusiana. Dentro de esta Italia se enfrentó con Austria en la tercera guerra de independencia Italiana tras la cual anexaron Venecia de los austriacos.

En 1870 los franceses tuvieron que retirar sus tropas de Roma con el inicio de la guerra franco-prusiana (1870-1871). Lo que fue aprovechado por Italia para tomar la ciudad y lo poco que quedaba de los estados papales ese mismo año. Para terminar este proceso de unificación, transformándola en la capital.

Italia
para 1829

18.Historia de México

Sobre el 1200 a.C apareció la civilización Olmeca. Esta creó un gobierno basado en la religión (teocracia), desarrollaron la escritura y crearon su propio calendario de lluvias.

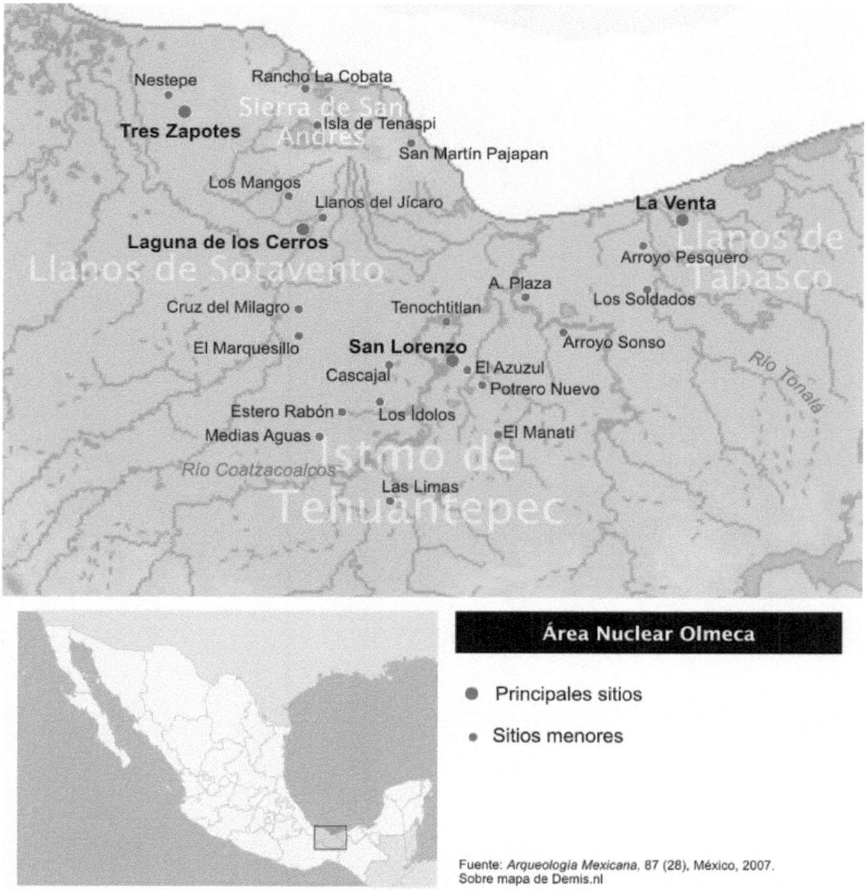

Fuente: *Arqueología Mexicana*, 87 (28), México, 2007.
Sobre mapa de Demis.nl

Estos desaparecieron cerca del siglo V a.C. En el siglo III d.C
llegaron los mayas por lo que desde el 200 d.C se considera el
inicio del periodo clásico dejando atrás al preclásico. Estos se
asentaron en Yucatán (sur de México) y tuvieron un gobierno
feudal. Desarrollaron más los calendarios, las matemáticas y el
comercio. Esta civilización también tuvo importantes lazos
comerciales con la ciudad de Tenochtitlán.

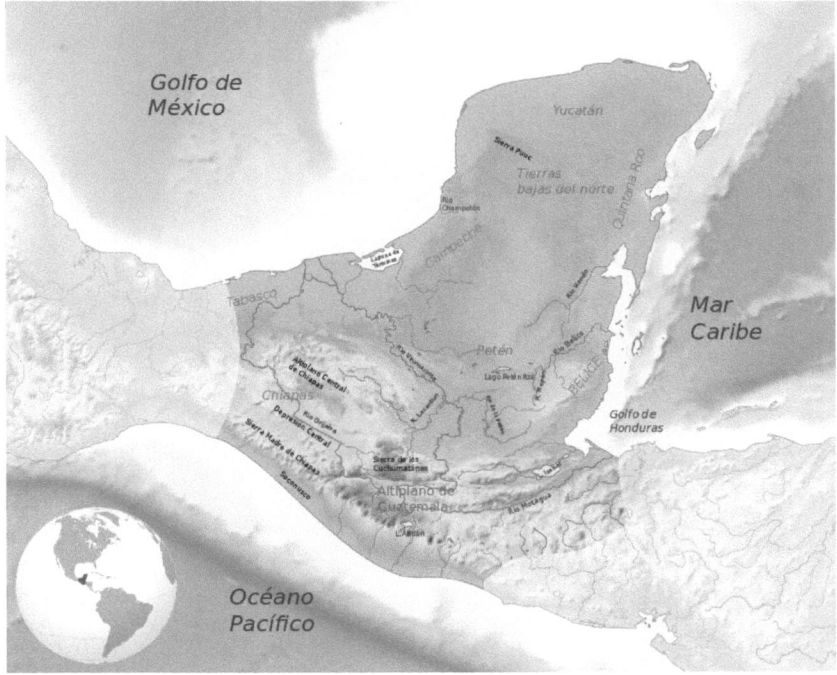

(Mayas)

En el año 1325 se funda el imperio mexica en la ciudad de
Tenochtitlan la cual sería su capital. Este se formó tras una triple
alianza entre las culturas Texcoco, Tlacopan y México-Tenochtitlán.
También destacan la civilización zapoteca en la región de Oaxaca y
la civilización Tolteca en la región del Altiplano.

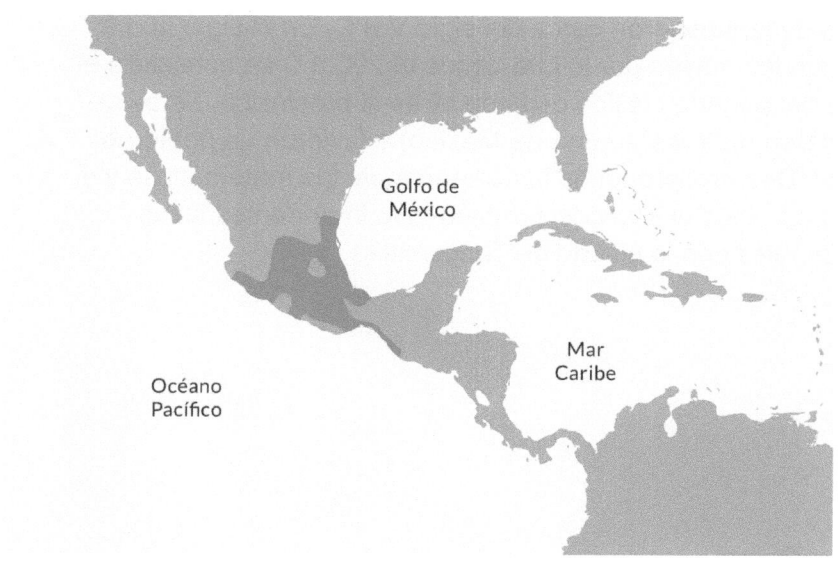

(Mexicas/Aztecas)

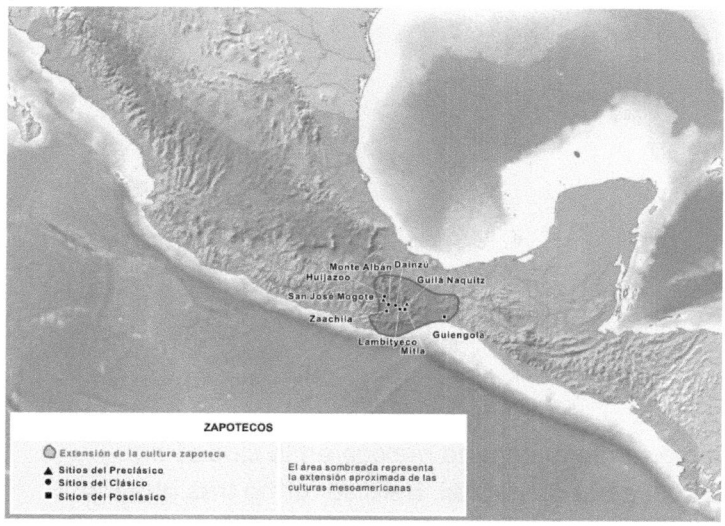

(Zapotecos)

142

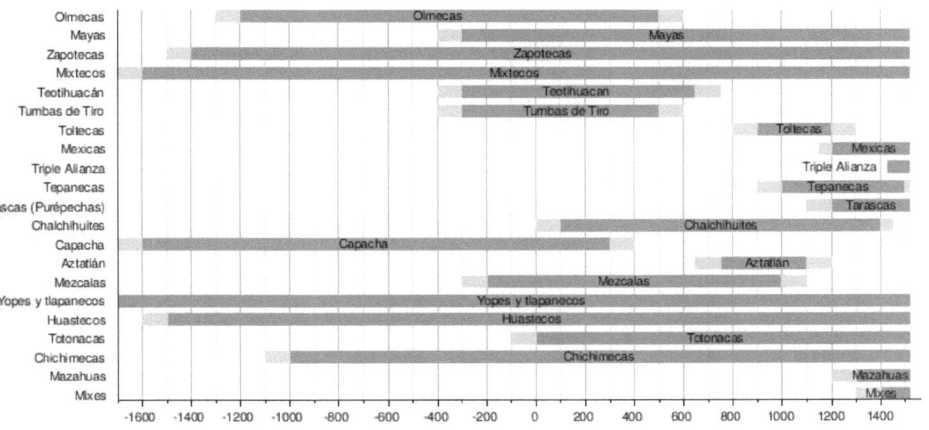

En 1492 Cristóbal Colón llega a América, por lo que los españoles irían mandando diversas expediciones para controlar y conquistar el territorio.

Hernán Cortés derrotó a los mexicas y estableció el virreinato de Nueva España. En esta región los españoles se dedicaron a explotar los recursos de la región, especialmente mineros. En los territorios españoles en América se produjo un gran mestizaje entre indígenas y europeos, por lo que nacen los criollos (hijos de españoles nacidos en América) y mestizos (generalmente un padre español y madre indígena, aunque podía ser al revés).

Con la llegada de los borbones, mucho más centralistas que sus anteriores austrias, sumado al debilitamiento progresivo del imperio español propiciaron la aparición de movimientos independentistas.

143

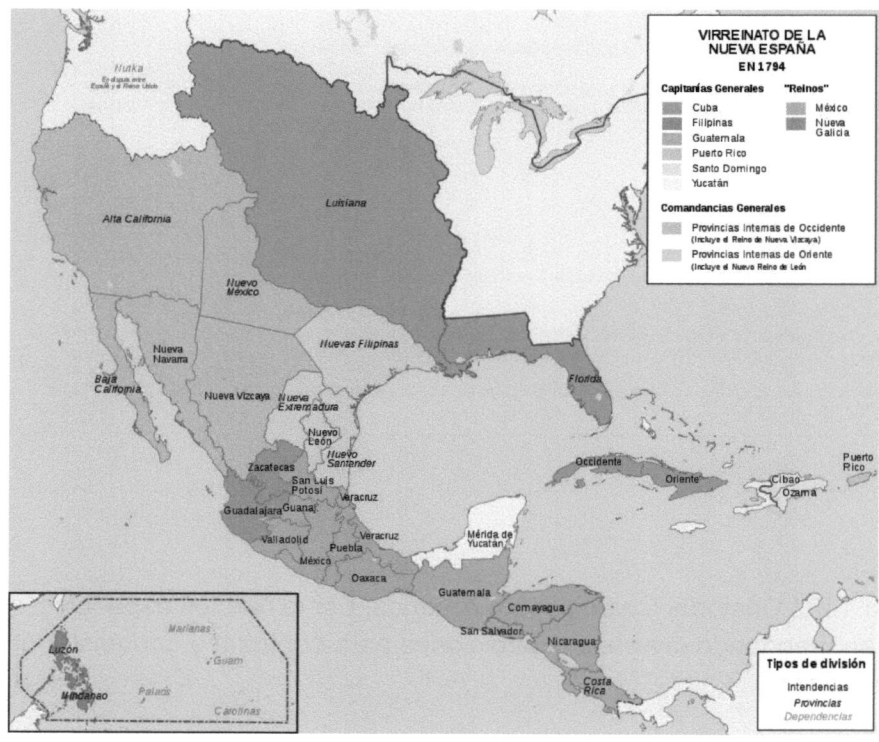

En 1808, Napoleón invade España lo cual distintos sectores independentistas aprovecharon para rebelarse contra la corona. En 1821, México consigue la independencia y se crea el imperio mexicano, el cual sufrió de una gran crisis económica lo que hizo conspirar a distintos sectores contra el emperador, Agustín I. Este fue derrocado y en 1823 se crea la república federal mexicana, con lo que Centroamérica se separa de la república.

(Imperio Mexicano)

En 1824 se firma la constitución y se elige a Guadalupe Victoria
como primer presidente, aunque el verdadero personaje relevante
en esta historia fue Antonio López de Santa Ana el cual rechazó en
diversas ocasiones los intentos españoles de conquista y fue
elegido presidente varias veces.
Este también publicó las llamadas 7 leyes, una constitución de corte
conservadora.

En 1836, Texas logra su independencia de México con ayuda de los
Estados Unidos y en 1846 estalló una guerra contra este último (ver
historia de los Estados Unidos). Esta intervención terminó en 1848
con el tratado de Guadalupe Hidalgo con el cual México perdió
cerca de la mitad de su territorio.

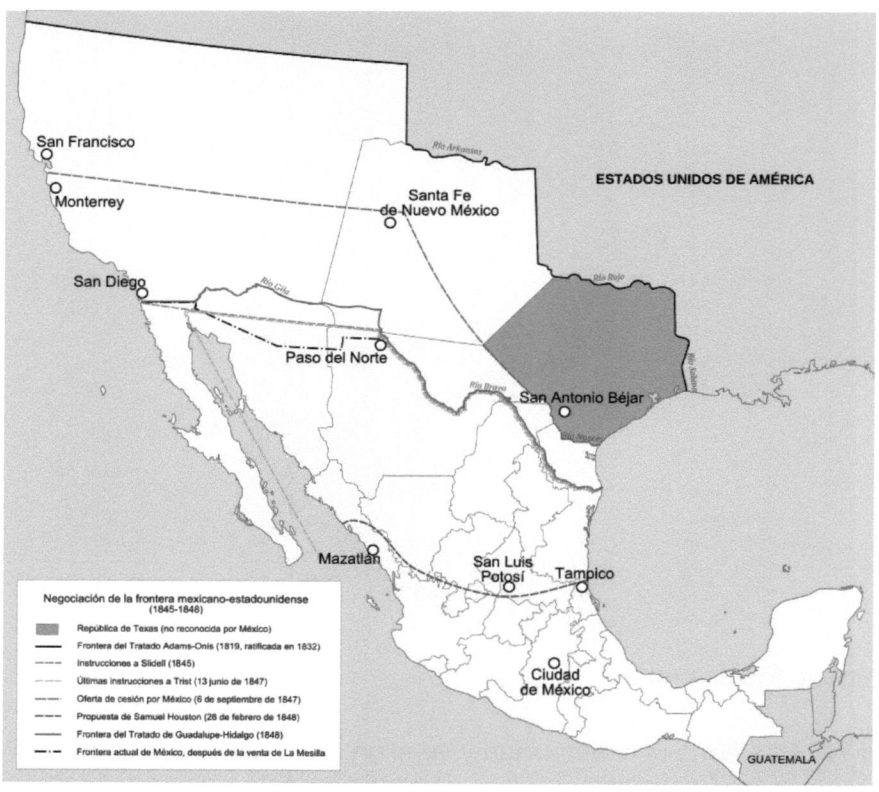

Negociación de la frontera mexicano-estadounidense
(1845-1848)

- República de Texas (no reconocida por México)
- Frontera del Tratado Adams-Onis (1819, ratificada en 1832)
- Instrucciones a Slidell (1845)
- Últimas instrucciones a Trist (13 junio de 1847)
- Oferta de cesión por México (6 de septiembre de 1847)
- Propuesta de Samuel Houston (28 de febrero de 1848)
- Frontera del Tratado de Guadalupe-Hidalgo (1848)
- Frontera actual de México, después de la venta de La Mesilla

Entre 1838 y 1839 se dio la primera intervención francesa en México, la conocida como guerra de los pasteles. La cual fue provocada porque uno de los generales de Santa Ana había entrado en una pastelería de unos franceses y había comido unos pasteles sin pagar por lo que Francia exigió una indemnización que tuvieron que acabar pagando.

Santa Ana se proclama dictador lo cual no fue tolerado por diversos sectores liberales y llevó a la revolución de Ayutla (1854), tras la cual fue derrocado.

Los liberales hicieron diferentes reformas como la separación entre iglesia y estado. Estas reformas liberales llevaron a la guerra de reforma (1859-1861), debido a que algunos sectores no estaban de acuerdo con ellas. Finalmente los liberales ganaron y pudieron seguir con sus políticas.

Tras todos estos conflictos, México entra en una gran crisis económica y no puede pagar sus deudas con Francia lo cual lleva a una segunda intervención de este último iniciada en 1861. En un primer momento España y Reino Unido también intervinieron, aunque aceptaron finalmente el retraso de los pagos tras unas negociaciones y se retiraron.

Francia trató de atacar, aunque fueron derrotados en la batalla de Puebla. Luego los franceses se repusieron y se unieron con los conservadores para fundar un segundo imperio mexicano en 1863 con Maximiliano I de Habsburgo como emperador.

(2ª Imp.Mexicano)

Finalmente los franceses son derrotados en 1867 y los republicanos capturaron a Maximiliano y lo fusilaron, restaurando la república.

Durante la dictadura de Porfirio Díaz (1884-1911), se consiguieron recuperar económicamente. Aunque la gran represión vivida en la dictadura llevó a la revolución mexicana iniciada en 1910 en la que los diversos caudillos como Pancho Villa o Emiliano Zapata, representados por Francisco Madero, lideraron la oposición. Francisco fue encarcelado al ver su creciente popularidad lo que llevó a un levantamiento del pueblo y el consecuente exilio de Porfirio en 1911. La revolución acabaría en 1920 tras el derrocamiento de varios contrarrevolucionarios, dejando un millón de muertos, siendo la guerra civil más mortífera de América.

En 1917 se aprueba una constitución muy liberal que incluía algunas demandas de los revolucionarios, como la libertad de culto.

Lázaro Calles (presidente desde 1934 a 1940), apoyado por las clases populares desterró a Plutarco Elías Calles el cual había establecido el llamado maximato del cual él era el líder. Calles, comenzó una serie de reformas como la repartición de tierras o el fomento de la educación. Su sucesor, Manuel Díaz Camacho fue más conservador y decidió participar en la segunda guerra mundial del bando aliado. Desde el fin de la guerra hasta 1970 el crecimiento económico fue enorme.

En 1970 llega la crisis del petróleo el cual aumenta de precio por lo que el México, que tenía grandes cantidades de petróleo comienza a aumentar su producción, aunque a principios de los 80´ los precios bajan considerablemente y México sufre una gran crisis.

En 1994, México firmó el tratado de libre comercio con los Estados Unidos y Canadá.

19.Historia de Japón

Según la leyenda, cerca del 660 a.C Jimmu creó el Japón y se proclamó como primer emperador.

Prehistoria Japonesa	Época antigua	Época medieval
Periodo Jomon (13000-400a.C): transición	P.Nara (710-794): expansión del budismo y confucionismo	P.Kamakura (1185-1333): tras la paz de Heian vinieron una serie de guerras entre los clanes Taira y Minamoto, éstos últimos ganaron y establecieron el 1º shogunato
Periodo Yayoi: contactos con Corea y desarrollo de la metalurgia y agricultura.	P.Heian (745-1185): auge de la literatura y arte, traslado de la capital a Kioto y feudalismo	P.Muromachi: hasta 1573
Periodo Kofun (300-710d.C): influencia china y la creación del Sintoismo (religión)		

Este nuevo shogunato fue gobernado por Minamoto No Yoritomo. Un shogun era una figura la cual los señores feudales debían prometer fidelidad, era un cargo hereditario y llegó a tener más poder que el propio emperador, el cual pasó a ser una figura más bien simbólica.

Durante el periodo medieval ocurrieron tres acontecimientos relevantes:
1-Establecimiento de los guerreros samurais

2-Enfrentamientos que acabaron con el establecimiento del shogunato
3-Intento de invasión mongola, que fue repelida por un tifón que destruyó la flota de los invasores.

En el periodo Muromachi Japón se dividió en dos imperios, el del norte y el sur, hasta que el tercer shogun, Ashikaga Yoshimitsu los reconcilió.

Tras esto el sistema feudal entró en su apogeo, aunque tras una guerra civil el país se dividió en más de 200 reinos.

Un señor feudal, Oda Nobunaga, logró de nuevo unificar el Japón tras varias conquistas. Le sucedió Toyotomi Hideyoshi el cual siguió la tarea de unificación y fomentó el comercio. Después le siguió Ieyasu Tokugawa que creó el tercer shogunato, el shogunato Tokugawa. Con esto Japón entra en el periodo Edo (1603-1863) y cambian la capital a Edo, actual Tokio.
En este periodo hubo un enorme aislamiento del resto de potencias, ejecuciones de misioneros cristianos y deportaciones de inmigrantes a islas remotas. Aunque también propició el avance cultural y las tradiciones japonesas.

En 1854, los Estados Unidos envían un ultimátum a Japón para que se abra al comercio exterior y termine su aislamiento. Japón decide que aceptar será lo mejor y actúan en consecuencia, lo cual produjo un enorme crecimiento económico. Tras esta apertura surgen dos ideas sobre el destino del shogunato, el llamado bakumatsu: por un lado los partidarios de la apertura, liderados por Tokugawa Nariaki y los partidarios del shogunato, liderados por Li Naosuke.

Estos se enfrentaron en la guerra Boshin, tras la cual el shogun abdica en 1867, lo que pone fin al shogunato.

Esto da comienzo a la restauración Meiji (1868-1912) en la cual sufren un gran aperturismo y reformas que le daban poder a la realeza japonesa. Entre sus reformas destacan: la creación de una nueva moneda, el yen; la creación de una constitución; la reforma de la educación y la aparición de la prensa. Además del cambio de nombre de la capital de Edo por Tokio.

Por miedo a terminar siendo una colonia occidental, los japoneses empiezan a formar su propio imperio colonial enfrentándose contra otras grandes potencias como China o Rusia, donde anexionaron territorios como Corea y Taiwán.
Tras la muerte del emperador Mutsuhito le siguió Taisho, con lo que inicia el periodo Taisho (1912-1926). En este periodo destaca la participación de Japón en la primera guerra mundial del lado aliado.

El terremoto de Canto, provoca a su vez un tsunami e incendios, que sumados con la post-guerra hacen que Japón entre en crisis.

Tras la muerte de Taisho le sigue el conocido Hirohito en un periodo conocido como showa (1926-1989).

Japón empieza la segunda guerra sino-japonesa, cuando trató de invadir Manchuria en 1937. En 1940 se alió con las potencias del eje y en 1941 entró en la segunda guerra mundial.

(Imperio Japonés)

Los Estados Unidos proceden con un embargo económico contra Japón por invadir Manchuria, lo que es respondido con el ataque japonés a la base militar de Pearl Harbour en 7 de diciembre de 1942. Lo que hizo que Estados Unidos entrara en la segunda guerra mundial del bando aliado. Tras las bombas nucleares de Hiroshima y Nagasaki, Japón se rinde y fue ocupado por los aliados.

En 1947 llega a Japón la democracia, aunque la figura del emperador seguía siendo un símbolo. Hirohito se negó a abdicar tras la guerra, lo que enfadó mucho al pueblo japonés.

Entre 1989 y el 2019 se vivió el periodo Heishi con una enorme explosión cultural por todo el mundo: la aparición de grandes escritores, animes o la industria del videojuego.

A partir del 2019 se vive el periodo Riewa tras que el emperador Akihito abdicara en favor de su hijo, Naruhito.

20. El imperio otomano

Los pueblos turcos tienen su origen en la región del turquestán. Estos adoptaron la religión islámica suní y fueron emigrando hacia el oeste durante el siglo IX.

En esos tiempos los bizantinos y el califato abasí estaban en guerra. Los abasíes reclutaron a estas tribus turcas para luchar. Los turcos llegaron a ocupar toda la península de Anatolia por parte de una dinastía, los Selyúcidas, fundada en el año 1037 d.C. Aunque en 1194 le sucedería el imperio jozermita, que en un principio era su vasallo, fue ganando poder para convertirse en su estado sucesor.

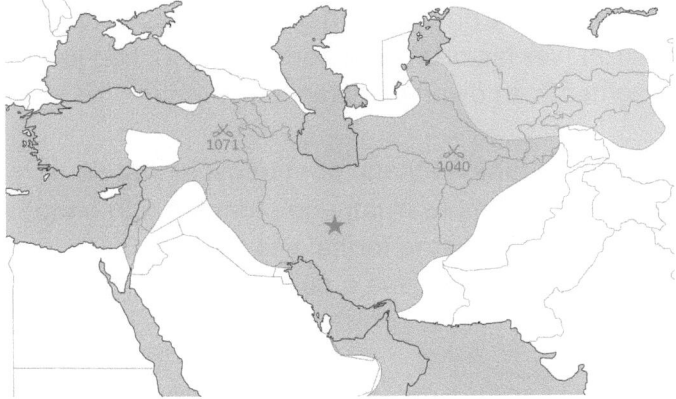

(Selyúcidas 1092)

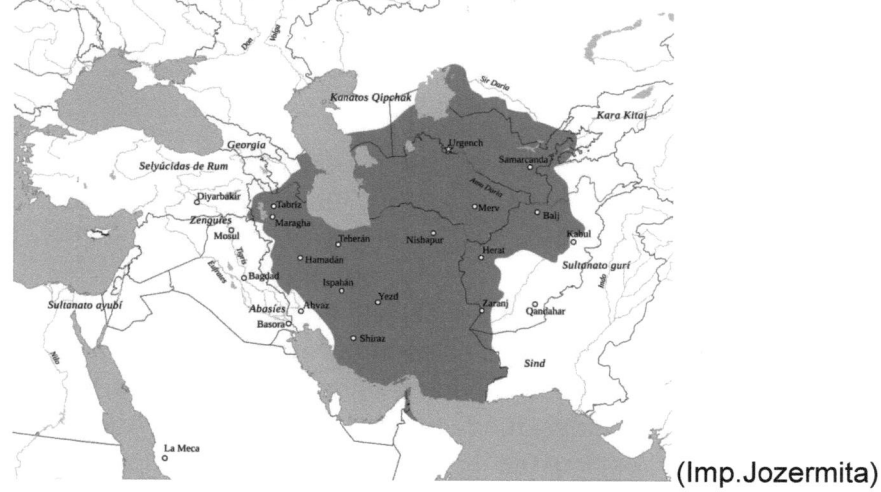

(Imp.Jozermita)

Estos expandieron su imperio y prosperaron hasta que las hordas mongolas los invadieron (ver historia del imperio mongol), con lo que el imperio se fragmentó en diversos estados.

Uno de estos principados estaba habitado por turcos, al mando de Osmán Uthman, quien daría nombre al imperio otomano (uthmano). En el año 1299 estableció un gobierno formal y él y sus descendientes comenzaron a expandirse a costa de los territorios bizantinos.

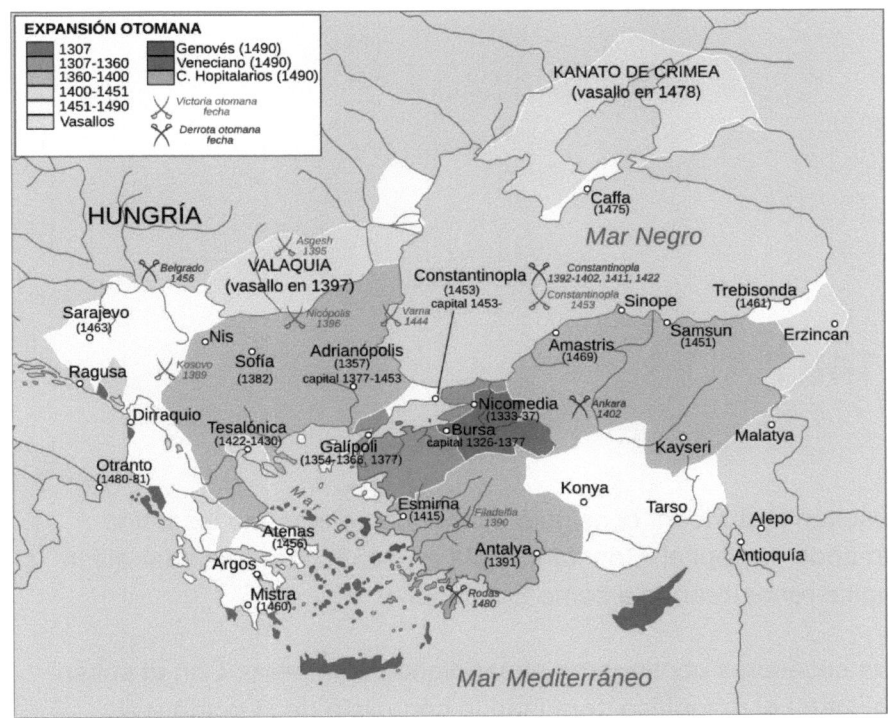

(Expansión otomana)

Juan VI Cantacuneco (emperador del imperio bizantino entre 1347 y 1353), casó a su hija con Orhan I (el bey otomano). Su sucesor, Murad I, sería un sultán que reformó el ejército y la burocracia, además destacan sus victorias en Tracia y en los Balcanes. En años posteriores los otomanos derrotaron al reino de Hungría en el sitio de Buda en 1541.

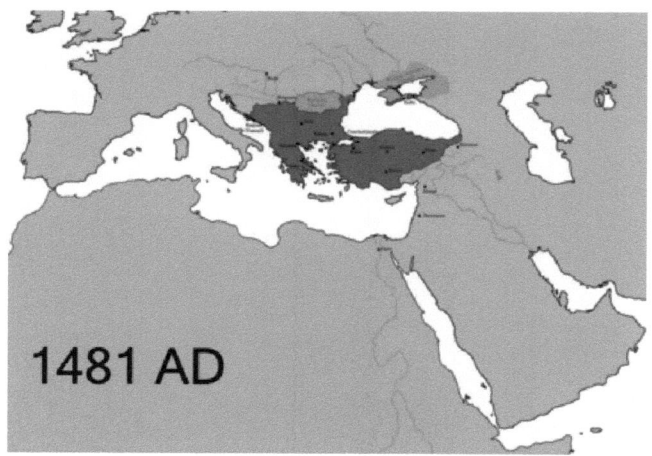

1481 AD

El sultán Mehmed II consiguió acabar con el imperio bizantino tomando su capital, Constantinopla en 1453, para trasladar allí la capital renombrándola como Estambul.

Sus sucesores continuaron expandiendo el imperio. Con el sultán Solimán I el magnífico, terminan la conquista de Hungría y el imperio llega a su máxima expansión.

En 1571 se dio la batalla de Lepanto en un intento de la liga santa, conformada por España, Venecia y otros estados de Italia, de frenar la expansión del islam. La liga santa terminó ganando y poco a poco los otomanos fueron entrando en decadencia.

Desde el siglo XVI al XVII se dio el conocido como sultanato de las mujeres, en el cual cuando los sultanes aún eran muy pequeños para gobernar, sus madres regían hasta que se hacían mayores, lo que les daba un gran poder.

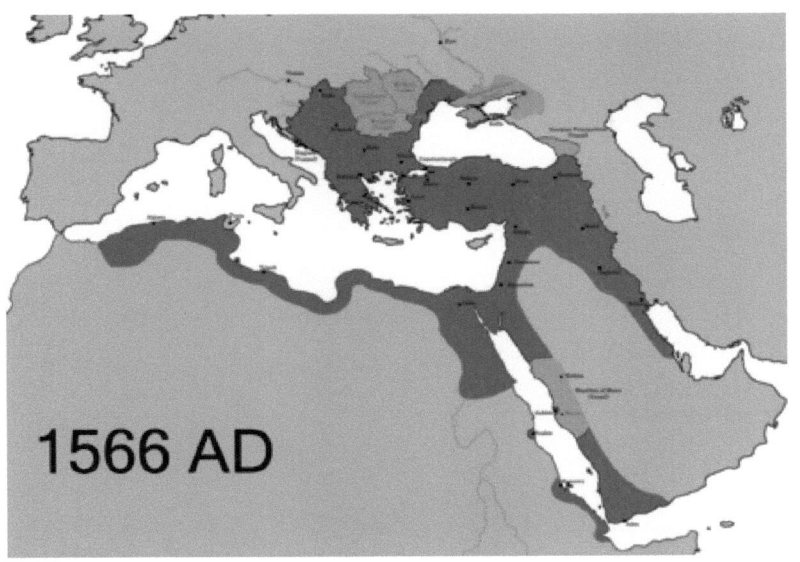

1566 AD

En 1645 comienza la gran guerra turca entre Polonia, el Sacro Imperio, España, Venecia y Rusia contra los Otomanos y sus aliados. Los otomanos fallaron al tratar de tomar Viena. Tras su derrota tuvieron que firmar el tratado de Karlowitz en 1699, donde perdieron Hungría y Transilvania.

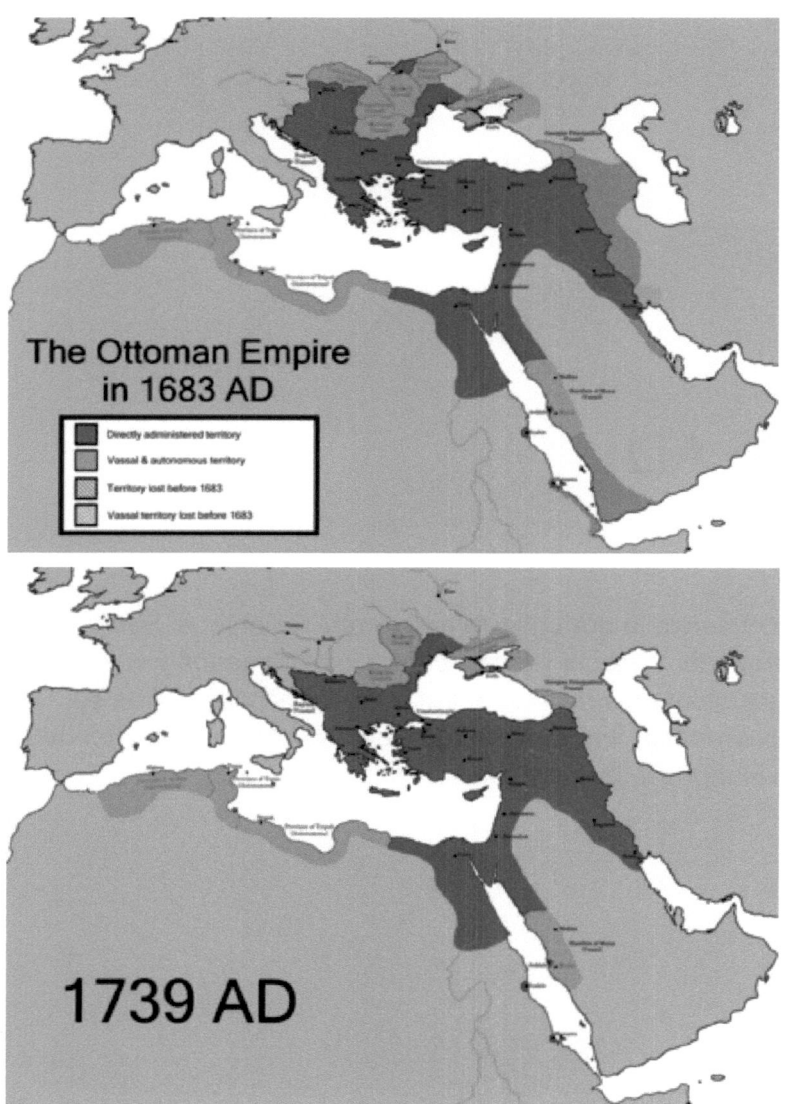

The Ottoman Empire
in 1683 AD

Directly administered territory

Vassal & autonomous territory

Territory lost before 1683

Vassal territory lost before 1683

1739 AD

Durante el siglo XIX los otomanos continuaron perdiendo territorio. En 1876 un grupo conocido como los jóvenes turcos depusieron al sultán e instauraron una monarquía parlamentaria donde se aprobó la primera constitución. Aunque en 1908 los jóvenes turcos se hacen con el poder tras una revolución y en ese mismo año perdieron Bosnia en favor de Austria-Hungría.

Además, muchos movimientos nacionalistas como los de Grecia, Serbia y Armenia, llevaron a revueltas y revoluciones que culminaron con la pérdida de casi todos los territorios otomanos, especialmente el los Balcanes.

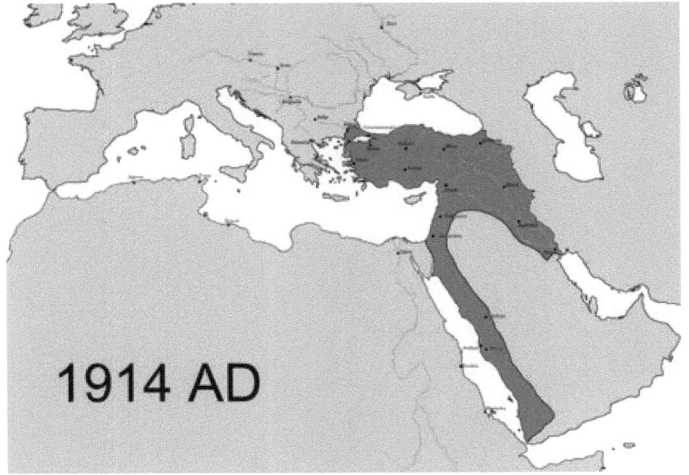

En la primera guerra mundial participaron del bando de las potencias centrales. La guerra fue un fracaso para su bando. En el caso del imperio otomano perdieron ⅔ de sus soldados y más de 3 millones de civiles. Además, durante la guerra se llevó a cabo el genocidio armenio donde millones de estos fueron asesinados.

Con el fin de la guerra y el tratado de Versalles, los últimos territorios del imperio fueron repartidos entre los aliados. En 1922 los nacionalistas terminan por abolir el sultanato, para en 1923 establecer la república turca, poniendo fin al imperio otomano y

dejando paso a una república, sistema que en Turquía se mantiene
hasta la actualidad.

(Turquía actual)

21.El imperio bizantino

En el año 395 d.C el emperador Teodosio I dividió el imperio romano en oriente y occidente. En el año 476 d.C la parte occidental del imperio romano cayó debido a inestabilidades internas e invasiones de diversas tribus bárbaras. La parte oriental con capital en Constantinopla, logró desarrollarse mejor y logró resistir estas mismas invasiones.

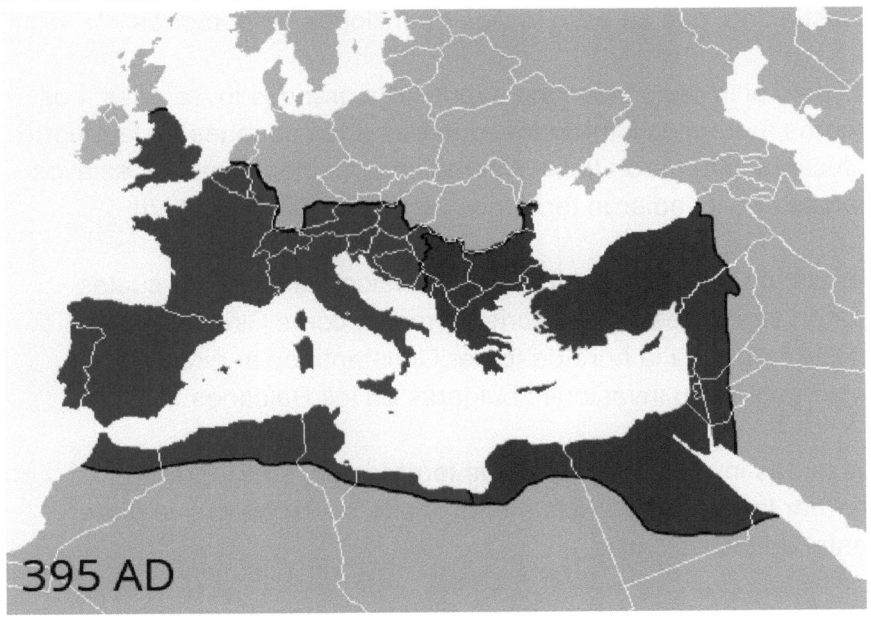

En el siglo VI el imperio estaba gobernado por Justiniano (reinado: 527-565), el cual buscaba conquistar el territorio del antiguo imperio romano de occidente. Por tanto inició diversas campañas militares en las que venció a varios pueblos como los Vándalos y los Ostrogodos.

Además, Constantinopla se volvió el centro comercial más grande del mundo, comerciando con China, la India o Rusia. Esto gracias a su posición estratégica al ser el punto de unión entre Europa y Asia. Justiniano estableció un nuevo código de leyes conocidas como el código de Justiniano, además de construir grandes obras públicas entre las que destaca la iglesia de Santa Sofía.

Tras la muerte de Justiniano en el 565, entraron en una gran crisis debido a los enormes gastos militares de las conquistas y la plaga de Justiniano, que se llevó la vida de millones de personas.

Esto dejó al imperio bizantino expuesto a grandes invasiones. Los primeros fueron los lombardos, que tres años después de la muerte de Justiniano tomaron Italia. Además de pueblos como los eslavos y persas que invadieron territorios bizantinos en el siglo VII.

Además, no pudieron detener la expansión del islam los cuales tomaron sus posesiones en oriente medio como Siria, Palestina... Aunque fallaron a la hora de tomar Constantinopla. Finalmente, también sufrieron invasiones búlgaras en los Balcanes.

Tras tantas invasiones y pérdidas territoriales, sólo lograron gobernar las tierras de Asia menor (parte de Turquía) y la parte oriental de los Balcanes.

En el siglo VII el griego sustituyó al latín como lengua oficial. Esto como parte de una serie de procesos de helenización que lo separaron poco a poco de la cultura romana.

El emperador León III prohibió los íconos religiosos (figuras o representaciones religiosas), lo cual ocasionó gran controversia y descontento. Esto fue aprovechado para nombrar al patriarca de Constantinopla como líder religioso más importante de oriente.

Este nombramiento no fue bien visto por la iglesia de roma que se iría distanciando de la iglesia bizantina, que con el tiempo desarrollarían dos religiones diferentes. Por un lado la católica, liderada por Roma y más presente en occidente y la ortodoxa, liderada por el patriarca de Constantinopla y más presente en oriente. Esto llevó al cisma de oriente en el año 1054, en el cual los dos líderes se excomulgaron mutuamente y se separaron oficialmente las dos iglesias.

En el siglo X, los emperadores consiguieron un gran crecimiento económico y lograron un nuevo esplendor del ejército, con lo que vencieron a los búlgaros y musulmanes. También lograron que los serbios, búlgaros y el principado de Kiev, entre otros pueblos eslavos del norte, adoptaran su cristianismo ortodoxo.

En el 1204, Constantinopla sería saqueada, con lo que el imperio se debilitó y comenzó su nueva decadencia, mientras que los turcos otomanos iban ganando poder y atacando los territorios del imperio (ver historia del imperio otomano).

Este saqueo sucedió en el contexto de la cuarta cruzada, en la cual Alejo IV estaba en guerra civil contra Alejo III. Alejo IV prometió a los cruzados mercenarios de la república de Venecia que les pagaría si le ayudaban a tomar el poder. Los cruzados cumplieron su parte, pero Alejo IV no tenía para pagarles, entonces perpetraron el saqueo anteriormente mencionado y dividieron el imperio en diversos estados cruzados entre 1204 y 1261.

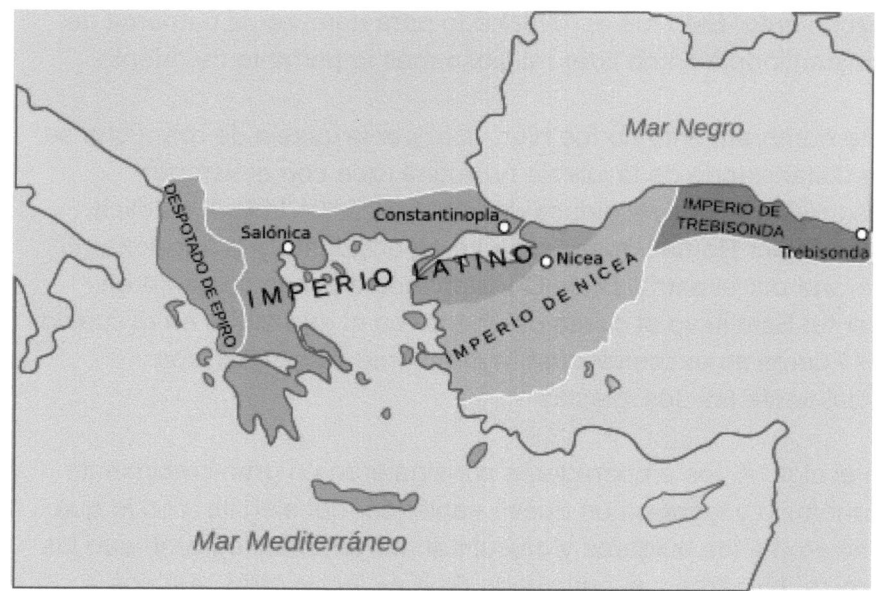

Uno de ellos, el imperio de Nicea, tomó Constantinopla en 1261 y derrotó a Epiro, restaurando el imperio.

En el año 1453 Constantinopla cayó en poder de los turcos liderados por Mehmed II, por lo que este imperio llega a su fin después de más de 1000 años de existencia.

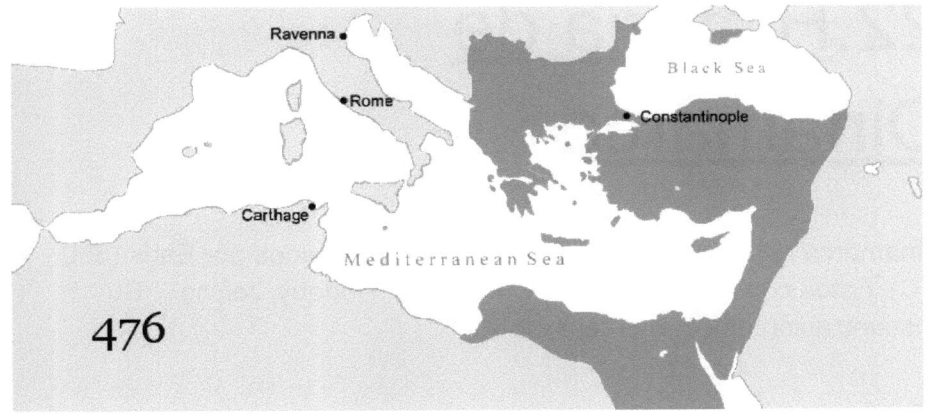

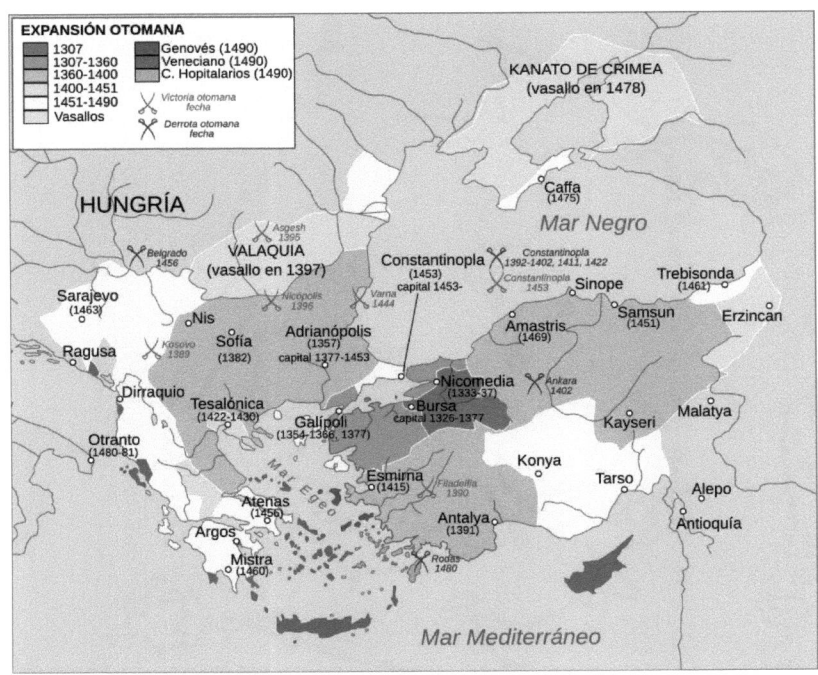

(Conquista otomana del imperio)

22.Historia de Dinamarca

Dinamarca estaba dividida en condados, gobernados por Earls (850 d.C). Estos condados eran: Ribe, Roskilde, Hedeby, Jelling... Su cristianización empezó en el siglo X.

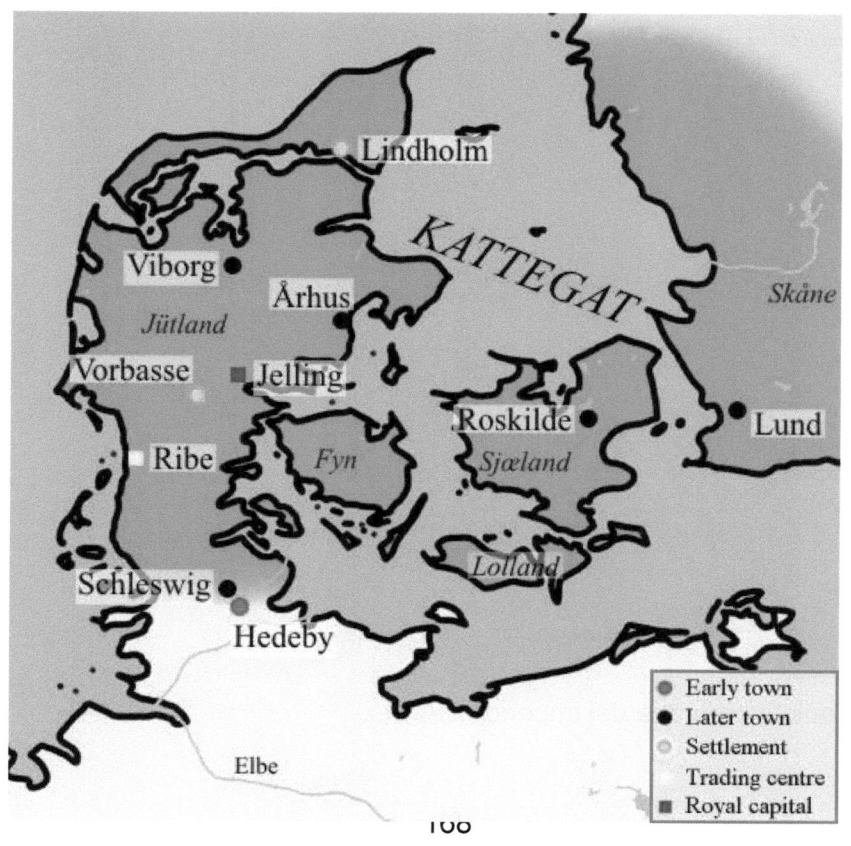

El responsable de la unificación de Dinamarca fue Harald Blatand o "diente azul" que gobernó Dinamarca y la región de Escania.

En el siglo XI, su nieto, Canuto el Grande concretó la conquista de Inglaterra y consiguió el trono de Noruega, con lo que se crea el imperio del mar del norte (ver historia de la formación de Inglaterra).

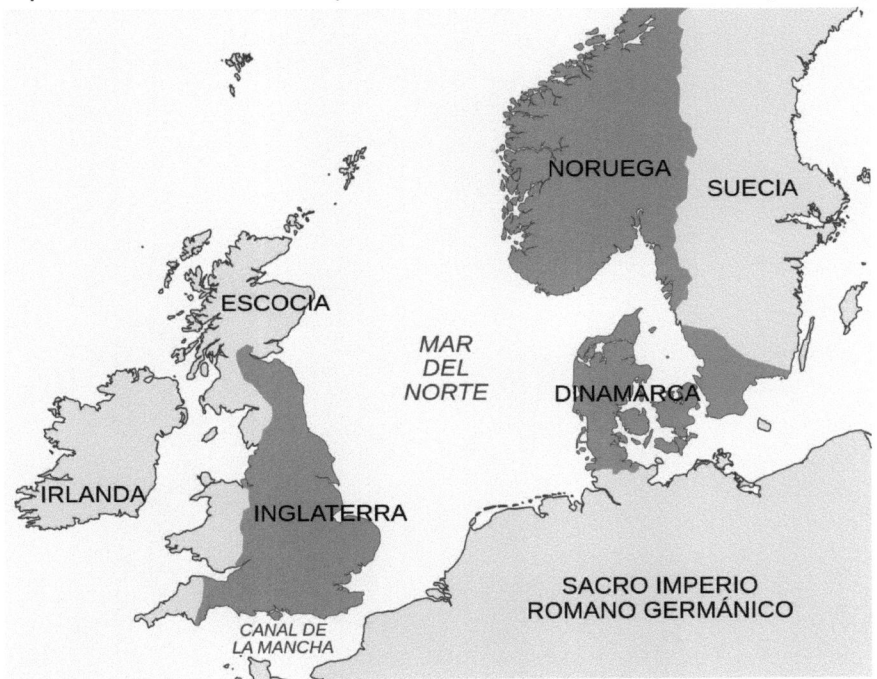

(Imperio del mar del norte)

Tras la batalla de Stamford Bridge (1066), concluye la era vikinga en Inglaterra, ya que son expulsados por los anglosajones.

Tras la muerte de Canuto (1035), el imperio del mar del norte se disuelve, creando los reinos de Noruega, Dinamarca y Suecia, los cuales competirán entre sí.

En el año 1240, ya estaban participando en las campañas de cristianización de los paganos. Los daneses también anexionaron Estonia en el siglo XIV, la cual es cedida a la orden teutónica.

Con el ascenso de Margarita I, que sería reina de Dinamarca, Suecia y Noruega, se crea la unión de Kalmar en 1397.

(Unión de Kalmar)

Este incluyó los territorios de estos tres países más Finlandia e Islandia. En 1470 los suecos se alzan por la independencia, para comenzar un periodo de inestabilidad en el que se desligan y vuelven a la unión. Su independencia definitiva se da en 1523 con el rey Gustavo I de Suecia (ver historia del imperio sueco).

Tras la separación de Suecia, la unión se disuelve y pasa a ser una unión política entre Noruega y Dinamarca, creando el imperio Dinamarca-Noruega.

Entonces los daneses adoptan la reforma protestante luterana y se desligan de la iglesia católica. Durante la guerra livona (1558-1583), derrotaron a los rusos en una coalición conformada por Dinamarca, Suecia, Polonia-Lituania... Con lo que anexan la isla de Saaremaa.

En la guerra de Kalmar (1611-1613) derrota a Suecia y firman el tratado de Knared, con lo que Dinamarca gana territorio en la frontera a costa de Suecia.
Pero estos territorios son recuperados por Suecia junto con Saaremaa tras la guerra de Torstensson (1643-1645), esto dentro de la guerra de los 30 años. En este conflicto ayudó a los Habsburgo católicos a pesar de ser una nación protestante.

En la segunda guerra nórdica (1655-1660), Suecia derrota a los daneses que son expulsados de Escania y los noruegos también sufren pérdidas territoriales. En esta guerra, Dinamarca-Noruega fue apoyada por el S.I.R.G, Polonia-Lituania, las provincias unidas... Y Suecia por Prusia, el principado de Moldavia...

Durante el reinado de Cristian IV, Dinamarca fundó su propia compañía de las indias orientales. En el siglo XVII fundaron las colonias de Tharangambadi (sur de India), Serampore (Bengala occidental), Nicobar (sudeste asiático), la costa de oro danesa (Ghana) tras expulsar a los Suecos en 1658 y 1672 se funda la compañía de las islas occidentales con lo que se asientan en Saint

Thomas y Saint John (actuales Islas Vírgenes de los Estados Unidos).

(Imperio danés)

En Europa, Dinamarca participó en diversas guerras apoyando a los neerlandeses y Habsburgo contra Suecia. Como en el caso de la tercera guerra anglo-neerlandesa (1672-1674), la segunda guerra de Bremen (1666), la guerra franco-neerlandesa (1675-1678) y la guerra de Escania (1675-1679), en donde no logró recuperar esta región, la cual continuó bajo dominio Sueco.
En el siglo XVIII, participó en la gran guerra del norte (1700-1721), en donde con ayuda de Rusia y de otras potencias, derrotó a Suecia, además de anexar Schleswig y Holstein.

A finales del siglo XVIII, Dinamarca se posicionó bastante neutral respecto a los diversos conflictos europeos. Durante las guerras napoleónicas fundan la segunda liga de la neutralidad armada para proteger a los buques comerciantes que circulaban por sus costas, incluídos los franceses.

Esto fue visto por los británicos como una alianza con Francia, por lo cual junto a Suecia le declaran la guerra. En este contexto se dieron dos batallas en Copenhague (1801), tras las cuales se vio obligada a aliarse con Francia. Con el fin de las guerras napoleónicas y el posterior congreso de Viena (1814-1815), se estipula que Noruega pasaría bajo dominio Sueco y la cesión de la isla de Heligoland al Reino Unido.

Tras esto decidieron luchar en contra de Napoleón en la séptima coalición, lo que le permitió conservar las isla Feroe, Islandia y Groenlandia.

Durante las revoluciones de 1848, adoptaron un modelo de monarquía constitucional para evitar conflictos con la población. Tras la segunda guerra de Schleswig (1864), son derrotados por Prusia y el imperio austriaco, por lo que pierden Schleswig, Lauenburgo y Holstein. Este territorio al sur de Dinamarca no sería recuperado hasta la primera guerra mundial donde curiosamente mantuvieron la neutralidad.

A principios del siglo XX, Dinamarca empieza a vender sus colonias: la costa de oro y sus puestos en las indias a los británicos y sus posesiones en el caribe a los Estados Unidos en 1917.

En la segunda guerra mundial los nazis ocupan Dinamarca, por lo que el Reino Unido y los Estados Unidos deciden ocupar Islandia, la cual se independiza en 1944 tras haber ganado cierta autonomía desde 1918.

Actualmente, de esas posesiones, Dinamarca sólo sigue teniendo las islas Feroe y Groenlandia.

(Dinamarca actualmente)

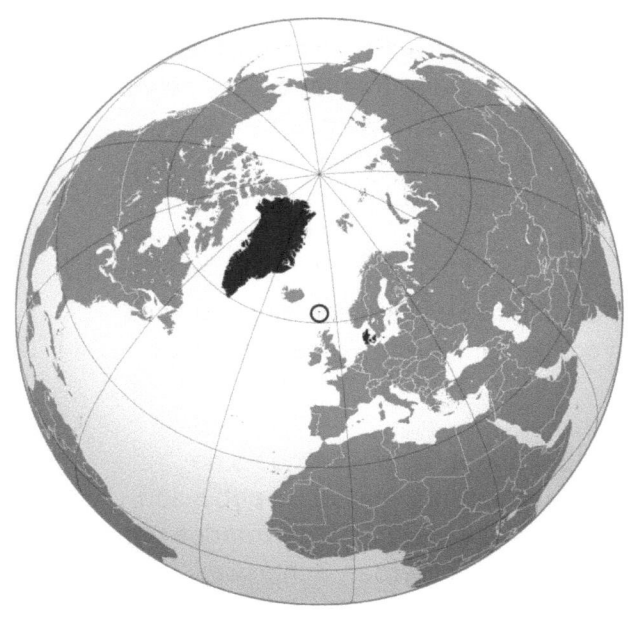

23.Historia de Corea (más centrada en el sur)

Sobre el 2300 a.C se fundó la dinastía Gojoseon creada por Dangun. En el siglo II a.C la dinastía cae y se crean tres conocidos reinos: Goguryeo, Baekje y Silla.

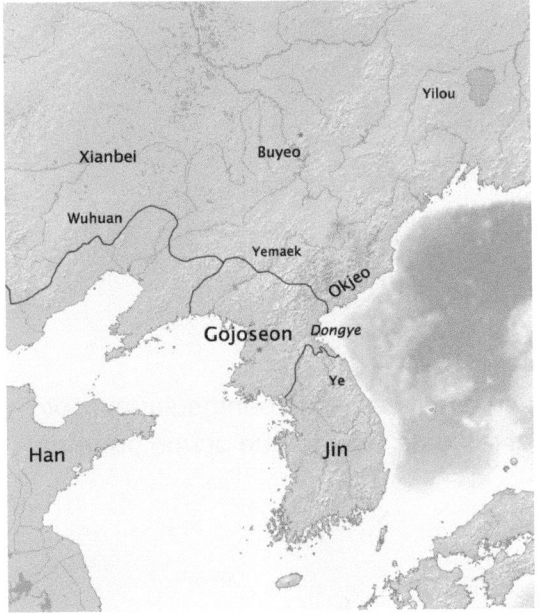

(Corea, 108 a.C)

A fines del siglo VII d.C, Silla se impone y anexa Baekje y partes de Goguryeo. Además, la dinastía Tang (China), le quita a Goguryeo sus territorios en la Manchuria.

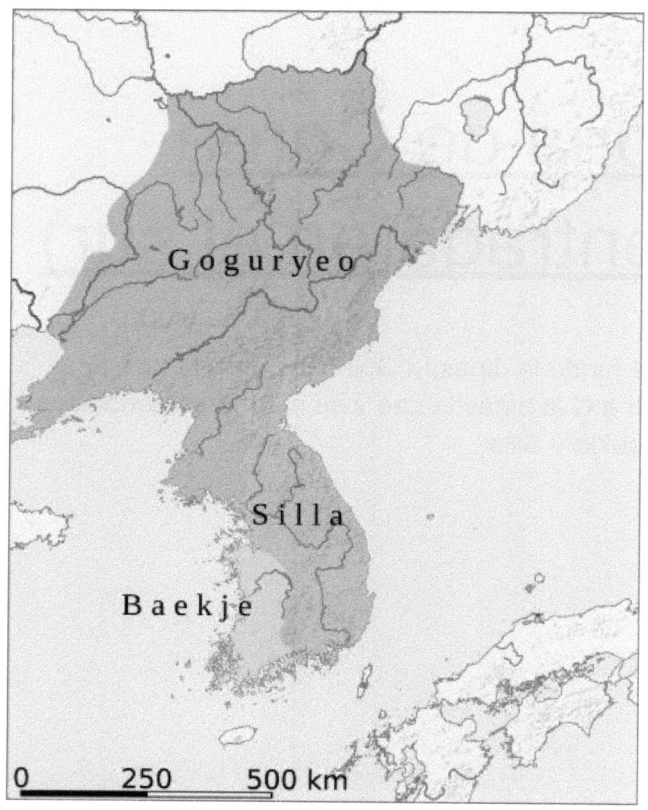

A partir de aquí los coreanos se centrarán en la península, excepto entre los siglos VIII y IX con el reino de Balhae que ocupó parte de Manchuria.

 (Balhae)

Silla unificó Corea y adoptó como religiones el budismo y confucionismo. El último rey de Silla, Gyeongsun le otorga el poder al rey del emergente reino de Goryeo en el año 935.

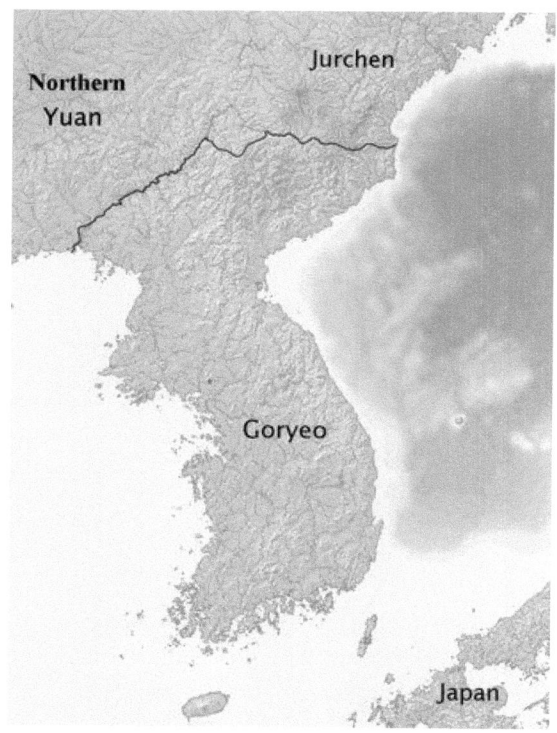

En el 1392 son sustituidos por la dinastía Joseon, fundada por Taejo. Este estado adoptó el confucionismo y una política aislacionista.

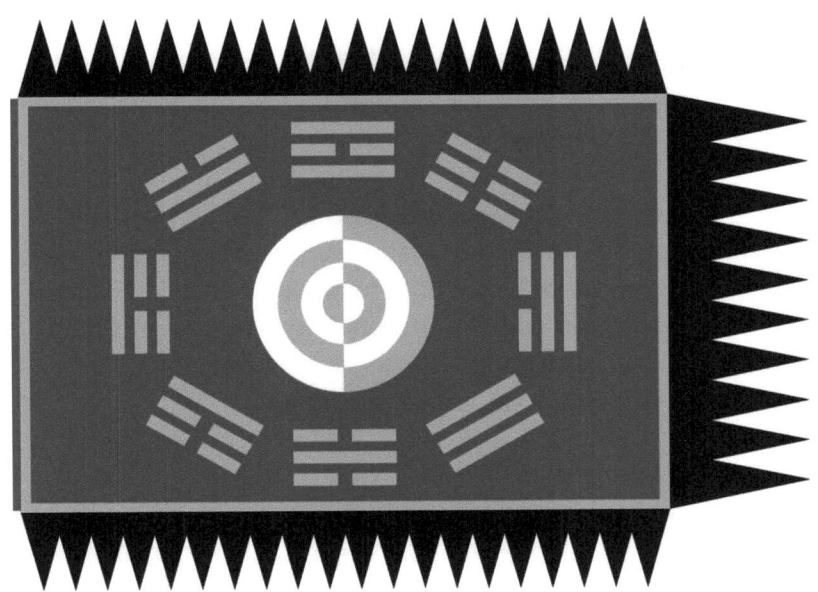

(Estandarte Joseon)

En el siglo XVIII la dinastía comenzó su decadencia debido a las disputas internas lo que fue aprovechado por la dinastía Qing de China para meter su influencia en la región.

Tras la guerra sino-japonesa (1894-1895), el país cae bajo influencia japonesa y en 1897 se crea el imperio de Corea como un estado satélite del imperio japonés. Este fue anexado oficialmente a Japón en 1910.

Tras la segunda guerra mundial y la rendición de Japón en 1945, Corea se divide en dos zonas de ocupación, el norte por la URSS y el sur por los Estados Unidos.

Tras unas elecciones generales se forma la primera república de Corea del sur, teniendo como primer presidente a Syngman Rhee.

Entre 1948 y 1949, tuvieron que afrontar una insurrección en la isla de Jeju en la que los socialistas fueron derrotados, aunque a costa de la vida de 30.000 personas.

Luego estalla la guerra de Corea entre 1950 y 1953, en la cual la recién creada Corea del Norte (socialista) invade el sur (capitalista), como parte de la guerra fría. El sur obtiene el apoyo de los Estados Unidos y la ONU, mientras que el norte obtiene el apoyo de China. En 1953 se firma un armisticio con lo que se crea una zona desmilitarizada en la frontera de ambas naciones.

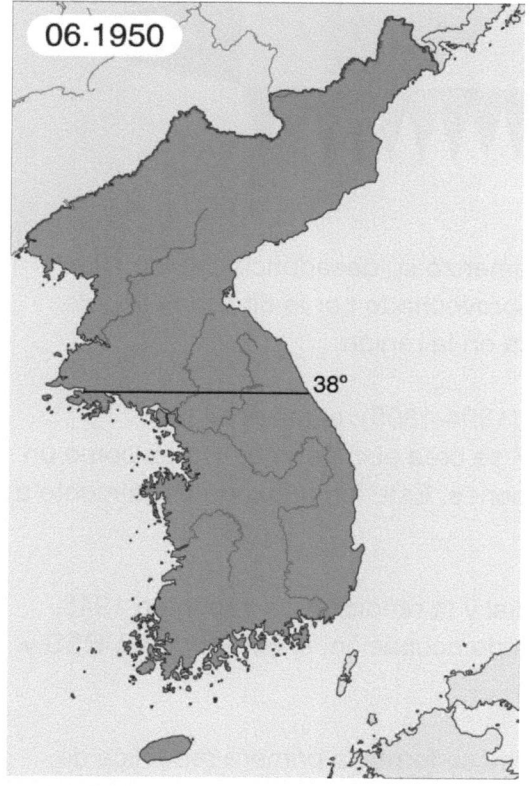

(Guerra de Corea, en verde el sur y el norte rojo)

En 1960 estalla la revolución de Abril, ya que el presidente de Corea del sur comenzó a ser tachado de dictador por sus políticas extremadamente autoritarias, por lo que se exilia y renuncia a la presidencia.

Entonces comienza una dictadura liderada por Park Chung-Hee (1963-1979). Este líder logra mejorar la economía gracias a las exportaciones.

Tras su asesinato en 1979 por el director de la agencia de inteligencia coreana empezaron una serie de protestas por la democracia la cuales fueron reprimidas.

En 1988 termina el último gobierno autoritario de Chun Doo-Hwan en favor de Roh Tae-Woo que firma la declaración del 29 de junio con la que inicia una transición democrática.

En el 2013 aumentaron las tensiones entre las dos Coreas, ya que el norte realizó pruebas nucleares cerca de las costas, aunque tras negociaciones se solucionaron pacíficamente.

24. Historia del Islám

El islám es una religión monoteista abrahámica (creen que todos los profetas descienden del primero, como en el cristianismo).

Mahoma, el gran profeta del islám, fue llamado por Alá, el Dios, mediante el arcángel Gabriel, el cual le dijo sus sabidurías las cuales debían ser expandidas por el mundo.
Mahoma comenzó a hablar de esta nueva religión en su ciudad, La Meca, aunque fue visto como un peligro para las autoridades y comerciantes de otras religiones, por lo que tuvo que huir a Medina en el 622 d.C, lo que fue conocido como hégira.

Poco a poco ganó seguidores y en Medina formó una comunidad musulmana. Mahoma regresa a La Meca y la conquista en el 630 d.C.

El libro sagrado de los musulmanes, es el corán, el cual sería escrito por los descendientes y discípulos de Mahoma, a partir de sus enseñanzas.

Los testigos de Mahoma: Abu Kark, Úmar, Alí y Uthman. Se convirtieron en los primeros califas que gobernaron el califato ortodoxo, creado tras la muerte de Mahoma en el 632 d.C, el cual expandirá esta nueva fe por toda la península arábiga. Hasta llegar a Siria, Palestina, Armenia, Persia, Mesopotamia y el norte de África.

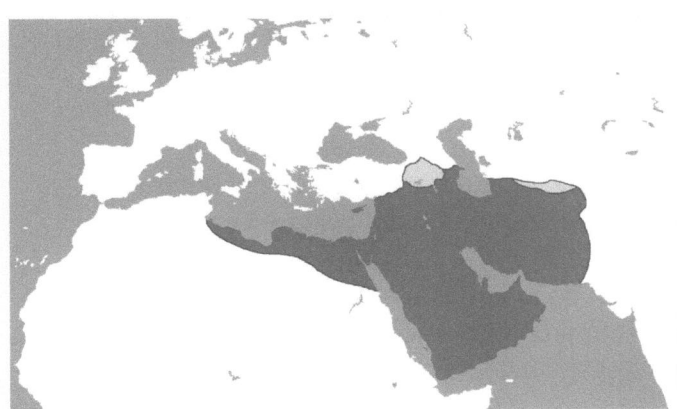

(califato ortodoxo)

En el año 661, Muawiya acaba con el califato, destronando a Alí, fundando su estado sucesor, el califato omeya. Continuaron con la expansión por el norte de África y Asia, hasta llegar a la península ibérica e India.

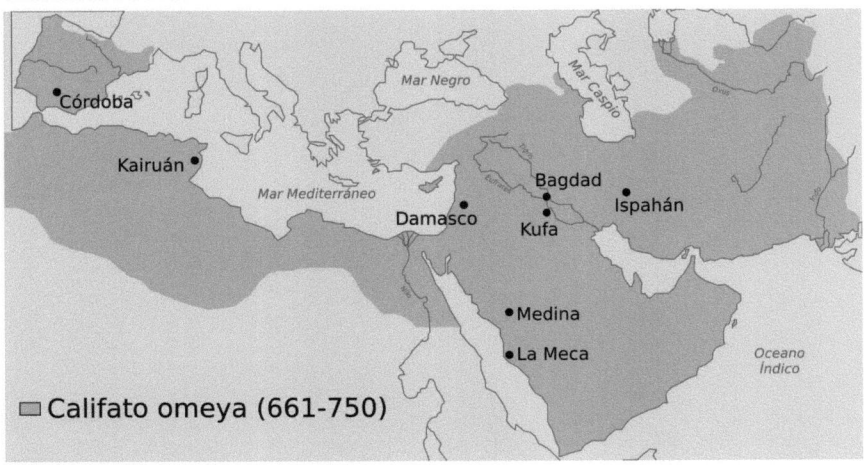

(Califato omeya)

Con este califato se formaron las dos grandes ramas del islám, por un lado los suníes, que creen que Muawiya era legítimo, y los chiítas, que lo tomaban por usurpador y creían que los legítimos líderes eran los descendientes de Alí. También se creó una rama del islám menos conocida, el Jariyismo, que se encuentra más presente en Omán, estos desertaron del califa Alí en el 657.

En el 750, una rebelión de los abasíes, descendientes del tío más joven de Mahoma, acabaron con este califato y fundaron su sucesor, el califato abasí, sustituyendo la antigua capital, Damasco por Bagdad.

Los omeyas se refugiaron en la península ibérica, en la que en el 929 con Abderramán III, crean el califato omeya de Córdoba. Este se fragmentó en Taifas, pequeños reinos, en el año 1031. Lo que permitió a los reinos y condados cristianos del norte avanzar más rápidamente en su conquista hacia el sur

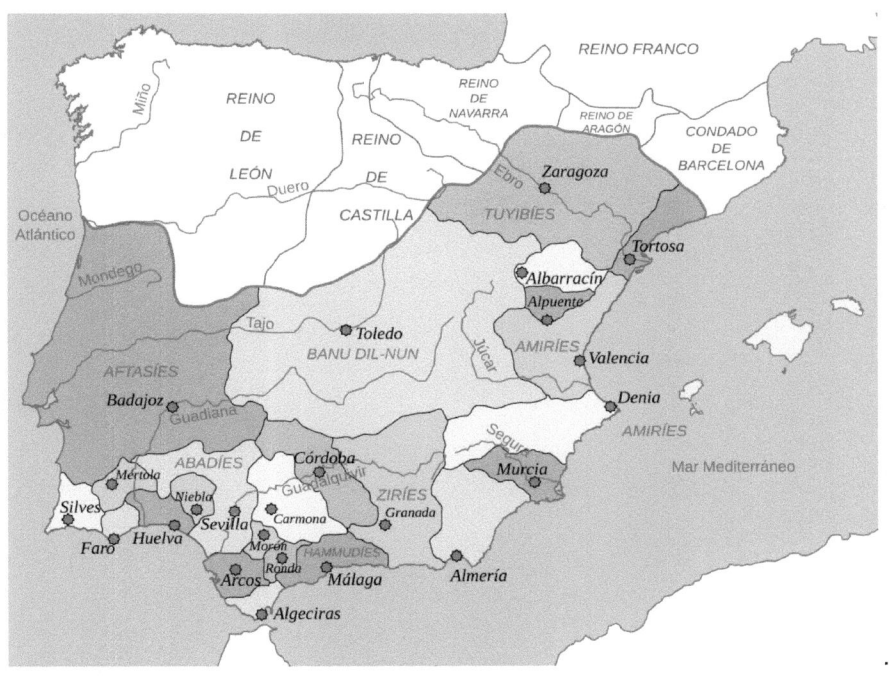

185

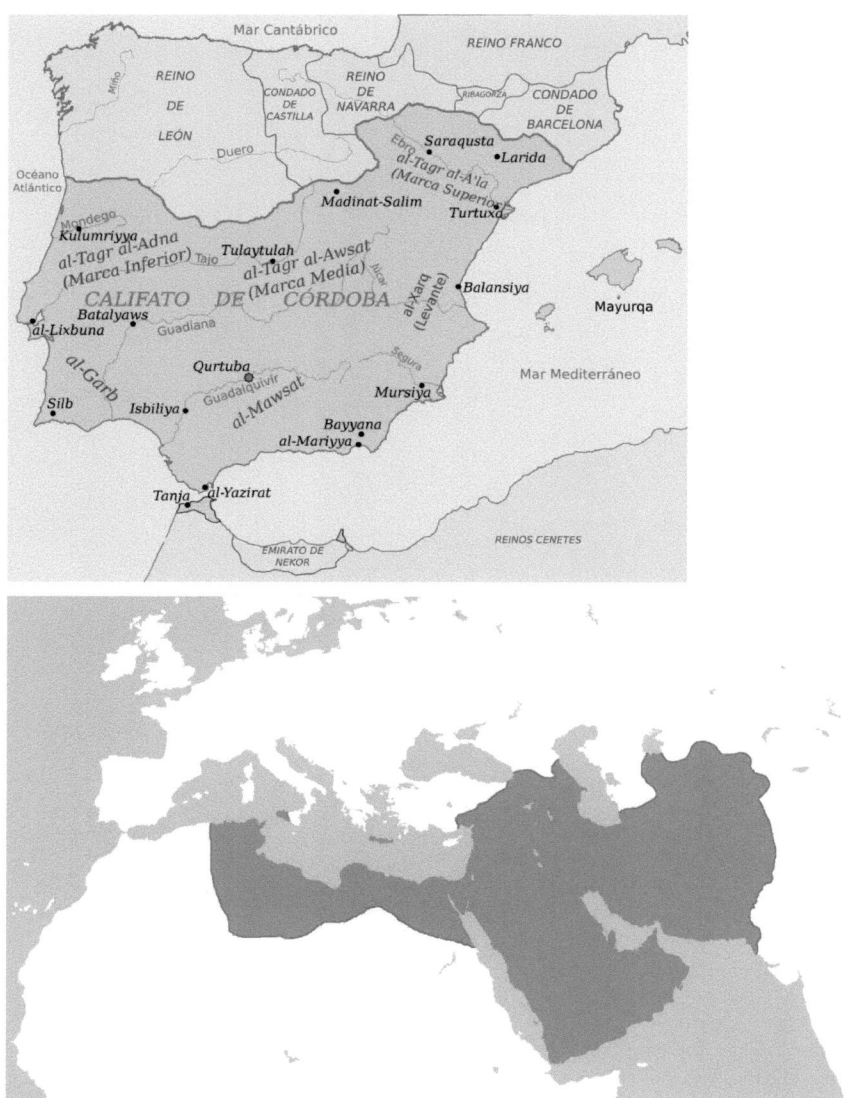

(Abasíes, 850 d.C)

186

Aunque los Almorávides y Almohades de Marrueco llegaron desde el norte de África, y tomaron las taifas para asentarse y detener la expansión cristiana.

A partir del siglo IX los abasíes entraron en decadencia. Incluso se llegó a desintegrar entre el 945 y el 1152, debido a grandes inestabilidades internas. En el año 1055 los turcos selyúcidas toman Bagdad y en el año 1076, Jerusalén.

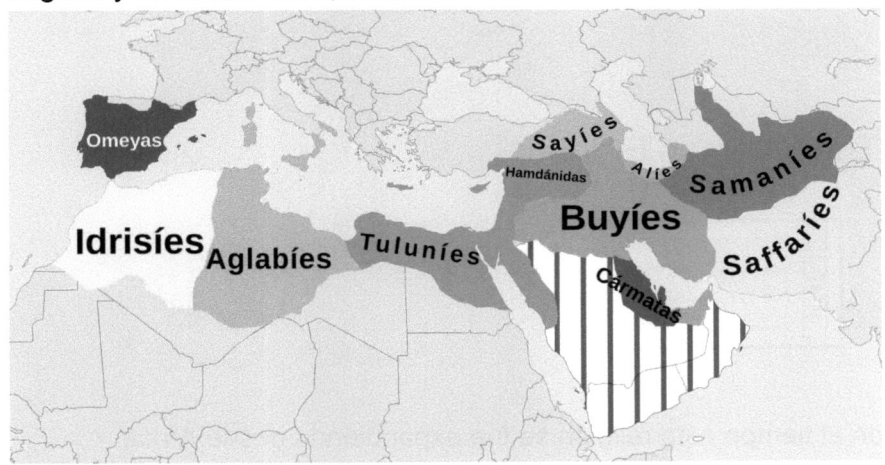

(desintegración de los abasíes)

Tras esto comenzaron a perseguir a los cristianos de la región, lo que ocasionó la primera cruzada en la cual una coalición de diversos estados cristianos de Europa se unieron para tratar de recuperar tierra santa, las tierras donde Jesucristo había vivido. En el siglo XIII los mongoles toman Bagdad y destituyen al último califa en 1258.

En el siglo XIV se creó el imperio otomano, la civilización islámica más importante desde los siglos XIV al XX.

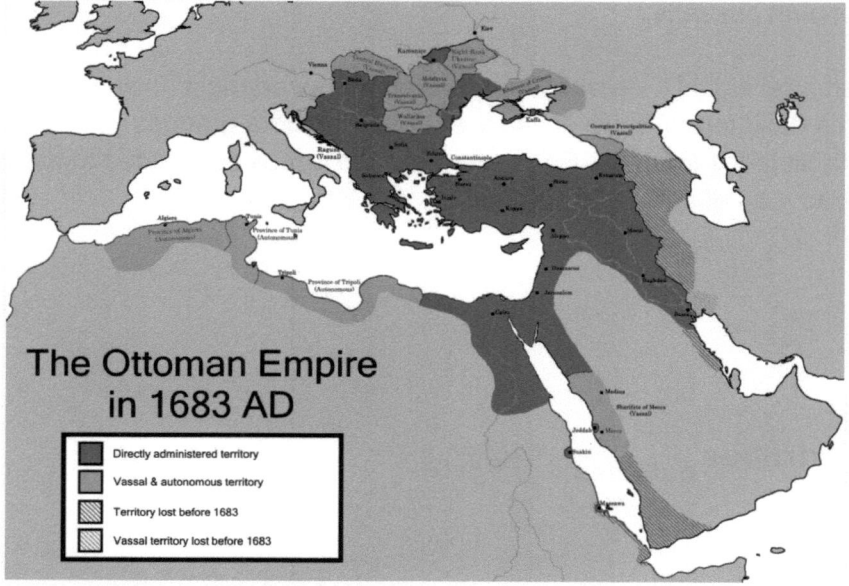

Con el tiempo esta religión se fue expandiendo desde África occidental hasta Indonesia. Actualmente, el islám tiene más de 1800 millones de seguidores (un 24% de la población mundial), de los cuales 1500 millones son sunitas y entre 240 y 340 millones de personas son chiítas.

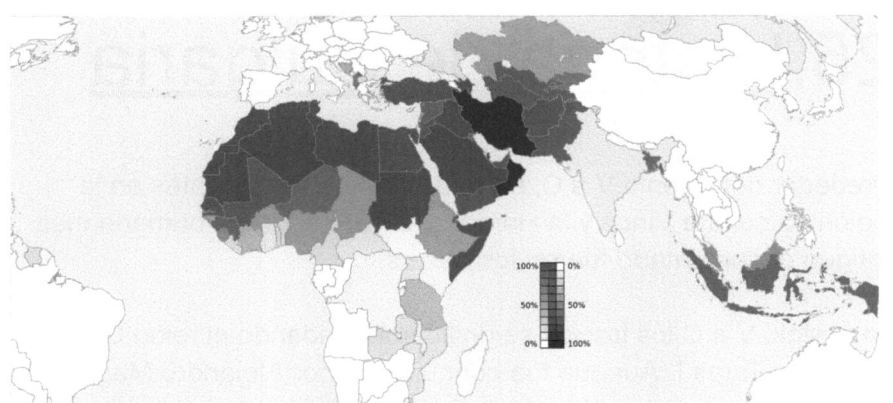

(En verde los suníes, en rojo los chiítas y en azul los ibadíes,
jariyismo, sólo en Omán)

25.Historia de Bulgaria

Alrededor del milenio V a.C, hubo dos culturas relevantes en la región: la cultura Vinca y la Hamangia. Pero el grupo humano más antiguo documentado fueron los tracios.

En el siglo V a.C los tracios se unificaron fundando el reino Odrisio con el rey Teres I. Aunque fue conquistado por Alejandro Magno en su expansión, tras la caída de su imperio pudieron recuperar su territorio.

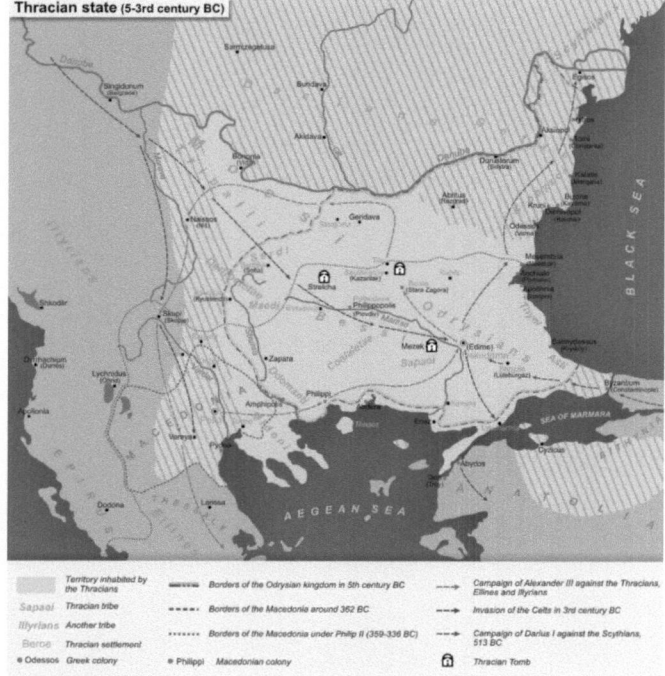

(Reino Odrisio)

En el 46 d.C, Roma derrota finalmente a este reino y lo convierte en la provincia de Tracia. En el siglo III d.C fue invadida por pueblos bárbaros como los Godos y Hunos. Con la fragmentación del imperio romano en el 395 d.C, pasó a formar parte del imperio romano de oriente, posteriormente conocido como imperio bizantino.

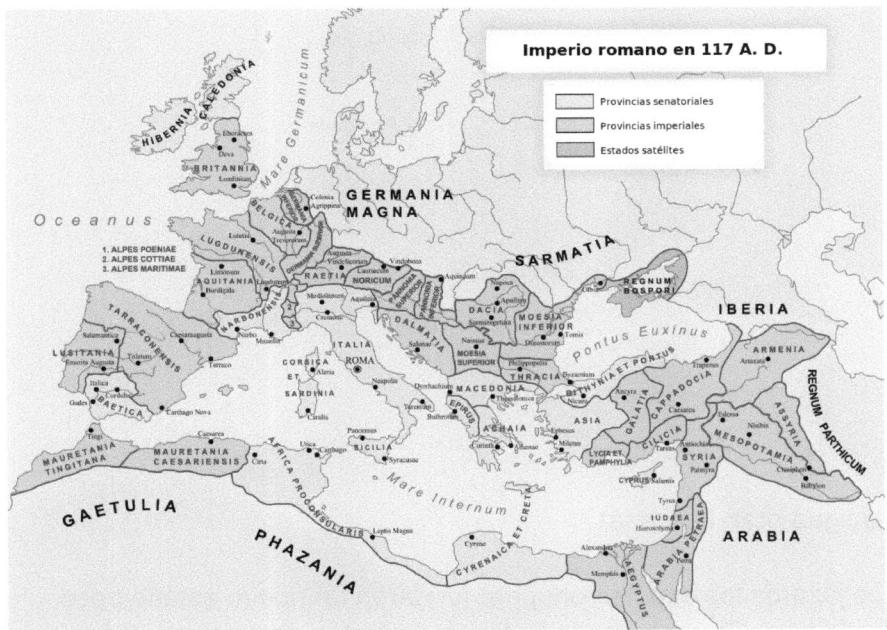

Durante este periodo sufrieron invasiones de los Ávaros y Eslavos, estos últimos se fueron asentando en la región y acabaron asimilando a los Tracios que desaparecieron sobre el siglo VI d.C.

En Ucrania se forma la llamada antigua gran bulgaria (632-681). Este fue un estado formado por pueblos túrquicos seguidores del tengrianismo (religión) y se relacionan con los pueblos nómadas de

Asia central.

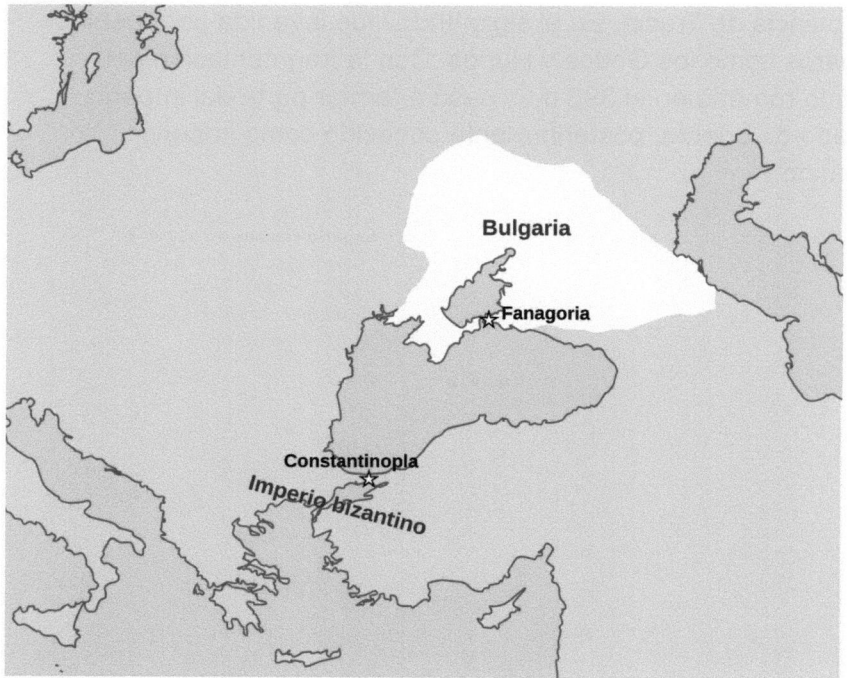

(Antigua gran Bulgaria)

Los jázaros los expulsaron, pero fundaron un nuevo estado poco después en Rusia llamado Bulgaria del Volga. Desde la antigua gran bulgaria, algunas tribus proto-búlgaras lideradas por Asparukh fundan, tras derrotar a los bizantinos, el primer imperio búlgaro (681-1018).

(Bulgaria del Volga)

(1° Imperio búlgaro)

Con la dinastía Krum de Bulgaria (fundada en el 803), se llega a su más grande esplendor y expansión. Mientras tanto la Bulgaria del

Volga fue anexada por los mongoles de la horda de oro en el año 1240.

A finales del siglo X van perdiendo poder por el resurgimiento del imperio bizantino que logra la victoria decisiva contra Bulgaria en la quinta guerra búlgaro-bizantina (968-1018).

En el siglo XII, tras la rebelión de Asen y Pedro (1185-1204), resurge un segundo imperio búlgaro (1185-1396).

(2° Imperio búlgaro)

Este estado se divide en tres en el 1356 : el zarato de Tarnovo, el zarato de Vidin y el despotado de Dobruja. Tras la batalla de Nicópolis en el 1396, Bulgaria cae ante los otomanos, los cuales la transforman en el Be Yerlik de Rumili.

Territorios búlgaros durante el reinado de Iván Alejandro (1331-1371)

En el siglo XIX tras una nueva guerra ruso-turca (1877-1878), Bulgaria se transformó en un principado vasallo de los otomanos, ahora con más autonomía.

Bulgaria 1878
Tratado de San Stefano y Congreso de Berlín

Frontera según el Tratado de San Stefano
Principado de Bulgaria
Rumelia Oriental
Nuevas unidades administrativas del Congreso de Berlín

(Bulgaria en 1914)

196

En 1908 logran una total independencia de los otomanos y se crea el reino de Bulgaria. Este estado funda junto con Grecia, Serbia y Montenegro la liga balcánica la cual le declara la guerra al imperio otomano en 1912 (primera guerra de los balcanes, 1912-1913) tras la guerra y la firma del tratado de Londres, los otomanos pierden todos sus territorios en Europa salvo por Estambul y sus alrededores.

El problema es que Macedonia no quedó bien repartida entre los países vencedores, lo que llevó a una segunda guerra de los Balcanes (1913), ahora entre los que antes habían luchado juntos. Se enfrentaron Serbia y Grecia contra Bulgaria. A esta alianza de Serbia y Grecia se le unieron otros estados como Rumanía, Montenegro y el decadente imperio otomano, para luchar en contra de Bulgaria.

(Frentes de la segunda guerra de los balcanes)

Esta colación derrotó a Bulgaria y esta tuvo que ceder Macedonia a Serbia y Grecia, Adrianópolis a los otomanos y Dobruja a Rumanía.

El rey Fernando I de Bulgaria, se une a las potencias centrales en la primera guerra mundial para tratar de recuperar los territorios perdidos en la guerra y poder expandirse. En la guerra invaden Macedonia y apoyan a Alemania en el frente oriental. También derrotan a Rumanía y recuperan Dobruja. Aunque finalmente las potencias centrales son derrotadas en 1918 y se tienen que retirar de los territorios ocupados en la guerra y ceder Tracia occidental a Grecia.

Fernando I abdicó en 1918 en favor de su hijo Boris III el cual instauró una dictadura en 1935. En la segunda guerra mundial apoyaron al eje, pero Boris fue asesinado en 1943. En 1944 los soviéticos invaden Bulgaria durante la guerra y dan un golpe de estado instaurando el llamado frente de la patria.

Tras la guerra, Bulgaria pasó a ser un estado satélite soviético, con lo que se unió al bloque oriental. Con esto se funda en 1946 la república popular de Bulgaria la cual se unió al pacto de Varsovia en 1955.

(Rep.Popular de Bulgaria)

Con la caída de la URSS se independizan y se crea la actual república de Bulgaria en 1990. En el 2004 se unen a la OTAN y en el 2007 a la UE.

26.Historia moderna de Grecia

En Grecia aparece el nacionalismo helénico a principios del siglo XIX, incentivado por otros movimientos revolucionarios en el mundo. Un grupo de intelectuales griegos creó la Filikí Etería. Esta buscaba la independencia de Grecia que en ese entonces estaba bajo dominio otomano.

En febrero de 1821 estalla la guerra de independencia de Grecia y crean su primera constitución, además de proclamar la primera república helénica. Tras la intervención del Reino Unido, Rusia y Francia en la guerra, los independentistas lograron su plena independencia en 1829, con lo que finaliza la guerra.

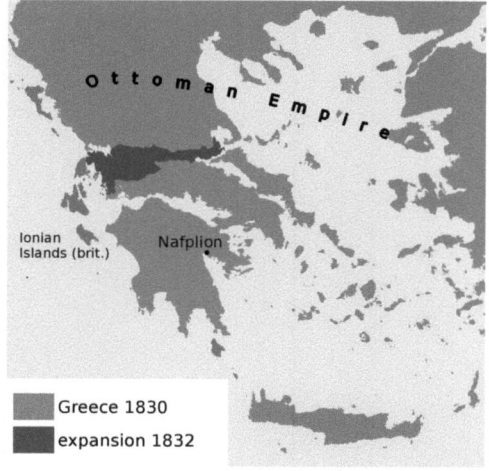

A partir de aquí comienzan las negociaciones del protocolo de Londres, las cuales terminarían en 1832 con el tratado de Constantinopla. En las negociaciones se estableció que Grecia sería una monarquía con el rey Otón I como primer gobernante.

Con la llegada al trono de Jorge I de la casa danesa de Glücksburg en 1863, se anexan nuevos territorios como las islas Jónicas que son anexionadas tras unas negociaciones con los británicos.

Además, tras la conferencia de Constantinopla(1881) y el congreso de Berlín (1878), los otomanos ceden Tesalia a Grecia.

Los griegos intentaron anexar la isla de Creta, lo que llevó a la guerra greco-turca de 1897. Aunque los otomanos finalmente ganaron la guerra.

Esto sumado a otras desavenencias económicas llevaron al golpe de estado de Goudi (1909). Tras el cual llega al poder Elefthérios Venizélos como primer ministro.

Grecia se alió con Serbia, Montenegro y Bulgaria formando la liga balcánica. Esta coalición luchó contra el imperio otomano en la primera guerra balcánica (1912-1913). La coalición gana la guerra con lo que en el caso de Grecia anexa Creta, Epiro y parte de Macedonia.

La segunda guerra balcánica estalla porque los vencedores no se decidían cómo repartir Macedonia. Entonces algunos países como Grecia, Serbia, Montenegro y sus aliados, Rumanía y el imperio otomano, se enfrentan juntos contra Bulgaria la cual es derrotada (ver historia de Bulgaria). Gracias a esta guerra, Grecia pudo obtener parte de Tracia que pertenecía a Bulgaria.

La expansión territorial de Grecia (1832-1947)

- ▮ Reino de Grecia, 1832
- ▮ Islas jónicas devueltas por el Reino Unido, 1863
- ▮ Congreso de Berlín (1878) y Conferencia de Constantinopla (1881)
- ▮ Tratado de Bucarest (1913) después de las Guerras de los Balcanes
- ▮ Tracia occidental devuelta por Bulgaria (1923)
- ▮ Territorios acordados por el Tratado de Sèvres (1920) y perdidos en el Tratado de Lausana (1923)
- ▮ Dodecaneso devuelto por Italia (1947)

Con el estallido de la primera guerra mundial, el primer ministro y el rey (Constantino I) no llegan a un acuerdo sobre el conflicto, ya que el primero optaba por unirse al bando aliado y el segundo por mantenerse neutral. Pero debido a presiones internas el rey fue obligado a abdicar en favor de su hijo Alejandro I, por lo que el país se unió al conflicto en 1917.

Tras la guerra, Grecia logra anexar gran cantidad de territorios búlgaros y otomanos. En la guerra de independencia turca protagonizada por Mustafá Kemal, uno de los frentes de los fue el de Grecia, por lo que tras ser derrotada debe ceder los territorios anexados tras la primera guerra mundial.

En 1924 tras un referéndum se crea la segunda república helénica, para luego regresar a la monarquía en 1935. Después de esto Ioannis Metaxás da un golpe con lo que se dio inicio a un gobierno autoritario, aunque aún siendo una monarquía.

La Italia de Mussolini inició una invasión a Grecia en 1940 la cual es victoriosa tras la intervención de Alemania. Con el fin de la segunda guerra mundial lograron su independencia. Aunque estalló una guerra civil (1946-1949), entre las facciones socialistas y capitalistas del país.

Tras la intervención y bombardeo de los puestos comunistas por parte de la OTAN, Grecia pasa al bloque occidental y entra en la OTAN en 1952, además de unirse al plan Marshall.

Entre 1950 y 1973 se vivió un periodo de gran crecimiento económico, aunque en 1967 se dio un golpe de estado protagonizado por Georgios Papadopoulos. Esto dio inicio a una dictadura conocida como el régimen de los coroneles.

Con la abolición de la monarquía en 1973 se da inicio a una tercera república. Además, ese mismo año Georgios fue derrocado y sustituido por muchos otros gobernantes.

Grecia propició un golpe de estado en Chipre, lo que hizo que Turquía iniciara una invasión a Chipre en defensa de los ciudadanos turcos que allí residían. Lo que provocó una división de la isla entre la república de Chipre en el sur y la república turca de Chipre en el norte (no reconocida).

Grecia se adhiere a la unión europea en 1981 y con la crisis económica del 2008 su economía se vio enormemente afectada por lo que tuvo que recibir diversos rescates por parte de la UE.

27.Historia de Rumanía

Al mando del rey Burebista, las tribus de la región como los getas y los dacios, se unificaron en el siglo I a.C (82 a.C- 44 a.C). Creando así el reino de Dacia, alrededor del río Danubio.

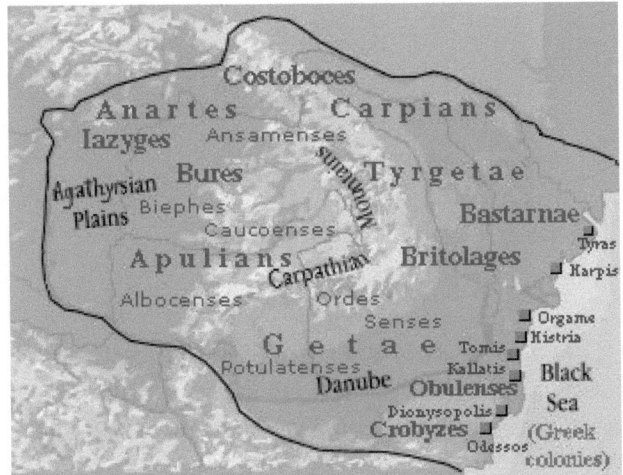 (Reino de Dacia)

Los romanos con el emperador Trajano conquistaron Dacia tras las guerras dacias (101-102 d.C y 105-106 d.C). Tras las cuales fundó la provincia romana de Dacia.

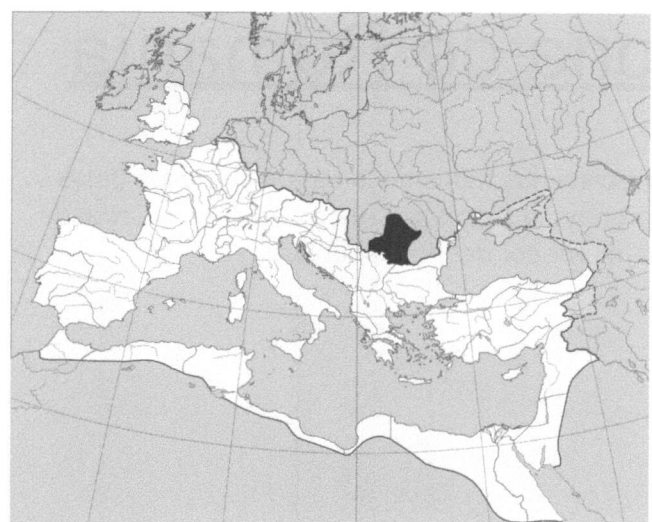

(Provincia de Dacia)

Alrededor del 275 d.C, Dacia se separa del imperio romano con la invasión de diversos pueblos bárbaros. Entonces en la región se formaría el reino de los gépidos, que caería ante los hunos sobre el siglo IV.

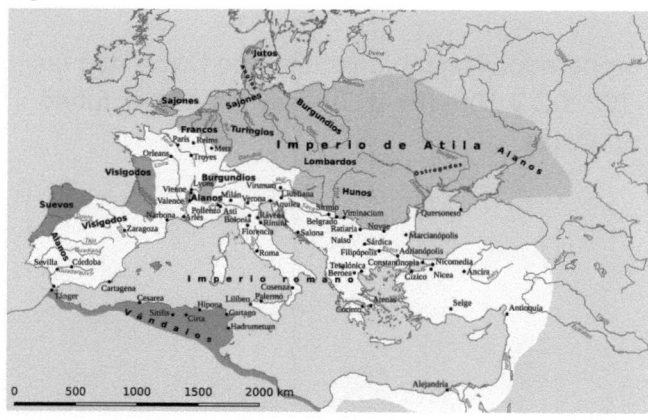

(Imperio huno)

Tras la disolución del imperio huno llega a la región el kanato ávaro (567-804). Tiempo después este llegaría el primer imperio búlgaro (ver historia de Bulgaria) que conquistaría Rumanía y entraría en disputas con los húngaros por algunos de sus territorios occidentales.

(Ávaros)

(1º Imp.Búlgaro)

Con la decadencia de este estado los húngaros y el imperio bizantino se asentaron en Rumanía.

En el 1237 el imperio mongol conquista Rumanía en su expansión hacia el oeste, posteriormente el territorio de Rumanía pasaría a ser parte de la horda de oro (ver historia del imperio mongol). Además, los húngaros anexionaron la región rumana de Transilvania.

Basarab I, príncipe de Valaquia, se vio obligado a someterse al vasallaje de los húngaros a los que le tenía que pagar tributo. Ante la negativa de Basarab de pagar a la corona, Valaquia se rebela contra los húngaros en la batalla de Posada (1330), de la cual salen victoriosos y consolidan su independencia.

También, los húngaros fundaron otro estado vasallo en la región, el principado de Moldavia. Ambos estados tuvieron que hacer frente a la expansión de los otomanos. Durante este periodo hubo momentos de vasallaje e independencia frente al imperio otomano.

Un príncipe de Valaquia muy recordado fue Vlad III, que sirvió de inspiración para crear al personaje ficticio de Drácula. Este fue un héroe nacional para los rumanos, ya que durante su reinado dio pelea a los otomanos defendiendo sus tierras.

Tras la derrota de los húngaros contra los otomanos en la batalla de Mohacs (1526), los otomanos avasallaron al principado de Transilvania.

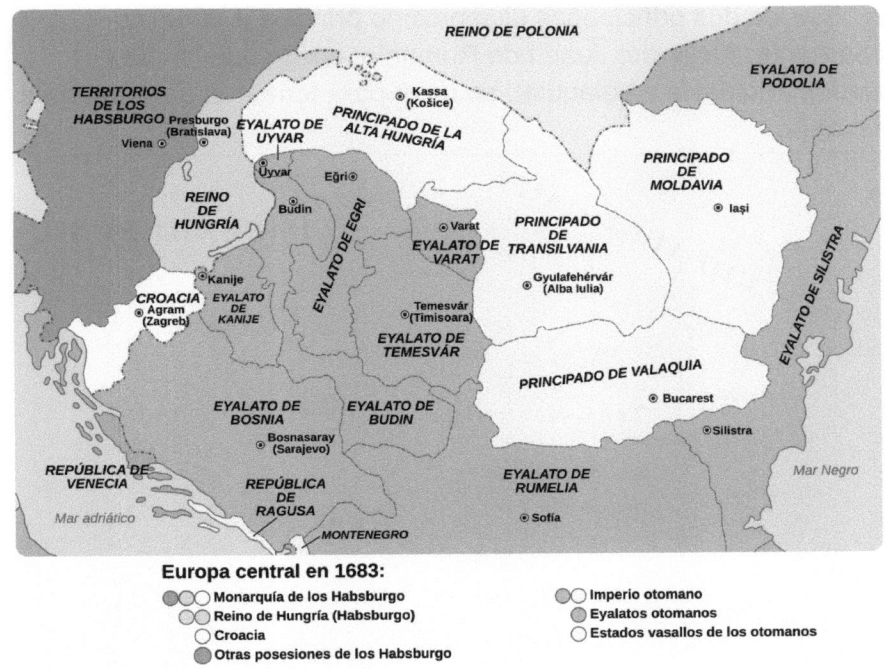

Europa central en 1683:

Monarquía de los Habsburgo
Reino de Hungría (Habsburgo)
Croacia
Otras posesiones de los Habsburgo

Imperio otomano
Eyalatos otomanos
Estados vasallos de los otomanos

En el año 1600, el príncipe Miguel el valiente, aprovechando las disputas entre los Habsburgo y los otomanos, logró su independencia y logró unificar por un año los 3 principados rumanos (Moldavia, Valaquia y Transilvania). Aunque fue traicionado y asesinado, por lo que los principados volvieron al vasallaje otomano.

En 1711 el principado de Transilvania pasa a ser parte de Austria. En el siglo XIX los rusos van consiguiendo influencia en la región con la decadencia de los otomanos (ahora apodado el enfermo de Europa), llegando a ocupar militarmente en varias ocasiones la región de Rumanía.

En 1859 los dos principados eligen como príncipe a un único gobernante, Alejandro Juan I de Rumanía, con lo que los dos estados (Moldavia y Valaquia), se unen para formar el principado de Rumanía.

(Transilvania, parte del imperio austriaco y el principado de Rumanía)

Aprovechando la guerra ruso-turca (1877-1878) el principado logra la plena independencia de los otomanos, y aunque pierden la región de Basarabia logran un salida la mar negro. Además, en 1881 el principado asciende al estatus de reino.

Rumanía participó en la segunda guerra de los Balcanes (1913, ver historia de Bulgaria o Grecia), en contra de Bulgaria y apoyando a la alianza de Serbia, Montenegro, Grecia y el imperio otomano. Tras la victoria de esta alianza, Rumanía anexó Dobruja, que pertenecía a Bulgaria.

En la primera guerra mundial, Rumanía optó por unirse a los aliados. Aunque al principio son derrotados y obligados a ceder parte de su territorio, con el fin de la guerra lo logran recuperar, además de anexar Transilvania tras una votación, separando este territorio de Hungría. Además, recuperaron Basarabia tras la caída del imperio ruso.

En 1919, tras una guerra con Hungría, logran reafirmar su soberanía en Transilvania. La unión soviética le arrebata toda besarabia a Rumanía en su expansión, por lo que se ven obligados a ceder el norte de Transilvania a Hungría y Dobruja a Bulgaria para poder apoyar al eje en la segunda guerra mundial y recuperar besarabia de los soviéticos.

Tras la guerra son derrotados, y aunque lograron recuperar el norte de Transilvania, no logran recuperar ni Besarabia ni Dobruja.

Con la influencia soviética tras la guerra la monarquía es abolida en 1947 y se crea un gobierno socialista, satélite de la URSS. Entonces Rumanía se divide en la república popular de Rumanía, como una república socialista y miembro del pacto de Varsovia y la república socialista soviética de Moldavia, como una república constituyente dentro de la propia URSS.

Tras la revolución rumana de 1989 estos estados logran separarse de la URSS, al igual que muchos otros estados títeres y satélites.

(Evolución del territorio de Rumanía)

Rumanía fue poco a poco acercándose a occidente, por lo que entra en la OTAN en el 2004 y en la UE en el 2007.

28.Historia de Suiza

Hacia el 58 a.C, el actual territorio de Suiza fue conquistado por Julio Cesar tras la batalla de Bibracte, en la expansión del imperio romano. La región de la actual Suiza quedó dividida entre las provincias de Raetia y Germania superior.

Después de la caída del imperio romano de occidente, la actual Suiza quedó nuevamente dividida entre los reinos de Borgoña y Alemania. Hacia el siglo VI d.C, los francos en su expansión conquistaron ambos reinos germánicos.

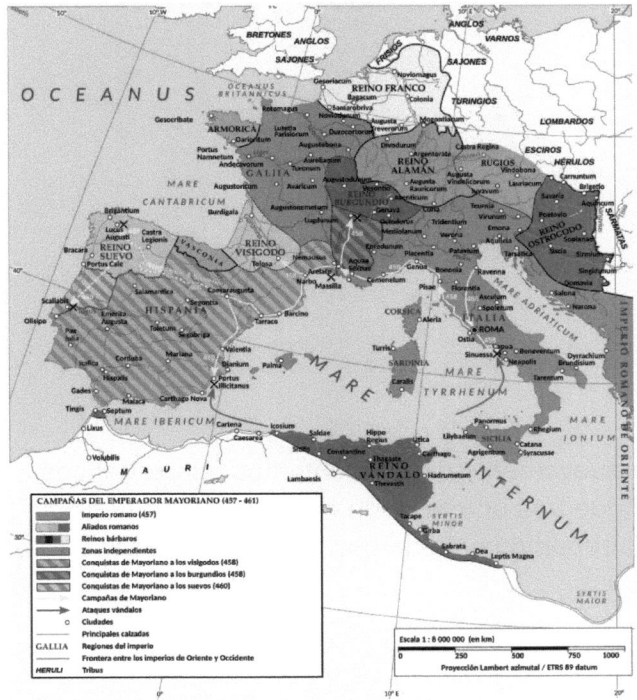

(Reinos germánicos de Europa)

En el 800, este reino franco terminaría convirtiéndose en el imperio carolingio. Tras la muerte del sucesor de Carlomagno, Luis I el piadoso, sus descendientes dividieron el imperio carolingio en los tres reinos francos: el occidental, el medio y el oriental (ver historia de Francia).

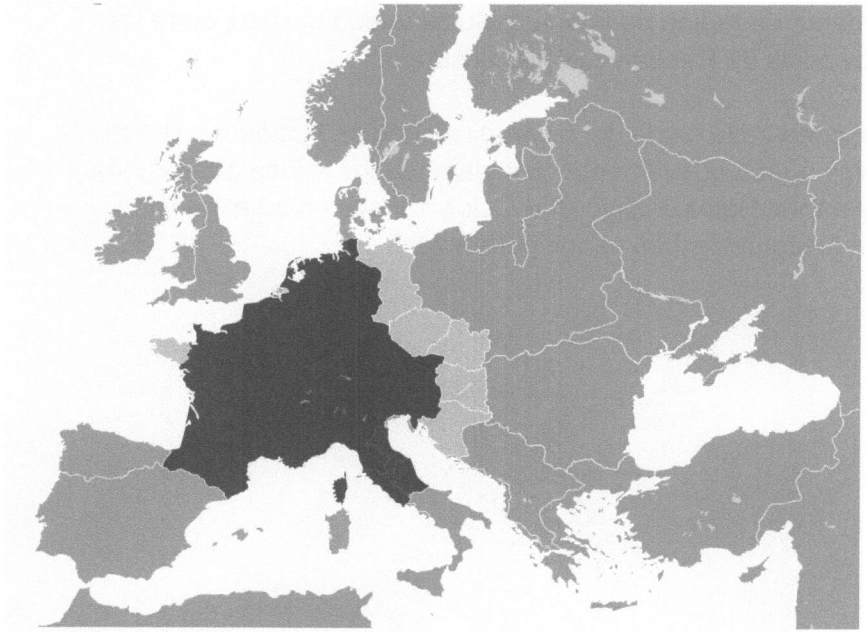

(Imperio carolingio)

El territorio suizo fue nuevamente dividido entre los reinos francos medio y oriental. Aunque tras una serie de tratados y reparticiones, la francia media sería repartida entre la occidental y oriental.

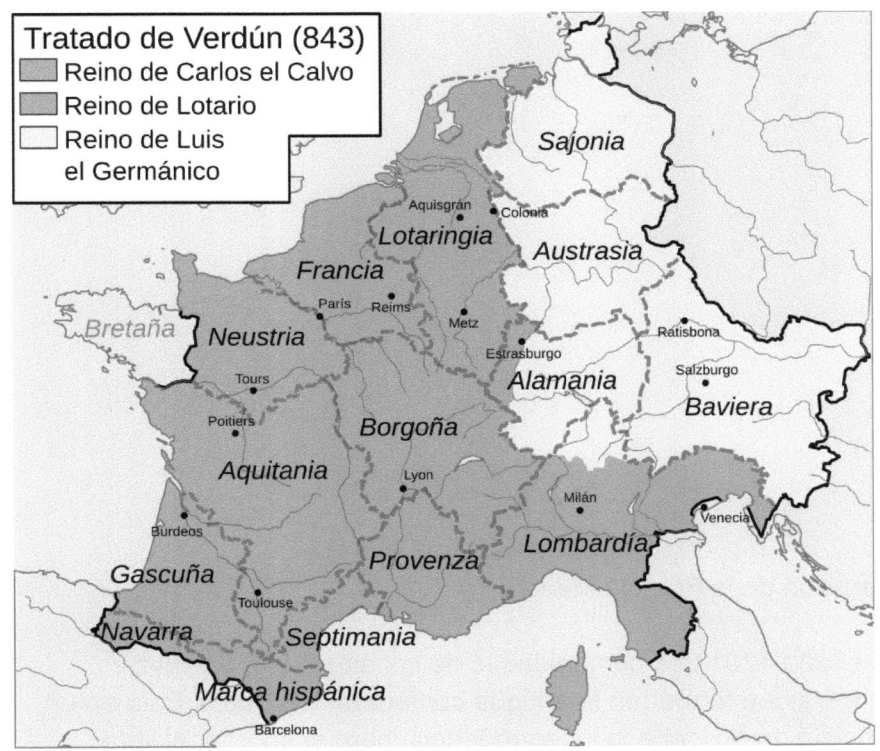

Tratado de Verdún (843)
- Reino de Carlos el Calvo
- Reino de Lotario
- Reino de Luis el Germánico

Sajonia
Aquisgrán • Colonia
Lotaringia
Francia
Austrasia
París Reims
Metz
Ratisbona
Bretaña
Neustria
Estrasburgo
Alamania
Salzburgo
Tours
Baviera
Poitiers
Borgoña
Aquitania
Lyon
Milán
Burdeos
Venecia
Gascuña
Lombardía
Provenza
Toulouse
Navarra
Septimania
Marca hispánica
Barcelona

Suiza terminaría formando parte de la Francia media, que posteriormente se transformaría en el sacro imperio romano germánico (ver historia de Alemania).

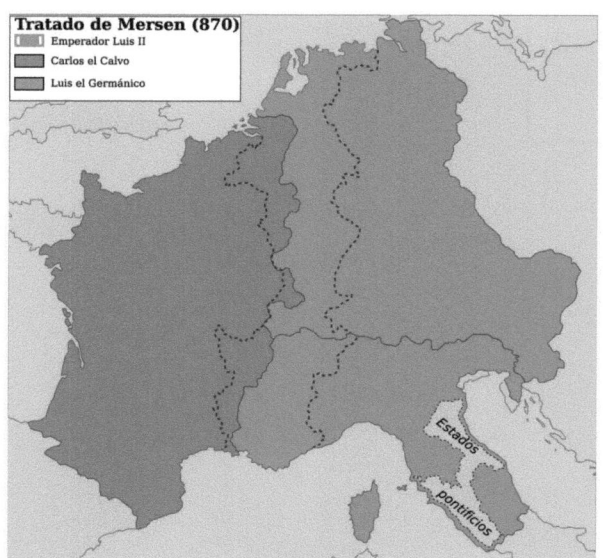

(Partición de la Francia Media)

En el año 1291 tres comunidades de los alpes: Uri, Schwyz y Unterwalden formarían la antigua confederación Suiza. Esta en un principio no buscaba la independencia, pero sí acordar el libre comercio y la mutua defensa. Esto fue plasmado en el pacto federal de 1291.

En el siglo XIV esta comunidad se va extendiendo por Suiza y otras provincias se van uniendo: Zug, Zürich, Berna, Lucerna y Glaris. Algunas de estas de forma pacífica y otras mediante la guerra para desligarse del dominio Habsburgo, como durante la batalla de Laupen (1339). Aquí aparece la figura legendaria de Guillermo Tell, que gracias a su gran habilidad con el arco logró dar gran pelea a los Habsburgo.

Los Habsburgo tratan de remediar la situación, pero son derrotados en la batalla de Sempach (1386). Aunque la independencia de facto de esta confederación del S.I.R.G, no se daría hasta la guerra de Suabia (1499).

Aunque esta confederación sería derrotada por Francia en la batalla de Marignano (1515), lo que impediría su expansión hacia el oeste. Con el tiempo esta confederación pasaría de 8 a 13 cantones, con la unión de: Basilea, Friburgo, Soleura, Appenzell y Schaffhausen.

Durante las guerras de Kappel, católicos y protestantes suizos se enfrentaron (1529-1531). Mientras Berna, Zürich, Basilea y Appenzell adoptaron la reforma protestante, Schwyz, Uri, Unterwalden, Lucerna y Zug permanecen católicos. Tras las guerras, se decidió que cada cantón pudiese adoptar la religión que desease.

Tras la paz de Westfalia que dio fin a la guerra de los 30 años (1618-1648), se reconoce la neutralidad de Suiza y el S.I.R.G, reconoce oficialmente su independencia, aunque ya era independiente de facto.

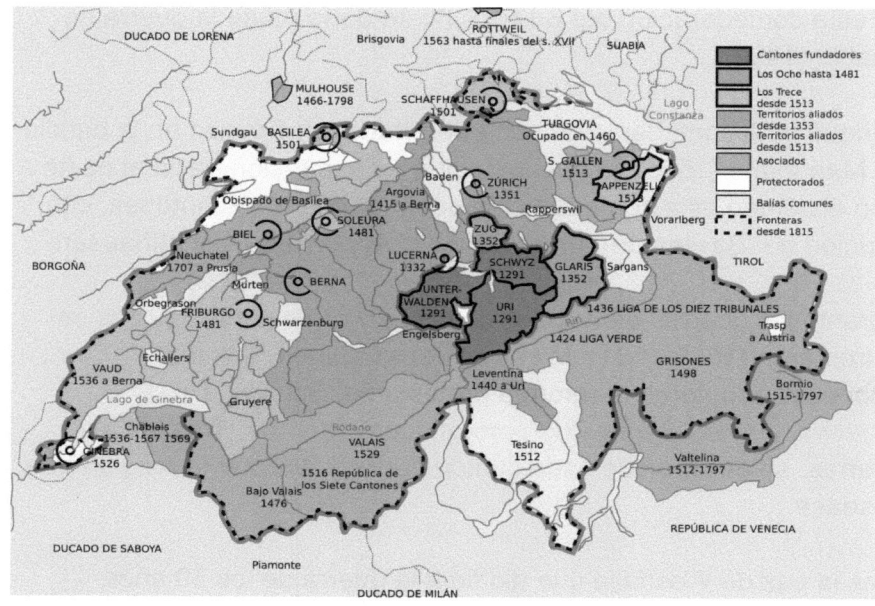

Con la revolución francesa, Suiza es convertida en un estado satélite francés en 1798, llamado la república helvética. Esto creó una gran inestabilidad interna con diversos golpes de estado que hicieron que Napoleón aboliera la república en 1803 con el acta de mediación, tras la cual logran expandirse de 13 a 19 cantones, aunque siendo un vasallo del imperio francés de Napoleón.

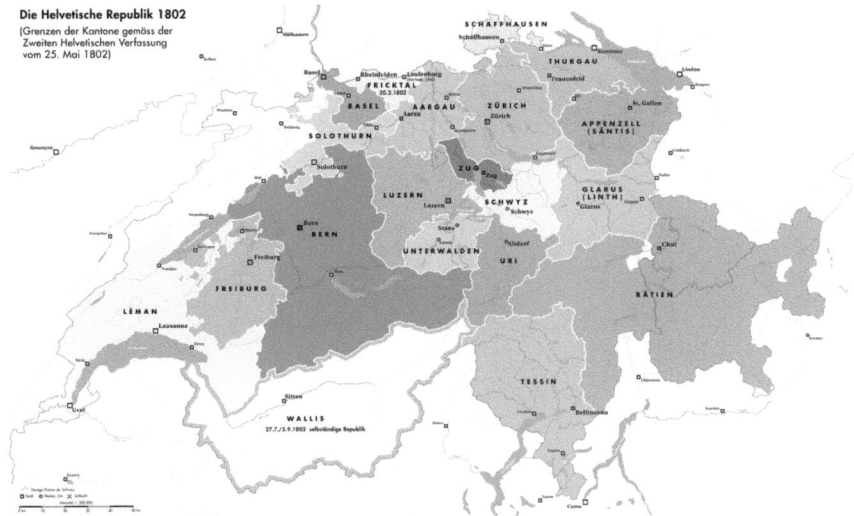

Die Helvetische Republik 1802
(Grenzen der Kantone gemäss der
Zweiten Helvetischen Verfassung
vom 25. Mai 1802)

(República helvética)

Con el fin de las guerras napoleónicas, Suiza logró desligarse de Francia y expandirse hasta 22 cantones. Desde entonces, las fronteras de Suiza no han variado hasta la actualidad.

En 1847 estalló una guerra civil conocida como la guerra del Sonderbund entre los cantones católicos y protestantes. En esta los cantones católicos: Friburgo, Lucerna, Nidwalden, Obwalden, Schwyz, Uri, Zug y Valais. Formaron el Sonderbund, ya que los cantones protestantes de Berna y Zürich estaban tomando el control del gobierno central.

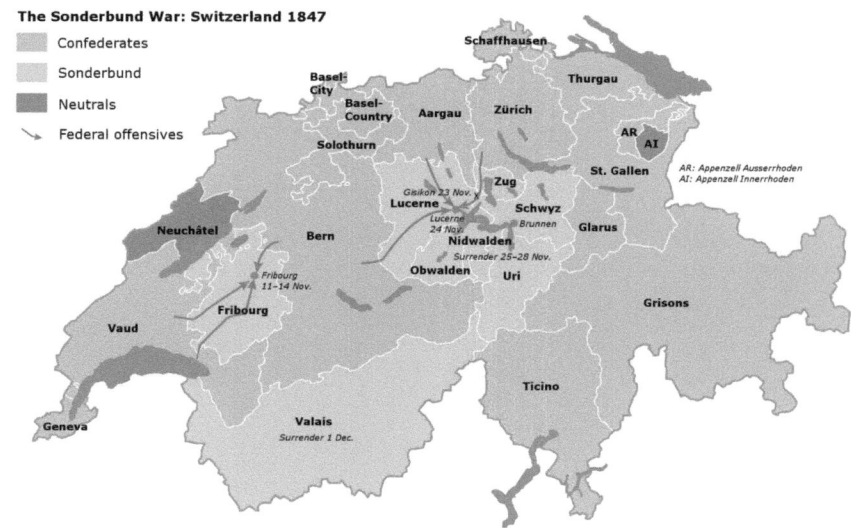

(Guerra del Sonderbund)

En la guerra los católicos fueron derrotados, creándose así la constitución federal de Suiza de 1848, en la que se estableció una autoridad central mientras que se permitía a los cantones seguir autogobernándose y tener bastante autonomía. Con esto Suiza se constituye oficialmente como una república federal.

Durante las dos guerras mundiales logró mantenerse neutral y no ser invadida por ninguna otra potencia, por lo que consiguió que la ciudad de Ginebra fuera la sede de la sociedad de naciones.

Tras la segunda guerra mundial, Suiza formó parte del plan Marshall, por lo que recibió ayuda económica de los Estados Unidos y además se consolidó como uno de los países más prósperos del mundo.

El último cantón, Jura, fue creado en 1979. En el 2002, Suiza se une a la ONU, siendo uno de los últimos países en hacerlo. También, el 26 de Octubre del 2004 firmó para unirse al espacio Schengen (espacio de libre circulación de Europa) y se mantiene como miembro de la EFTA (asociación europea del libre comercio.

Actualmente, en Suiza existen 26 cantones, seis de ellos semicantones. Estos semicantones se originaron a partir de tres cantones que se dividieron cada uno en dos por diversas razones.

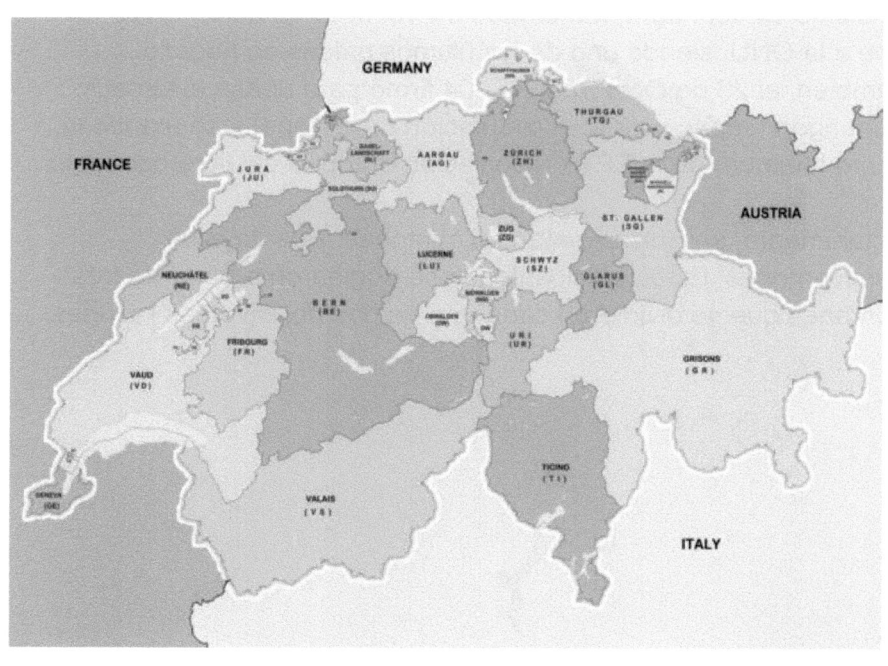

29.Historia de Serbia

En el 167 a.C, los romanos comenzaron a tratar de conquistar la región del actual Serbia. Tras concretar la conquista décadas después, la actual Serbia quedó dividida entre las provincias romanas de Macedonia, Panonia, Dacia y Moesia superior. En el 395 d.C, con la partición en dos del imperio romano, la gran mayoría del territorio Serbio actual quedó en manos de la parte oriental (Imperio Bizantino).

La parte oriental logró sobrevivir las invasiones de pueblos bárbaros y no caer como sí lo hizo la parte occiental en el 476 d.C. A fines del siglo VI empiezan a llegar migraciones de eslavos que se juntaron con la población romanizada, a la cual terminaron asimilando.

Los Serbios iban organizándose hasta crear el principado de Serbia, creado en el siglo VIII. Su primer gobernante documentado sería Višeslav, que gobernaría entre 768 y 814. Este estado adoptaría la religión cristiano con la influencia Bizantina.

(principado de Serbia)

En el siglo IX logran mejorar sus ejércitos y expandirse hasta llegar al mar Adriático. Aunque tras varios conflictos con los bizantinos, búlgaros, húngaros y croatas se debilitaron y fueron anexados por Bulgaria a principios del siglo XI. Y tras la caída de este último pasó a ser parte del imperio bizantino.

Tras las diversas luchas de Stefan Vojislav, fundador de la dinastía Vojislav, los Serbios fueron progresivamente ganando autonomía respecto a los bizantinos. Con esto se funda el principado de Serbia, como vasallo de los bizantinos y Doclea, que ocupó el actual territorio de Montenegro.

En el 1091 se funda el Gran principado de Serbia, que logra la plena independencia de los bizantinos para también anexar Doclea y otros territorios de los Balcanes.

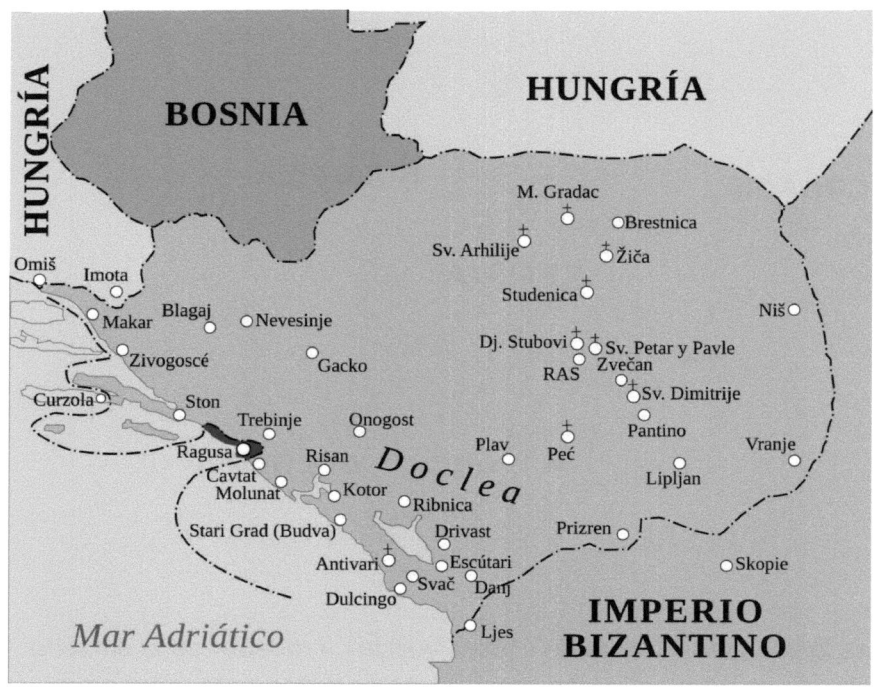

(Gran principado de Serbia, en naranja)

Un personaje conocido de esta época fue Estefan Nemanja, fundador de la dinastía Nemanja. Un príncipe recordado por adoptar el cristianismo ortodoxo tras la división oficial de las iglesias, además de sus habilidades diplomáticas y por ser uno de los padres de la cultura serbia.

Su hijo Stefan II, fue coronado en 1217 como rey de Serbia, elevando el estatus de este estado. Este rey fue el creador de la iglesia ortodoxa serbia y logró arrebatar territorios a búlgaros, bizantinos y húngaros.

(Reino de Serbia en el 1265)

El gran esplendor de Serbia llegó con Esteban Uros IV Dusan que se autoproclamó emperador de los serbios y griegos y fue caracterizado por su política expansionista. Así nace el imperio serbio en 1346. Este gobernante pretendía tomar la capital del imperio bizantino, Constantinopla, aunque nunca lo logró ya que murió envenenado en 1355. Su hijo y sucesor, Estefan Uros V no logró evitar la disolución del imperio de su padre en 1371, que se dividiría en varios principados que serían anexados por el imperio otomano.

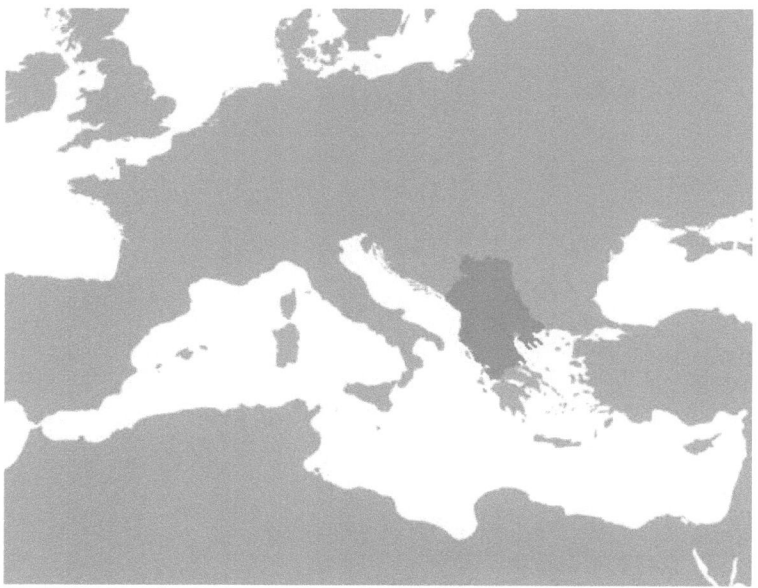

(Imp.Serbio)

En el siglo XIX aparecieron varios movimientos independentistas y nacionalistas en Serbia, incentivados por otros similares en diversas partes del mundo además del debilitamiento del imperio otomano.

Esto llevó a la primera revolución serbia (1804) y a la segunda (1815-1817). Con esta última, y con el apoyo de Rusia, logran crear el principado de Serbia en 1815, aunque aún como vasallo otomano. En 1835 crean su primera constitución.

(Principado de Serbia en su creación)

Para de la década de 1860, ya se consideraba a Serbia un estado independiente de facto. Aunque esto no se concretó hasta la guerra ruso-turca (1877-1878), tras la cual el imperio otomano fue derrotado.

Poco después, ascendió al estatus de reino en 1882, con el rey Milán I de la casa obrenovic.

En 1903 ocurre el derrocamiento de mayo donde la casa reinante, ahora con el rey Alejandro I, es sustituida por la de Karadordevic, con Pedro I como primer rey.
Entre 1912 y 1913 ocurre la primera guerra de los Balcanes donde Serbia se alió con Bulgaria, Montenegro y Grecia para crear la liga balcánica en contra del imperio otomano. Tras la guerra los otomanos deben ceder el poco territorio que les queda en los Balcanes a la vencedora liga.

Tras la guerra ocurren disputas por la partición de los territorios obtenidos en Macedonia, por lo que se desata la segunda guerra de los balcanes (1913), donde Grecia, Serbia y Montenegro apoyados por Rumanía y el imperio otomano luchan contra Bulgaria, la cual es derrotada. Tras la guerra, Serbia anexó parte de los actuales Kosovo y Macedonia del Norte.

(Serbia en 1914)

Tras el atentado de Sarajevo, donde el heredero al trono austriaco, Francisco Fernando es asesinado por un nacionalista Serbio-Bosnio. Austria-Hungría decide enviar un ultimátum a Serbia el cual es rechazado, por lo que le declara la guerra y se activan las alianzas que se habían formado en las últimas décadas, por lo que estalla la primera guerra mundial (1914-1918).

Esta guerra se dio entre las potencias centrales (Austria-Hungría, Alemania, Bulgaria, el Imperio Otomano...) y los aliados (Serbia, Francia, el Reino Unido, EE.UU, Rusia...)

Durante la guerra fue ocupada por sus rivales, aunque tras la caída de la potencias centrales en 1918 fue liberada. Y tras la victoria de su bando, Serbia logró grandes expansiones territoriales, sobre todo a costa de Austria-Hungría, además de unirse con Montenegro.

Así se crea en 1918 el reino de los Serbios, Croatas y Eslovenos. El sucesor del rey Pedro I, Alejandro el unificador, transformó este estado en el reino de Yugoslavia siendo él el primer rey.

Esta unificación no fue muy exitosa ya que en los Balcanes existían muchas culturas, idiomas, identidades y religiones diferentes, que no podían permanecer en un solo estado. Esto llevó a que Alejandro fuera asesinado en 1934.

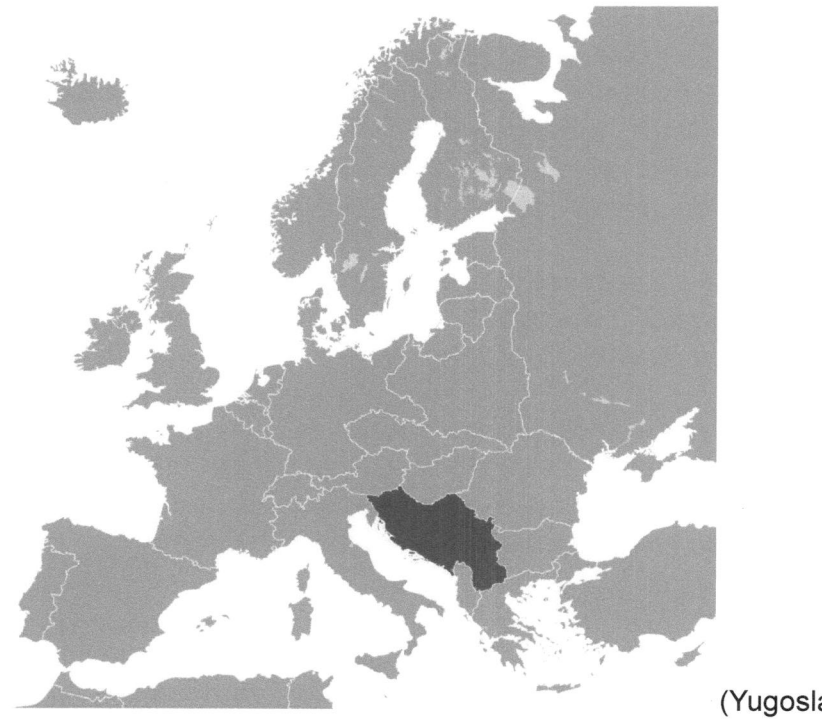

(Yugoslavia)

Con el estallido de la segunda guerra mundial, Yugoslavia trató de mantenerse neutral. Pero fue invadida por Italia y sus territorios fueron repartidos entre las potencias del eje. Aunque apareció una resistencia Yugoslava llamada los partisanos yugoslavos comandados por Josip Broz Tito. Con el fin de la guerra la monarquía es abolida en 1945 y Tito se convierte en presidente en 1953. Además, Yugoslavia logró mantener su integridad territorial y expandirse a costa de Italia.

Esta nueva república Yugoslava se constituyó como un estado de corte socialista, aunque no alineado con la guerra fría. Así se creó en 1963 la república federativa socialista de Yugoslavia. Además,

Tito gobernó con mano dura instaurando un régimen autoritario y unipartidista.

Con la muerte de Tito en 1980, los siguientes gobernantes no pudieron mantener la cohesión entre las regiones, lo que llevó a que en 1991 Macedonia, Bosnia, Croacia y Eslovenia se declararan independientes, con lo que inician las guerras yugoslavas (1991-2001).

(Repúblicas de Yugoslavia)

La guerra finalizó tras una intervención internacional y un bombardeo por parte de la OTAN, y la plena independencia de estos 4 estados además de la independencia de facto pero no reconocida internacionalmente de Kosovo.

(Unión de Serbia y Montenegro)

Así Serbia pasó a ser la unión estatal de Serbia y Montenegro, la cual se disolvió tras la independencia de Montenegro tras un referéndum en el 2006, pasando a la república serbia actual.

30. Historia de Luxemburgo

Durante la época romana, el territorio del actual Luxemburgo fue conquistado por Julio Cesar en la conquista de la Galia.
Tras la caída del imperio romano de occidente fue invadida por los francos, por lo que formaría parte del imperio carolingio.

Tras su disolución en tres reinos: el reino franco occidental, medio y oriental. Pasó a formar parte de la Francia media (Lotaringia) y tras las particiones de la Lotaringia pasó a formar parte del estado sucesor de la Francia oriental, el Sacro Imperio Romano Germánico, como parte del ducado de Lorena (para más información del S.I.R.G, mirar historia de Alemania y sobre los carolingios, historia de Francia).

En el 963 el conde de las Ardenas, Sigfrido, adquiere el castillo de Luxemburgo. Uno de sus descendientes, Conrado I, fue el primero en denominarse conde de Luxemburgo en el año 1059. Con esto logran su independencia del ducado de Lorena, aunque seguirán formando parte del S.I.R.G.

En el siglo XII logró expandirse y con el conde Enrique V (conde entre 1247 y 1281), llegó a su máximo esplendor, logrando incluso avasallar a diversos estados limítrofes. En 1353 Luxemburgo asciende a la categoría de ducado.

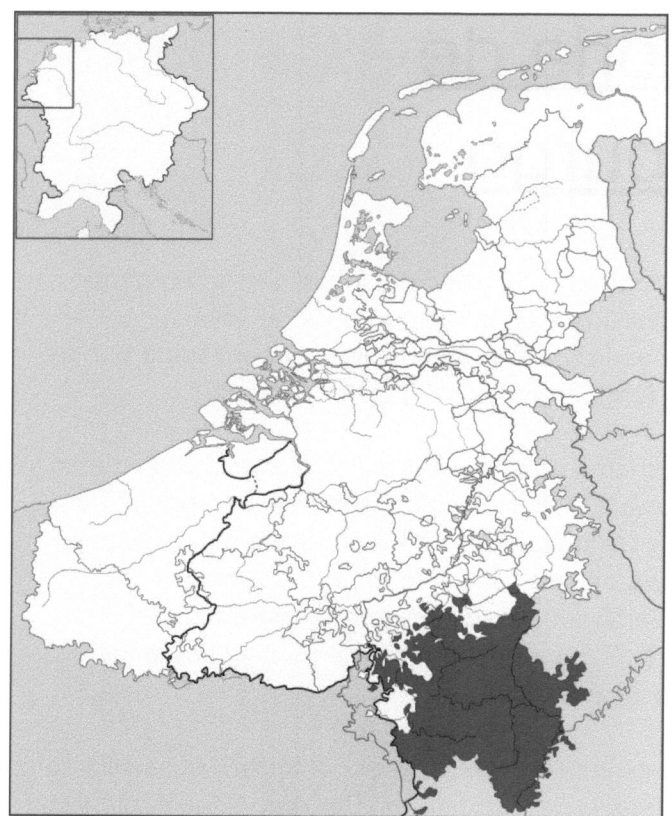

(Condado de Luxemburgo en 1350)

En 1364 Luxemburgo logró anexionar al condado de Chimi, con lo que alcanzó su máxima extensión territorial histórica.

El poderío de Luxemburgo caería en 1443 con una crisis sucesoria, la duquesa Isabel carecería de descendencia con lo que decide vender su título a Felipe III de Borgoña.

Tras esto la dinastía de Luxemburgo deja de reinar y comienza a gobernar la dinastía de Valois-Borgoña.

(Dominios borgoñones en los países bajos)

En 1482 el rey Felipe I de Castilla, heredó la totalidad de los actuales Países Bajos, Bélgica y Luxemburgo. Con lo que pasaría a ser parte de los Países Bajos españoles y estando ligado al rey de España.

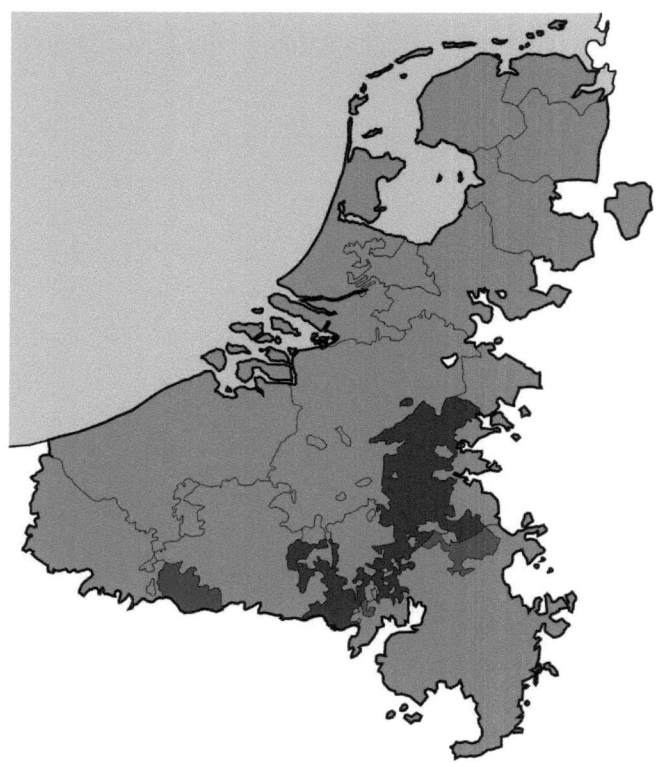

(Países bajos españoles en 1560, en color naranja)

Durante la guerra franco-española (1635-1659), el ducado es invadido y con la victoria francesa se cedieron algunos territorios al sur del ducado a Francia.

Tras la guerra de sucesión española (1700-1713), pasó a ser parte de los países bajos austriacos, con lo que se une a los dominios austriacos.

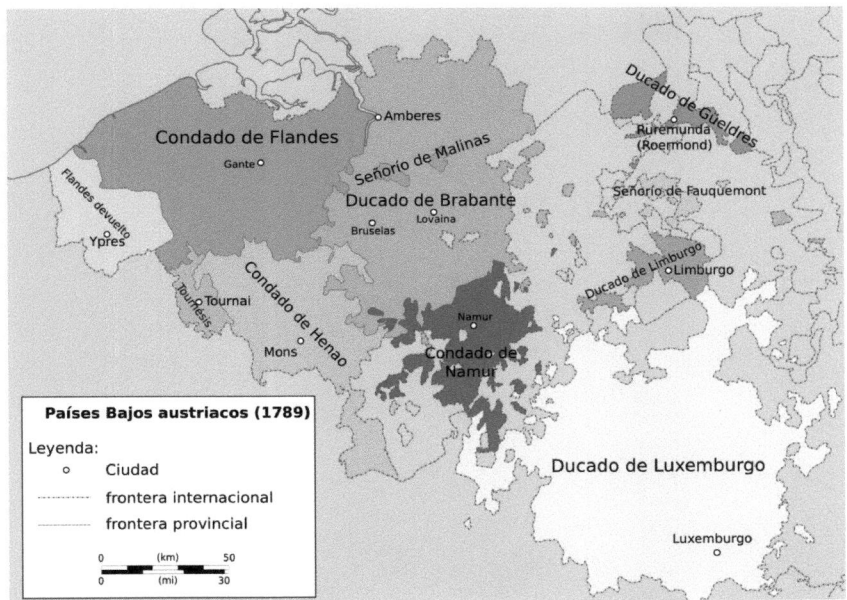

(Países Bajos austriacos)

Durante las guerras napoleónicas fue invadido por Francia. Con el fin de la guerra y el congreso de Viena fue elevado a la categoría de gran ducado y entregado a la casa de Orange-nassau, por lo que quedaron dentro del reino unido de los países bajos. Aunque tuvieron que ceder un 24% de su territorio a Prusia.

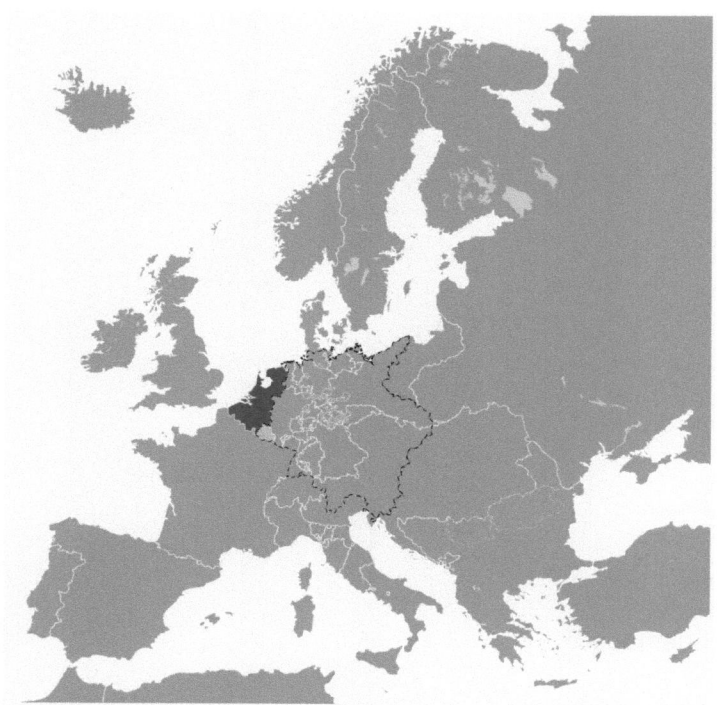

(Los Países Bajos, con Luxemburgo en verde claro)

Con la revolución Belga (1830-1831), Bélgica reclama Luxemburgo alegando su pasado histórico común. Las disputas se resuelven finalmente con el tratado de Londres de 1839, tras el cual debe entregar más de la mitad de su territorio a Bélgica, por lo que Luxemburgo alcanza sus fronteras actuales. Aunque seguiría ligado a los Países Bajos ahora en calidad de unión personal.

En 1890 logran su independencia y separación de los países bajos tras una crisis sucesoria, tras la muerte de Guillermo III le sucede su hija Guillermina, lo que sucede es que según las leyes sucesorias del Luxemburgo una mujer no podía acceder al trono de Luxemburgo.

Esto ocasionó que ella se quedara con el reino de los Países Bajos y otra rama de la casa Nassau heredara el título, en concreto la Nassau-Weilburg con el gran duque Adolfo.

Durante las dos guerras mundiales fue invadido por Alemania, aunque liberado tras ambas. Posteriormente fue uno de los miembros que fundaron la OTAN en 1949, además pertenece al Benelux desde 1948 y es miembro de la UE desde sus inicios cuando se creó la comunidad europea del carbón y el acero en 1951.

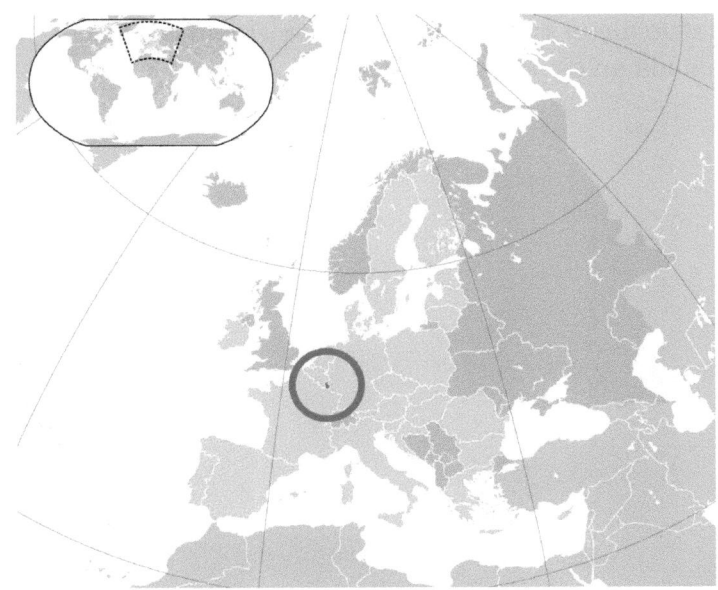

31.Historia de la India (centrado en historia moderna)

Antes de la conquista y colonización por parte de los europeos, la India tenía dos religiones principales: el islám, cuyo estado más representativo fue el sultanato de Delhi y el hinduismo, cuyo estado más representativo fue el imperio Vijayanagara. Además de que estaba fragmentada en diversos estados.

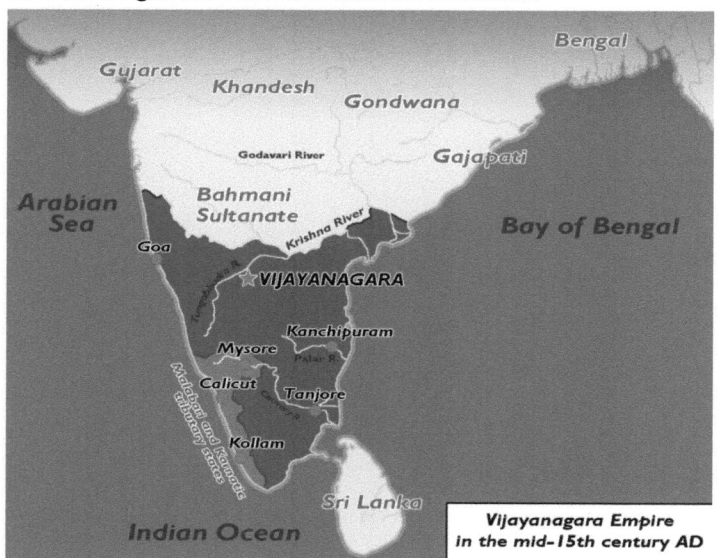

(Imperio Vijayanagara)

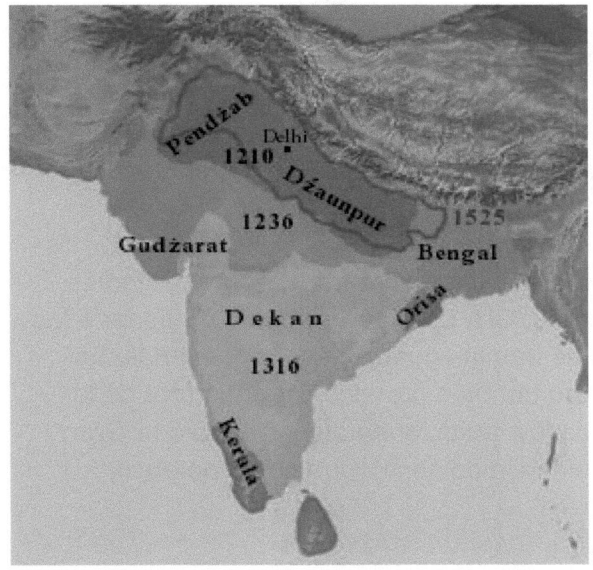
(Sultanato de Delhi)

El primer europeo en llegar a la India por mar fue el portugués Vasco da Gama, que llegó a Calicut en 1498. En años posteriores la corona portuguesa fundaría diversos puestos comerciales en la India, siendo Goa el más importante.

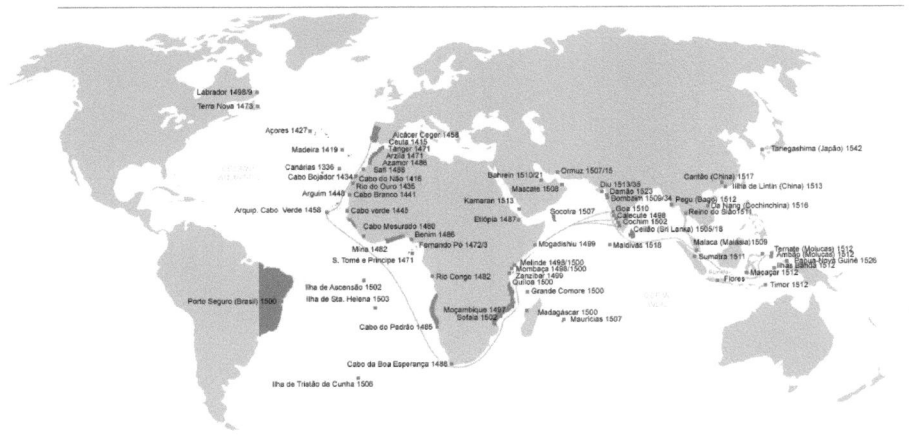
(Expansión del imperio portugués en sus inicios)

En el siglo XVII otras potencias europeas como Inglaterra, Francia o los Países Bajos fundaron otros puestos comerciales con sus respectivas compañías de la indias orientales. Tras la guerra de los 7 años (1756-1763), el reino de Gran Bretaña se impone ante Francia en la India tras la victoria en la guerra.

Esto llevó a la bancarrota de la compañía francesa de las indias orientales en 1794. Además, Gran Bretaña se vuelve a poner a los neerlandeses en las indias tras las guerras anglo-neerlandesas (terminadas en 1784), esto también provocó la bancarrota de la compañía neerlandesa de las indias orientales. Con lo que Gran Bretaña y el posterior Reino Unido se impone como potencia hegemónica en las indias.

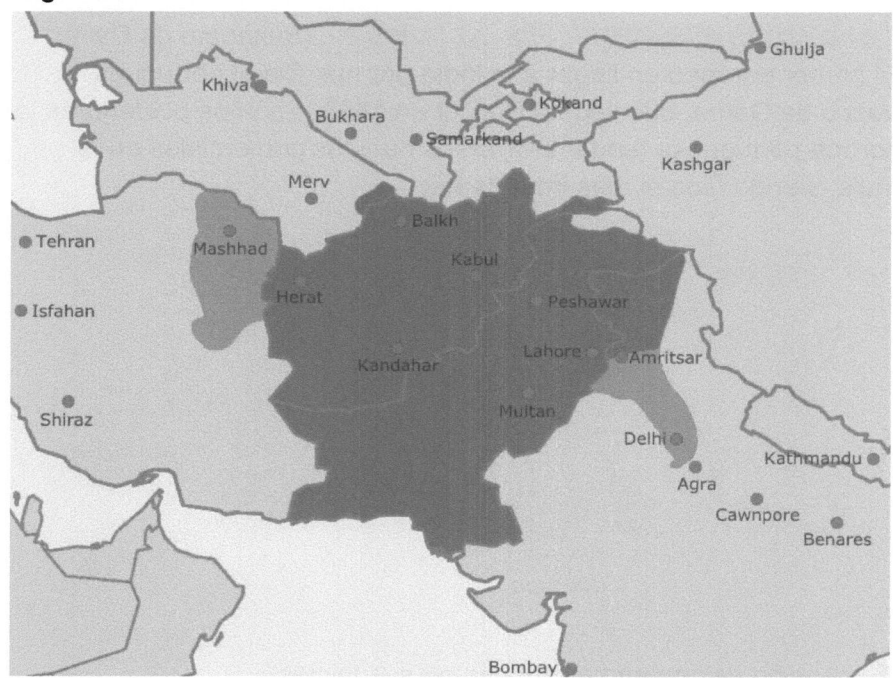

(Imperio durrani en azul y sus vasallos en verde, siglo XVIII)

Durante el siglo XIX la compañía británica de las indias orientales iría conquistando y avasallando a los diversos estados locales como el imperio Sij, el imperio maratha o el imperio Durrani.

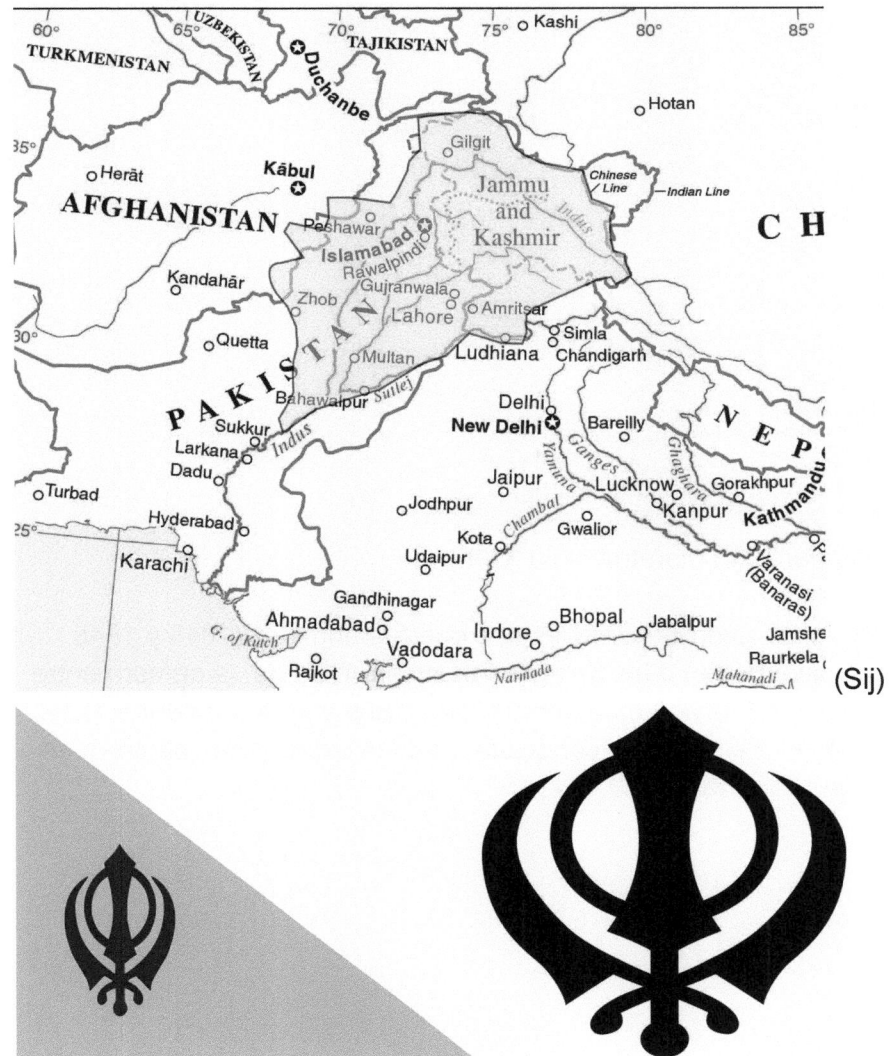

(Sij)

(confederación maratha siglo XVIII)

Tras varias guerras como las dos guerras anglo-sij (1845 y 1848 respectivamente) o las tres guerras anglo-maratha, la primera entre 1775 y 1782, la segunda entre 1802 y 1805 y la tercera entre 1817 y 1818. El Reino Unido conquista grandes extensiones de tierra en este subcontinente.

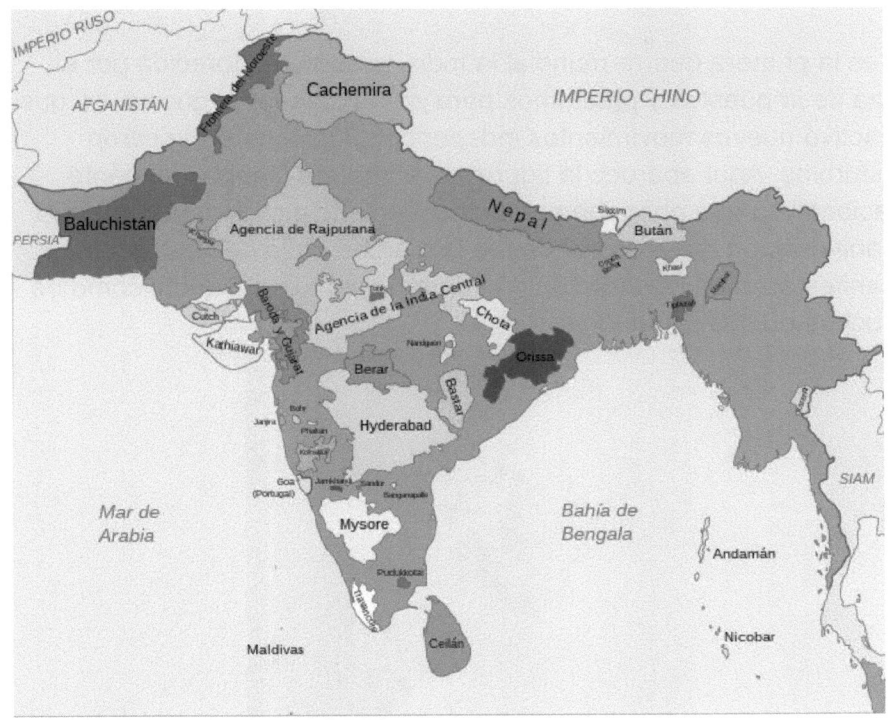

(Raj británico y sus diversos estados vasallos)

Al igual que en otras partes de Europa y el mundo, en la India aparecieron diversos movimientos nacionalistas que culminaron con la rebelión de la India de 1857. Aunque esta fue suprimida por las fuerzas británicas.

En 1858 la compañía de las indias orientales transfiere el poder sobre la India a la corona británica, ganando la reina Victoria del Reino Unido el título de emperatriz de la India, con lo que se creó el Raj británico. Este estado logró nuevas expansiones territoriales anexionando la totalidad de los actuales Pakistán y Myanmar (Birmania).

Tras la primera guerra mundial la India quedó empobrecida por el alza de impuestos y préstamos para poder costear la guerra. Lo que reactivó nuevos movimientos independentistas que provocaron disturbios. Aquí aparece la figura de Mahatma Gandhi, dirigente nacionalista que abogaba por la desobediencia civil no violenta. Su manifestación más recordada fue la marcha de la sal. Estas manifestaciones llevaron tanto al apresamiento de Gandhi como de muchos de sus seguidores.

(Gandhi)

En 1947, finalmente el Raj británico se disolvió, aunque debido a enormes diferencias culturales, religiosas, lingüísticas... Entre sus habitantes, especialmente entre musulmanes e hinduistas. Llevaron a la partición de la India. En este se crearon diversos estados con el estatus de dominio, con cierta autonomía aunque aún ligados a la corona británica. Como los dominios de Pakistán, la India, Birmania...

Sin embargo, algunos estados principescos vasallos del antiguo Raj Británico no se incorporaron a ninguno de estos estados creados, lo que llevó a guerras como la indo-pakistaní entre 1947 y 1948. Gandhi moriría poco después sin ver su sueño pacifista cumplirse. En años posteriores la India lograría anexionar el resto de estos pequeños estados, aunque no todos de manera pacífica.

Además, en 1971 Bangladesh lograría su independencia y separación de la república de Pakistán.

(Actual India)

Hoy en día la India es completamente independiente del Reino Unido, además de posicionarse como la tercera economía a nivel mundial. Además es el país más poblado del mundo a día de hoy, aunque con grandes índices de pobreza. También, sigue teniendo conflictos fronterizos con Pakistán por lo que ha llegado a desarrollar arsenal nuclear para poder defenderse.

32.Historia de Argentina

En el siglo XVI los españoles conquistaron al imperio incaico y
establecieron el virreinato del Perú, que también ocupó la parte
norte del actual Argentina. En concreto el territorio central de la
actual Argentina fue reclamado en la gobernación de Nueva
Andalucía.

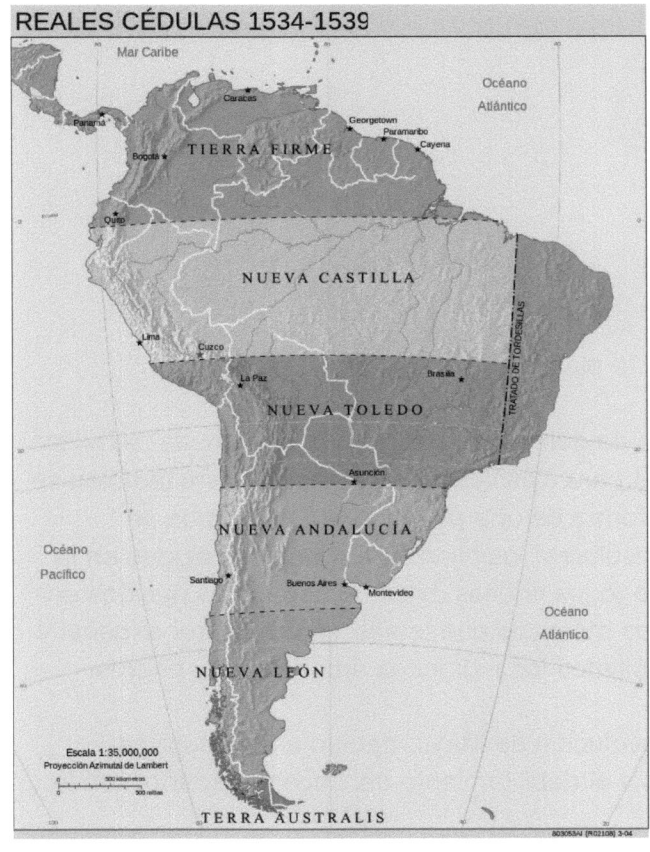

REALES CÉDULAS 1534-1539

En 1617 la gobernación se divide entre las gobernaciones de Paraguay y el Río de la Plata. En 1777 con las reformas Borbónicas, se crea el virreinato del Río de la plata con capital en Buenos Aires, que surgió de la fragmentación del virreinato del Perú. El primer virrey fue Pedro de Cevallos.

(Virreinato del río de la plata)

En todo este periodo de dominio español en las Américas, se utilizó un sistema de castas para clasificar a la población. Este también se podría organizar en forma de una pirámide: en la cúspide se encuentran los peninsulares, los hijos de Españoles nacidos en la península ibérica; luego los criollos, hijos de españoles nacidos en América; después, los mestizos que tenían un progenitor español y otro indígena, y por últimos los indígenas americanos y negros.

En 1810 estalla la revolución de Mayo, debido a las abusivas reformas borbónicas y el debilitamiento del imperio español con la invasión napoleónica. Durante la revolución se crean las provincias unidas del Río de la Plata y la primera junta de gobernación.

Esto daría inicio a la guerra de independencia Argentina (1810-1825). Argentina, que contaba con el apoyo de los otros diversos estados aparecidos durante las guerras de independencia contra el imperio español como Chile, la Gran Colombia y Perú, y liderados por José de San Martín, Belgrano y Martín Miguel de Güemes, lucharán contra el dominio español.
Argentina lograría deshacerse de España y declarar su independencia el 9 de julio de 1816.

En 1825 la provincia de Buenos Aires se proclamaría independiente, reclamando aunque sin llegar a controlar la patagonia argentina y las islas Malvinas. Esto llevó a la guerra entre la confederación y el estado de Buenos Aires. Esta terminaría decisivamente en 1861 con la victoria de Buenos Aires y la unificación de Argentina.

(Estado de Buenos Aires)

Tras su independencia se dieron varias guerras civiles entre el partido federal y el unitario, que terminaron en 1880 y dieron paso a la creación de la actual república argentina. Además de la creación de la constitución de 1853, de corte federal.

En 1864 comienza la guerra de la triple alianza. En un principio fue una guerra entre Brasil y Paraguay, pero en 1865 Paraguay invade la provincia Argentina de Corrientes para poder llegar hasta Uruguay, con lo que Argentina se une a la guerra junto con Brasil y Uruguay. Tras el fin de la guerra en 1870, Paraguay sufre una brutal derrota y Argentina logra reafirmar su soberanía entre las provincias del Chaco Central y Misiones, que estaban en disputa con Paraguay (se habla más de esta guerra en historia de Brasil).

Entre 1878 y 1885 se dio la conquista del desierto en la cual Argentina trató de anexar los territorios del sur, la Patagonia, controlados por tribus como los mapuches. Tras la campaña se establecen las fronteras actuales de Argentina.

Después de esto se entra en el periodo de la república conservadora en la cual creció enormemente la economía y la demografía, pasando de 2 a 8 millones de habitantes, especialmente gracias a la inmigración principalmente de europeos que venían a Argentina a emprender una nueva vida y en búsqueda de nuevas riquezas. Aunque tras el crac del 29 comenzaron una serie de crisis económicas que terminaron con la prosperidad.

El último gobierno de esta república fue el del UCR, el cual fue derrocado por un golpe de estado en 1930 protagonizado por José Félix Uriburu. Dando inicio a la época infame, en esta se desarrolló la industria y se propició la inmigración del campo a las ciudades.

Tras la revolución del 43 llega al poder Juan Domingo Perón en 1946, aunque esta dictadura sería derrocada en 1955 con la revolución libertadora.

Aunque llegaría nuevamente al poder el 1973 y tras su muerte en 1974 le sucedería su esposa María Estela "Isabelita" Perón, primera mujer de América en ser jefa de estado. En 1976 sería sucedida por Jorge Rafael Videla tras un golpe de estado.

En 1982 se daría la guerra de las Malvinas entre Argentina, gobernada por Leopoldo Galitoi y el Reino Unido, por el control de estas islas que Argentina reclamaba por su pasado histórico aunque estaban bajo control británico. Los argentinos fueron derrotados por la gran superioridad del ejército británico.

En 1983 termina el periodo dictatorial y se inicia la democracia. Actualmente, para Diciembre del año 2023 el presidente es Javier Milei, un político libertario que llegó al poder en un momento de desesperación ya que este país actualmente sufre de elevadas tasas de inflación, una economía muy decadente y gran cantidad de deuda.

(Argentina y su territorio reclamado en la Antártida)

33.Historia de Colombia

En 1499 llegó a Colombia el español Alonso de Ojeda. En 1525 Rodrigo de Bastidas comienza a construir el asentamiento de Santa María y en 1533 Pedro de Heredia fundó la ciudad de Cartagena de Indias.

El español Gonzalo Jiménez de Quesada aprovecharía las disputas entre los diferentes clanes chibchas, que habitaban la región, para conquistar su territorio y fundar la ciudad de Santa Fe. Los territorios de la actual Colombia formarían parte del virreinato del Perú.

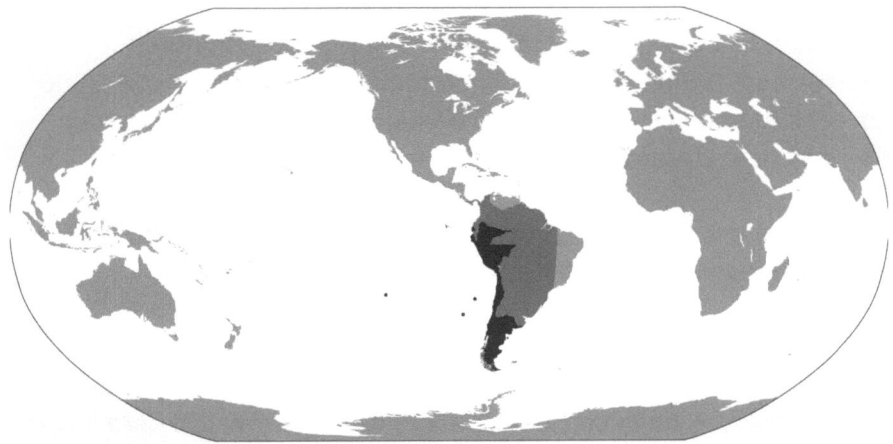

(Virreinato del Perú)

En 1717 el rey borbón Felipe V crea el virreinato de Nueva Granada, que se separó del virreinato del Perú. Este estaba compuesto de los territorios de los actuales Colombia, Ecuador, Venezuela y Panamá.

(Virreinato de Nueva Granada)

En el sitio de Cartagena de Indias en 1741, 30000 hombres ingleses con 186 navíos trataron de tomar la ciudad. Aunque 3000 hombres españoles con 6 navíos comandados, comandados por Blas de Lezo, lograron repeler la invasión.

En 1781 estalla la revolución comunera iniciada por Manuel Beltrán, aunque la revolución fue detenida y sus cabecillas fueron ejecutados.

En 1812 aparece la figura de Simón Bolívar, este luchó contra las fuerzas realistas de la corona española en la guerra civil para tratar de concretar la independencia de Colombia, que se había declarado ya en 1810. Para el año 1819 se proclama la Gran Colombia, conformada por el territorio del antiguo virreinato de Nueva Granada, siendo Simón Bolívar el primer presidente. En 1830 renunció a la presidencia ya que este estado se volvió muy inestable por lo que inició su proceso de fragmentación. Finalmente, se terminó dividiendo en tres estados: Ecuador, Venezuela y Nueva Granada (conformada por los actuales Colombia y Panamá).

(Nueva Granada)

En Nueva Granada se crearon dos partidos en 1849, uno conservador y otro libetral. Las disputas entre estos llevaron a diversas guerras civiles entre ellos durante todo el siglo XIX y XX: una en 1851, otra en 1854, la guerra Magna entre 1860 y 1862, la guerra de las escuelas entre 1876 y 1877, otra entre 1884 y 1885, una más en 1895, la guerra de los mil días entre 1899 y 1902 y el periodo denominado "violencia" que se dio en la década de 1920 y entre 1948 y 1958.

En 1851 se abolió la esclavitud y en 1858 se aprobó uan nueva constitución federal, con lo que el país pasa a llamarse en vez de Nueva Granada, Coneferación Granadina. En 1863 pasa a llamarse Estados Unidos de Colombia.

En 1903 con el apoyo estadounidense, que tenía como objetivo construir el canal de Panamá, este país se separó de la República de Colombia.

A principios del siglo XX Colombia vivió una gran prosperidad, con lo que recibió gran cantidad de inmigración como el resto de estados de América Latina en ese entonces. Aunque esta acabó con la crisis económica provocada tras el crac del 29.

En las elecciones de 1950 triunfó el conservador Laureano Gómez, que al llegar al poder instauró un régimen dictatorial. En junio de 1953 llega al poder tras un golpe de estado el general Gustavo Roja Pinilla. Para lograr sacarlo del poder los conservadores y liberales firmaron el pacto de Sitges, una tregua con duración de 12 años, en la que acordaron gobernar alternándose por periodos de 4 años. Además de rechazar cualquier otro partido. Gracias a esto lograron expulsar a Roja Espinilla.

Durante la década de 1960 se crearon varios grupos guerrilleros, especialmente por los conflictos entre campesinos, terratenientes e indígenas y los nuevos movimientos sociales.

Entre estos destacan las FARC y el M-19. Incluso terratenientes empresarios y capos de la droga llegaron a tener sus propios grupos guerrilleros o paramilitares. Con esto muchos mafiosos, entre los que destaca Pablo Escobar, llegaron a influir en gran medida en la política.

Para detener esto el presidente Betancourt aprobó la ley de extradición e inició la guerra contra los narcos. El nuevo presidente, Virgilio Barco, tuvo que enfrentar el fracaso de las negociaciones con las FARC y el ascenso del poder del cártel de Medellín, liderado por Pablo Escobar. En el 2002 llega al poder Álvaro Uribe con una clara ideología antiguerrilleros.

Con el ascenso al poder de Timochenko al liderazgo de las FARC, la organización iría propiciando acuerdos de paz con el gobierno que llevarían a un alto al fuego indefinido en diciembre del 2014 y finalmente en el 2016 se llegó a un acuerdo de paz por medio de la amnistía.

En el año 2022 llega al poder Gustavo Petro, actual presidente de Colombia, siendo el primer presidente de izquierdas de la historia de Colombia.

(Colombia actualmente)

34.Historia de Marruecos

Antes de la llegada de los romanos en el actual Marruecos fue ocupado por los cartaginenses y el reino de Mauritania (norte de Marruecos y Argelia), estos últimos son de la etnia bereber.

Tras la derrota de Cartago en las guerras púnicas, Roma, convierte a Mauritania en su estado satélite para anexionar posteriormente en el 44 a.C. El actual Marruecos pasó a ser la provincia romana de Mauritania Tingitana.

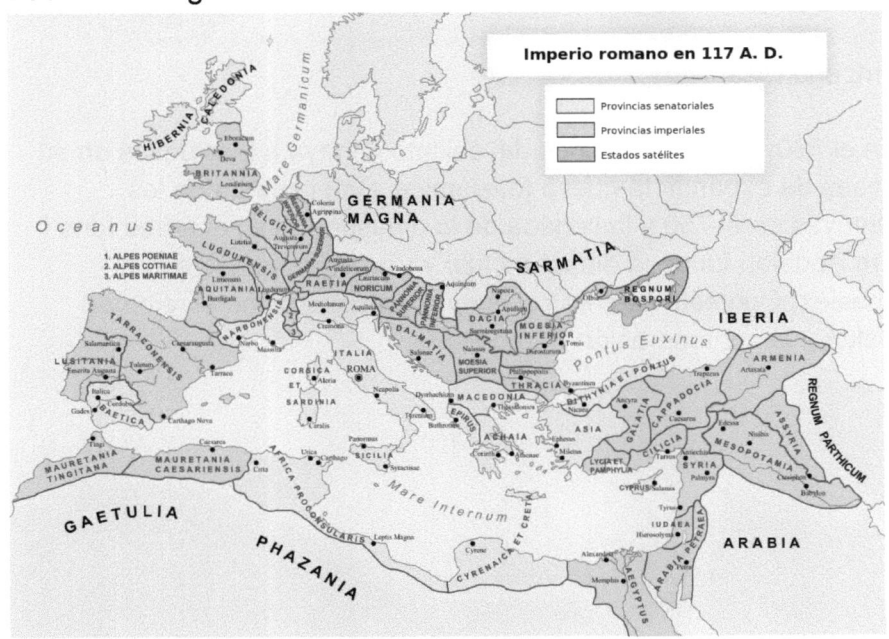

En el siglo III d.C las tribus bereberes aprovechan el debilitamiento de Roma para expulsarlos. En el 530 d.C, los bizantinos retoman el control sobre algunas zonas del mediterráneo, incluyendo el norte de Marruecos.

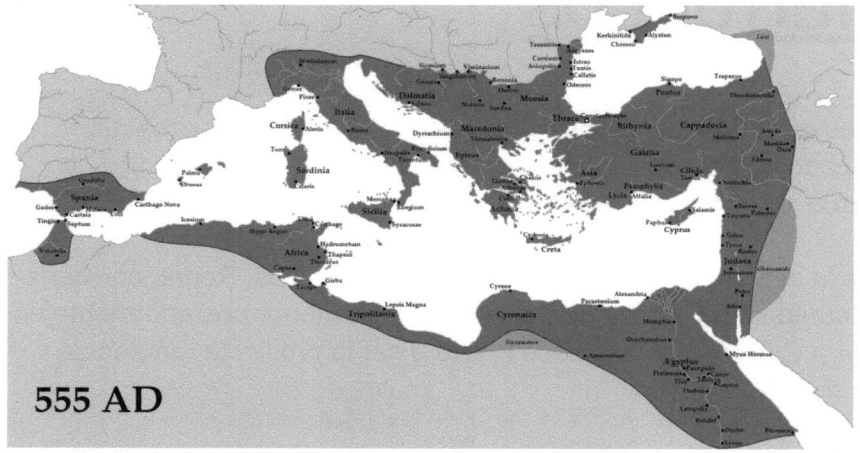

(Imperio Bizantino)

En el 680, llegan los árabes del califato Omeya a Marruecos en su deseo de expandir la nueva fe islámica. Con la caída de los Omeyas en el 750 y la llegada de la dinastía abasí, el árabe Idris I Ilim Abdalah fundó la dinastía Idrisí y rompió la lealtad a los abasíes. Con esto se crearon nuevos estados como el reino de Nekor y la confederación Barghawata.

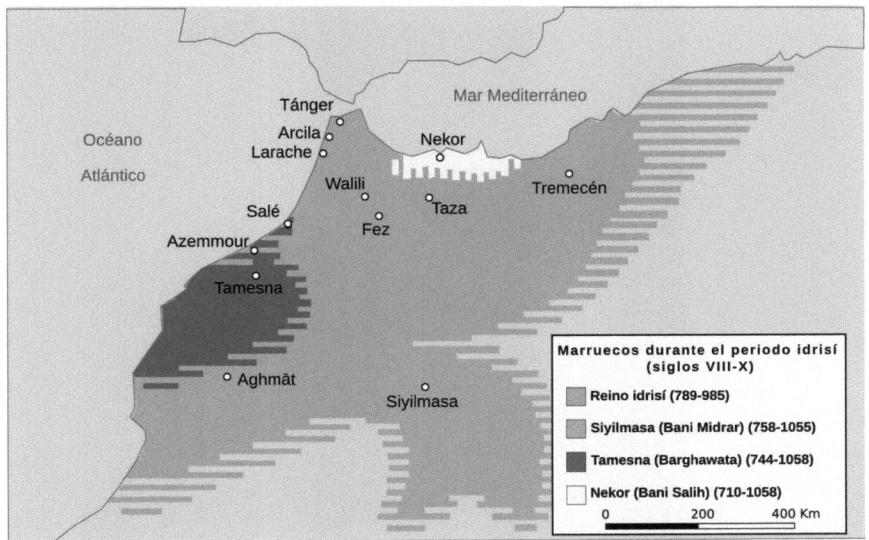

En el 974 la dinastía Idrisí termina oficialmente tras caer bajo la influencia del califato de Córdoba, aunque tras su fragmentación en el 1031, los bereberes retoman el poder y fundan la dinastía almorávide en el 1040, por Abdallah Ilen Yasin. Estos llegaron a ocupar los territorios musulmanes de la península ibérica en su afán de tener una expansión cristiana.

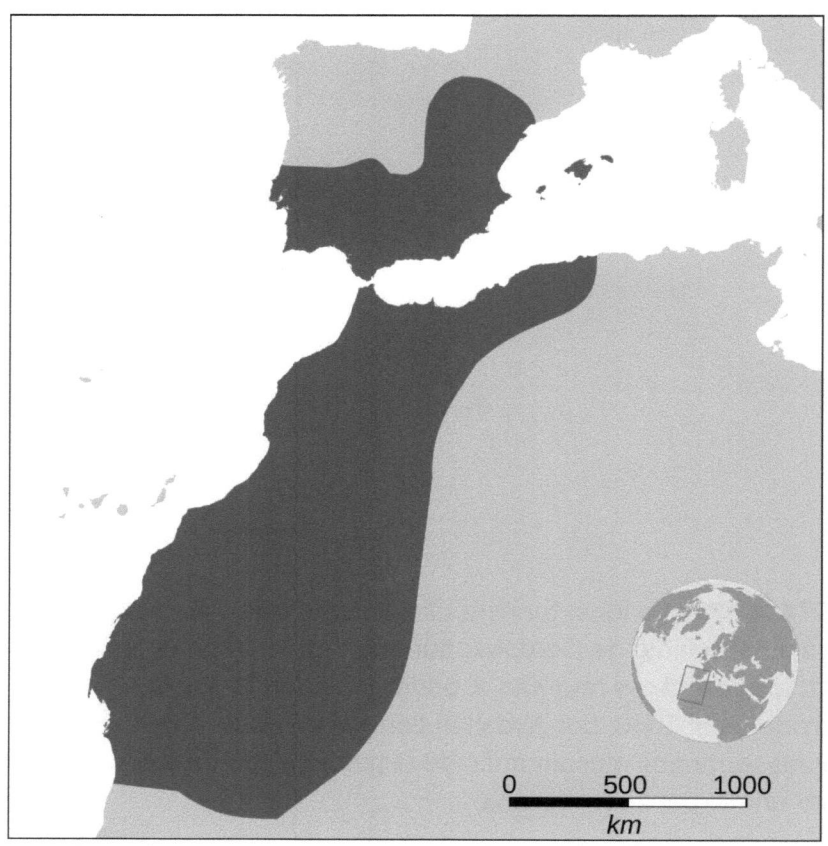

(Almorávides)

En el siglo XII aparece una nueva dinastía, los Almohades, estos se extendieron desde el 1117 e hicieron caer a los Almorávides tres décadas después. En 1212 son derrotados por los reinos cristianos en la batalla de Navas de Tolosa, esto inició el declive de la dinastía y el punto de inflexión en la conquista cristiana en favor de estos últimos.

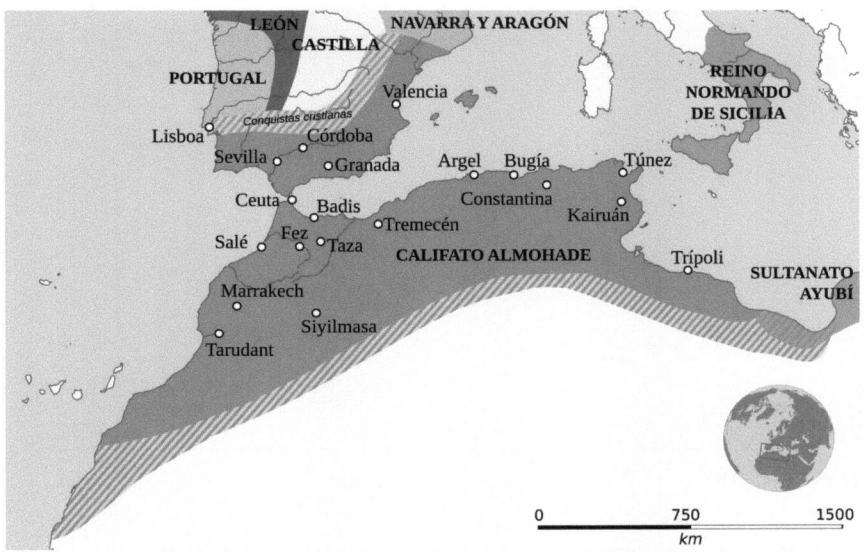

(Almohades)

En 1269 caen en favor de la dinastía Meriní. Estos son derrotados en 1340 en la batalla de Río Salado junto con el emirato de Granada, tras la debilidad mostrada, los castellanos y portugueses se asentaron en el norte de África, en las ciudades de Melilla y Ceuta respectivamente.

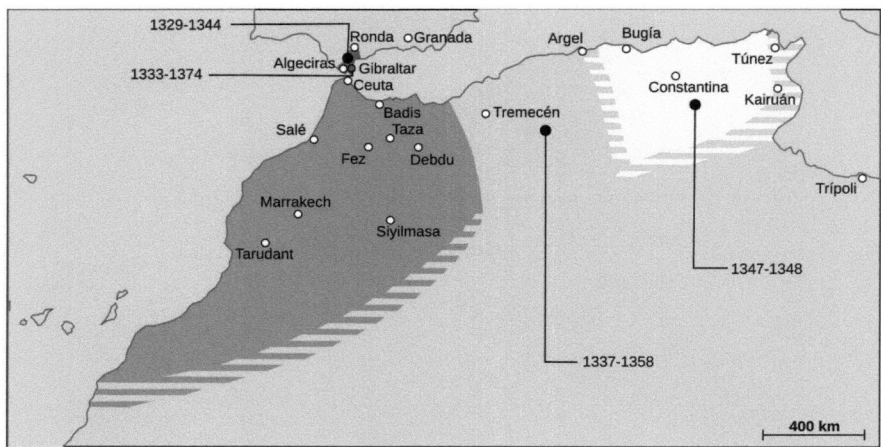

(Imperio Meriní)

Tras la revolución marroquí de 1465 el último sultán Abu Muhammad Abd Al-Haqq fue asesinado y la dinastía cayó en favor de la dinastía Wattásida.

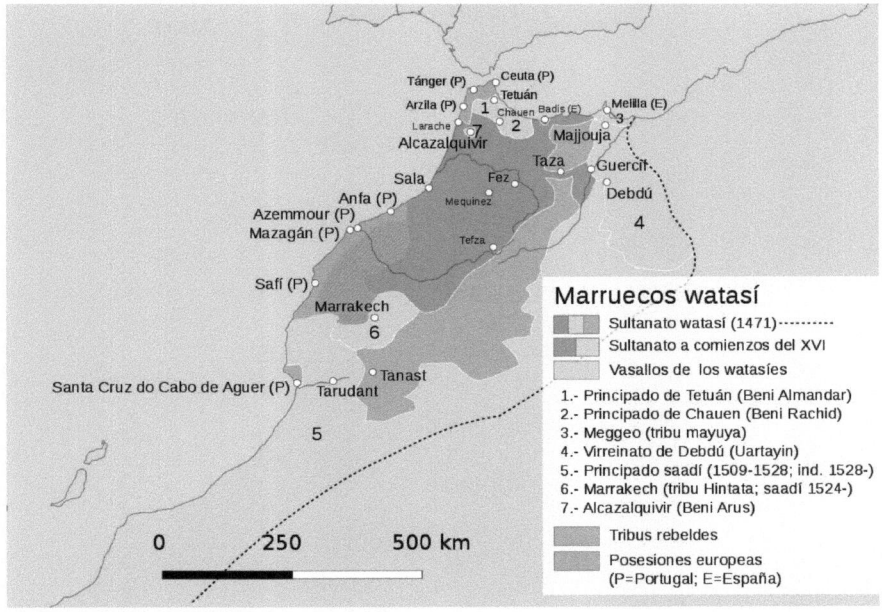

Marruecos watasí

Sultanato watasí (1471) ··········
Sultanato a comienzos del XVI
Vasallos de los watasíes

1.- Principado de Tetuán (Beni Almandar)
2.- Principado de Chauen (Beni Rachid)
3.- Meggeo (tribu mayuya)
4.- Virreinato de Debdú (Uartayin)
5.- Principado saadí (1509-1528; ind. 1528-)
6.- Marrakech (tribu Hintata; saadí 1524-)
7.- Alcazalquivir (Beni Arus)

Tribus rebeldes

Posesiones europeas
(P=Portugal; E=España)

(Sultanato Wattásida)

En 1509 se desprende la dinastía Saadi, originada en el sur de
Marruecos. Estos fueron atacados por los Wattásidas en 1528, tras
su creciente influencia. Así se inicia una guerra por el control de
Marruecos, que se concretó tras la batalla de Tadla en 1554. En
esta los Wattásidas son derrotados, a pesar de que fueron
apoyados por el imperio otomano.

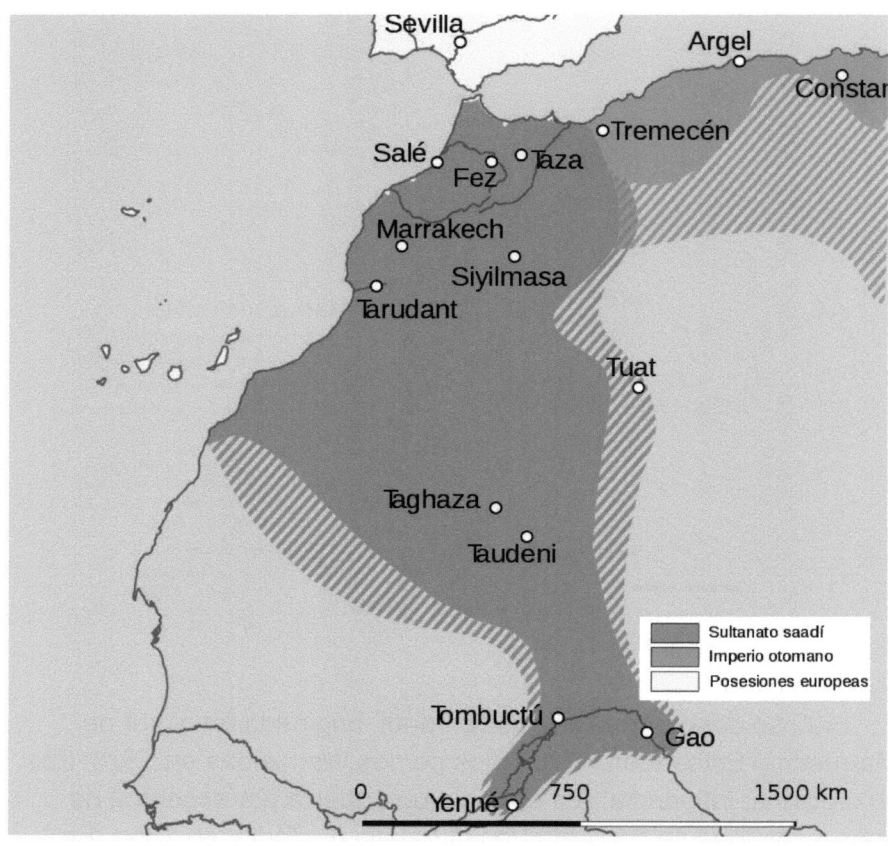

La nueva dinastía Saadí lograría no ser invadida por los otomanos y portugueses. Además lograron expandirse con la disolución del imperio songhai. Tras la muerte del sultán Ahmad Al-Mansur en 1603, el territorio fue repartido entre sus descendientes y hubo muchas guerras civiles por el poder.

Esto fue aprovechado por la dinastía Alauí que logró echar definitivamente a los Saadíes del poder en 1659. Esta dinastía es la que gobierna actualmente en Marruecos.

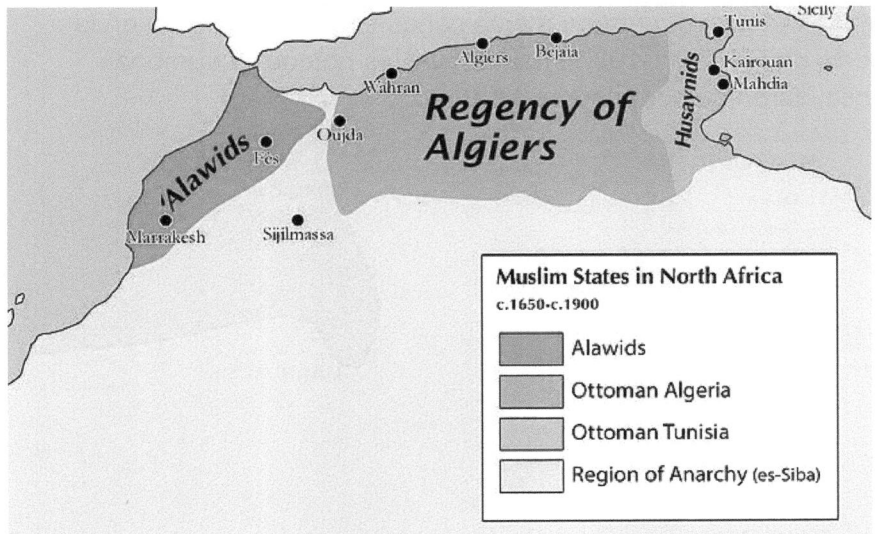

(Dinastía Alauí en el siglo XVIII)

Tras la muerte del sultán Ismail Ibn Shary en 1727, que logró detener la expansión de España en su territorio, el país cayó en una gran inestabilidad debido a la dificultad de mantener a tantas tribus bereberes unidas. Este problema fue resuelto con la llegada de Mohammed III en 1757 que descartó la idea de un estado centralizado y aceptó dar cierta autonomía a las tribus.

En el siglo XIX ocurrieron distintos conflictos con España y Francia, ya que las potencias europeas buscaban expandirse por África en búsqueda de nuevas tierras. Algunas guerras fueron la franco-marroquí de 1884 o la hispano-marroquí (1859-1860), las cuales fueron favorables para los europeos.

En el siglo XX Marruecos fue transformado en un protectorado de España y Francia, como se acordó en el reparto de África.

Algunas tribus se negaron a esta conquista y se rebelaron en la guerra de Rif (1911-1927), tras la cual las potencias europeas consolidaron su poder sobre Marruecos.

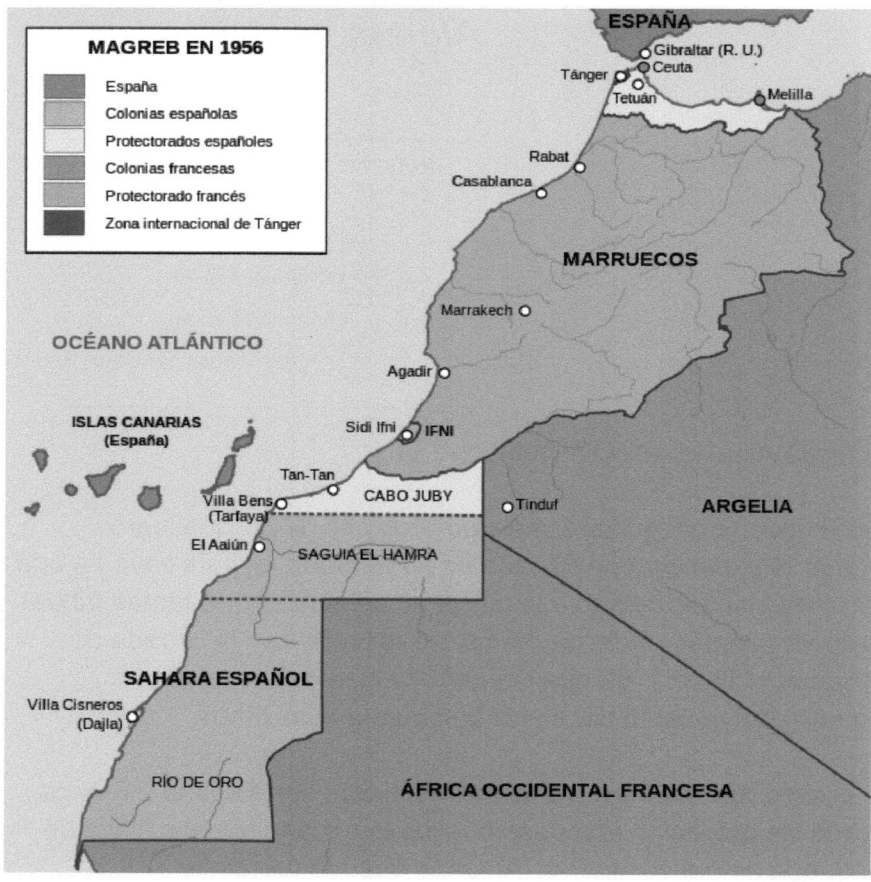

Aunque el Sultán seguía siendo de lure el gobernante, las decisiones las tomaban las administraciones coloniales. Tras la segunda guerra mundial Francia queda debilitada y en 1955 cede a las presiones y accede a iniciar acuerdos para la independencia.

Por lo que el sultán Mohamed V regresa de su exilio en Madagascar.

La independencia de Marruecos se consolidó en 1956 tras la instauración de una monarquía constitucional. Aunque con España se dieron varias dificultades diplomáticas en la independencia que llevaron a la guerra del Ifni (1957-1958). Esta se inició ya que aunque España se había retirado del norte de Marruecos no accedió a retirarse del Ifni y Cabo July.

En esta guerra la coalición franco-española logró una victoria militar aunque Marruecos obtuvo una victoria política gracias al apoyo internacional, por lo que españa cede cabo Juby a Marruecos y la mayoría del Ifni sería ocupado de facto por Marruecos hasta la retirada oficial de España en 1969.

En 1975 se dió la marcha verde, catalogada como una invasión al Sáhara español, tras la cual España cede a las presiones internacionales y se retira de la región.

Tras esto los saharauis forman el frente polisario para luchar contra la ocupación marroquí. Lo que desencadenaría una guerra en el Sáhara occidental. En 1999 llega al poder Mohammed VI que gobierna hasta la actualidad.

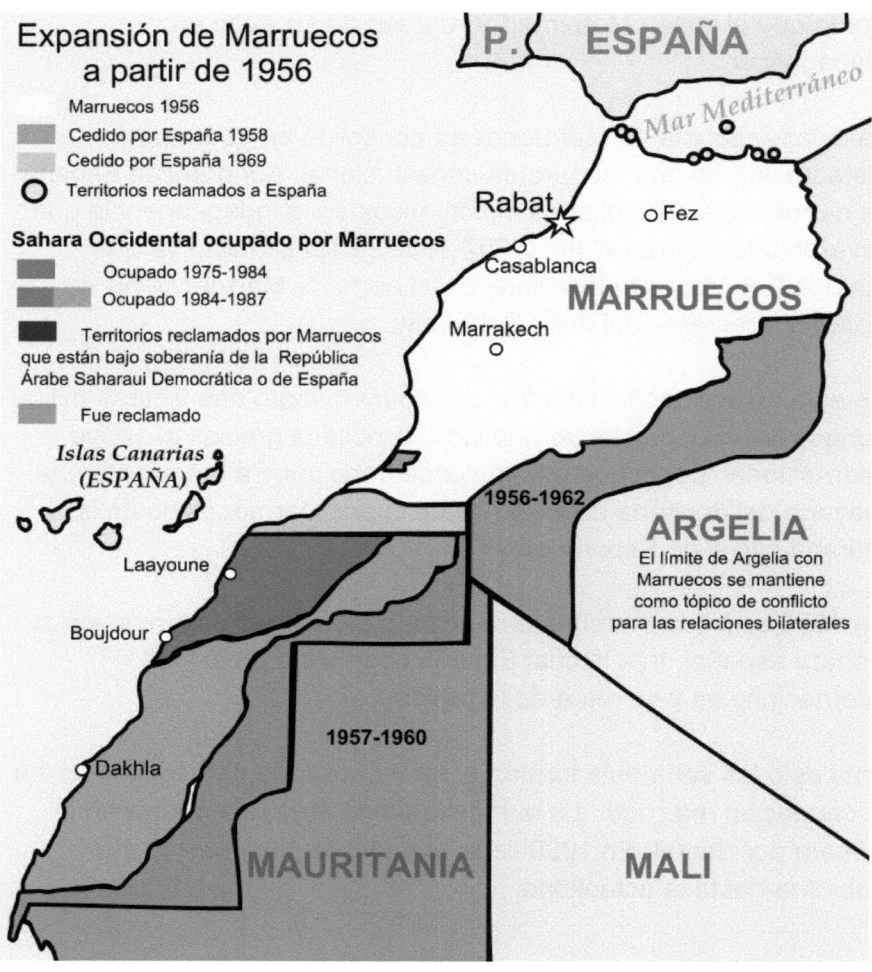

Expansión de Marruecos a partir de 1956

Marruecos 1956
Cedido por España 1958
Cedido por España 1969
○ Territorios reclamados a España

Sahara Occidental ocupado por Marruecos

Ocupado 1975-1984
Ocupado 1984-1987

Territorios reclamados por Marruecos que están bajo soberanía de la República Árabe Saharaui Democrática o de España

Fue reclamado

Islas Canarias (ESPAÑA)

Laayoune
Boujdour
Dakhla

1957-1960

MAURITANIA

MALI

1956-1962

ARGELIA
El límite de Argelia con Marruecos se mantiene como tópico de conflicto para las relaciones bilaterales

P. ESPAÑA
Mar Mediterráneo

Rabat
○ Fez
Casablanca
MARRUECOS
Marrakech ○

35.Historia de Túnez

Hacia fines del siglo IX a.C (814 a.C) se fundó la ciudad de Cartago en el norte de Túnez como una colonia fenicia. Esta desarrolló su propio idioma derivado del fenicio (púnico).

En el siglo VII a.C ya se habían expandido por Cerdeña, Córcega, Malta, Sicilia, las Islas Baleares, el sur de la península Ibérica y partes del norte de África, además de consolidarse como una potencia comercial en el Mediterráneo.

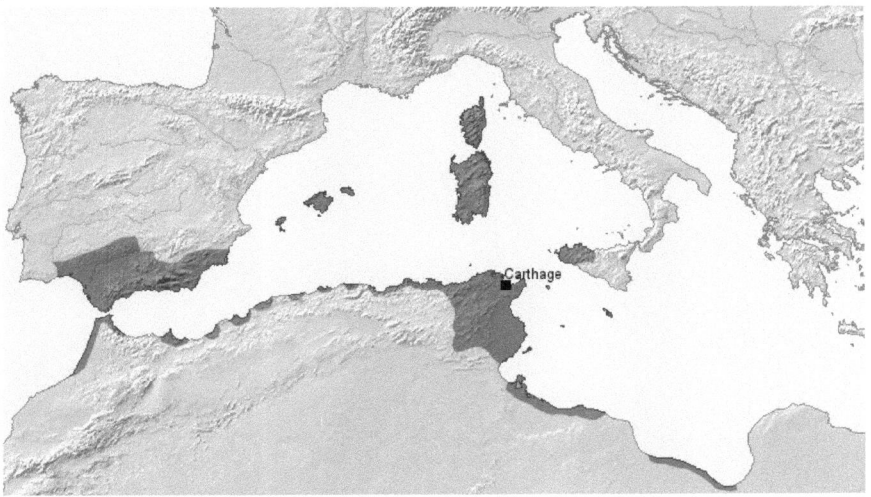

(República cartaginense/ Estado púnico)
Con el tiempo la república romana se va haciendo cada vez más fuerte y ambas comienzan a competir por la hegemonía en el Mediteráneo. Esto desencadenó las guerras púnicas (264- 146 a.C), de las cuales Roma salió victoriosa. En la primera (264- 241 a.C), Cartago perdió Sicilia, Córcega y Cerdeña. En la segunda (218- 201 a.C), Cartago perdió todos sus territorios excepto por el

norte de Túnez que cayó en la tercera guerra púnica (149- 146 a.C), por lo que la república cartaginense llega a su fin.

Roma transforma a Túnez en la provincia de África Proconsularis, el idioma púnico desaparece y Roma lleva su lengua (el latín), cultura y costumbres a Túnez. Además con la partición del imperio en dos en el 395 d.C, Túnez quedó bajo el control de la parte occidental.

Esta provincia cayó oficialmente en el 429 d.C con la invasión de los pueblos vándalos que fundaron el reino Vándalo que ocupó parte de Sicilia, Córcega, Cerdeña, las Baleares y parte del norte de África.

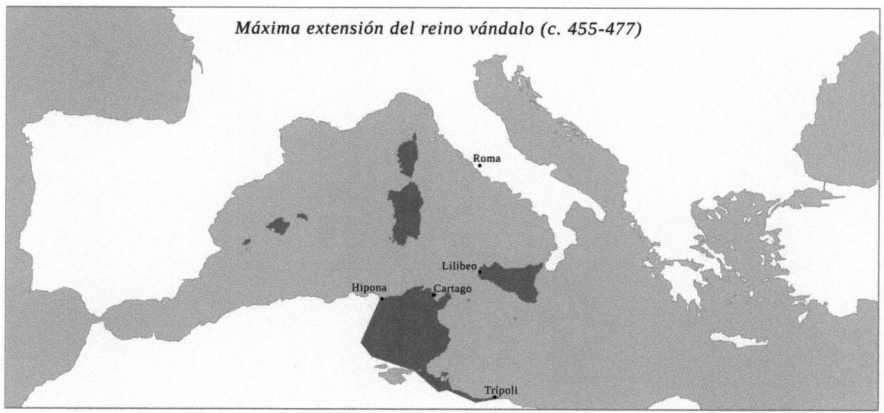

Máxima extensión del reino vándalo (c. 455-477)

El estado sucesor de Roma, el imperio bizantino, derrota a este reino en la batalla de Tricamaerón (533) con lo que lo anexiona en su expansión.

En el 698 cayó oficialmente Túnez ante la expansión de los árabes muslmanes del califato Omeya. Tras la caída de la dinastía omeya pasó a formar parte de diversas dinastías musulmanas como los abasíes, Aglabíes, Fatimíes, Ziríes, Almohades y finalmente los

Hafsíes. Esta última dinastía bereber suní se desprendió de los Almohades en el 1229 y se centró en el actual Túnez.

(dinastía Hafsí)

En 1573 esta dinastía cayó ante la expansión del imperio otomano que tras anexar su territorio la transformó en el eyalato de Túnez. En 1705 pasa a ser el Beylicato de Túnez que tendría una mayor autonomía.

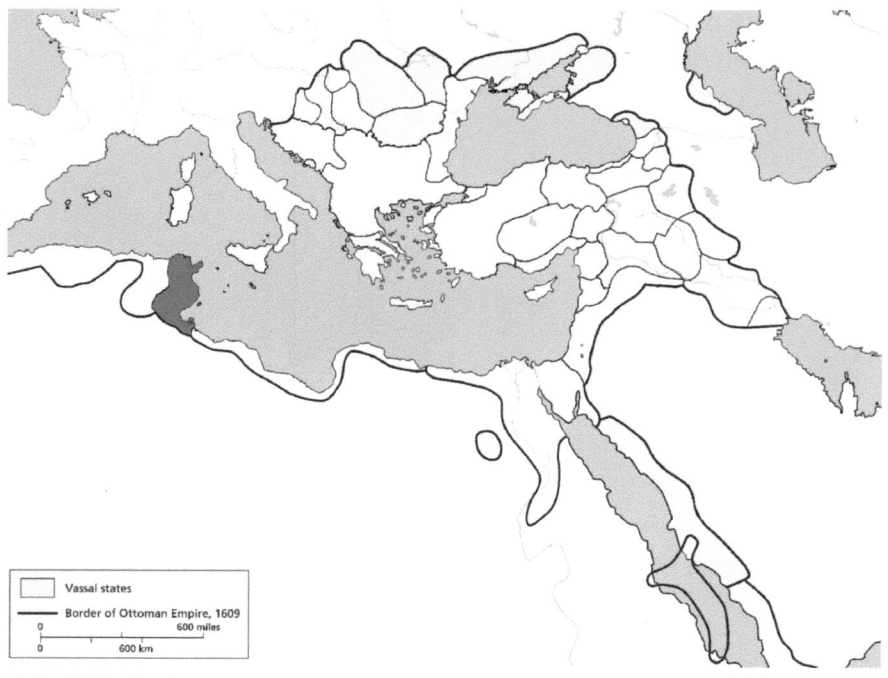

(Túnez otomano)

Con el reparto de África se decidió que Francia podría ocupar la región, con lo que en 1881 manda sus tropas y Túnez pasa a ser un protectorado francés. Durante la segunda guerra mundial fue ocupado por las potencias del eje, aunque tras la guerra fue liberado.

Con el fin de la guerra las negociaciones por la independencia fracasaron, por lo que ocurrieron muchos disturbios por la libertad. Finalmente, en 1956 obtuvieron la independencia y fundaron el reino de Túnez. Aunque en 1957 pasa a ser una república con Habib Burgiba como primer presidente.

Este terminó aferrándose al poder en el que permaneció 30 años. En una primera instancia adoptó políticas socialistas y no fue hasta la década de 1970 cuando abrió la economía.

En la década de los 80´ hubo una fuerte crisis económica y el ministro del interior, Zine El Abidine Ben Ali depuso a Burgiba en 1987 y pasó a volver dictador permaneciendo en el poder por 23 años.

Cansado de la dictadura, estalla en diciembre del 2010 la revolución tunecina. En enero del 2011 el dictador fue obligado a abandonar su cargo y el ejemplo de Túnez fue aplicado en otros países durante la primavera árabe. Hoy en día Túnez se ha convertido en un país democrático.

(Túnez actual)

36.Historia de Chile

Parte del actual Chile sería conquistada por el imperio inca de
Tupac Yupanqui como parte de la expansión del imperio incaico.

(Imperio Inca)

El primer europeo en llegar a Chile fue Fernando de Magallanes. El extremeño Pedro de Valdivia fundaría la ciudad de Santiago de Chile, capital de la capitanía general de Chile que formaría parte del virreinato del Perú. El primer gobernador sería el mismo Pedro de Valdivia.

En años posteriores Valdivia fundaría otras ciudades como: La Serena (1544), Concepción (1550), Valdivia y Villarrica (1552).

Algunos mapuches se resistieron a la conquista por parte del imperio español, siendo uno de los primeros líderes de la resistencia Lautaro. Este se enfrentaría contra las fuerzas de Valdivia en la batalla de Tucapel (1553) en la que los mapuches ganan y Valdivia es asesinado.

Tras esto daría inicio a la guerra de Arauco. En cuanto a esta muchos historiadores debaten entre qué años en concreto se libró, una de ellas dice que empezó en 1546 y terminó en alguna fecha a finales del siglo XVII y se reanudó brevemente en el siglo XVIII con algunos enfrentamientos esporádicos, otros desde 1550 a 1662 o de 1550 a 1556.

En la batalla de Mataquito (1557) los mapuches serían derrotados y Lautaro moriría. Con el fin de la guerra se establecieron las fronteras con las tribus mapuches, además del desarrollo de la diplomacia y el comercio hispano-mapuche.

Con la creación del virreinato del Río de la Plata en 1776, la parte norte de Chile pasó a formar parte del nuevo virreinato. Además, en 1798 se separaría del virreinato del Perú.

(Capitanía general de Chile en 1786, territorios reclamados pero sin controlar con franjas)

Incentivado por otros movimientos nacionalistas e independentistas, además de las abusivas reformas de la corona española borbónica y aprovechando el debilitamiento de España durante las guerras napoleónicas. Chile declaró su independencia el 18 de septiembre de 1810, formando la primera junta de gobernación y derrocando al último gobernador, Francisco García Carrasco.

Con esto inicia el periodo de patria vieja con Mateo Toro Zambrano como primer presidente, que tras su muerte en 1811 sería sucedido por Juan Martínez de Rozas.

En 1814 tras la batalla de Rancagua las fuerzas realistas españolas retoman el control sobre Chile. Tras la batalla de Chacabuco (1817) logran expulsar finalmente a los españoles por lo que inicia el periodo de patria nueva. Con el general O'Higgins como director supremo. La patria nueva termina en 1823 con la renuncia de O'Higgins.

En 1829 ocurre una guerra civil entre los liberales (pipiolos) y conservadores (pelucones), con la victoria final de estos últimos en 1833, dando inicio al periodo de la república conservadora.

En 1833 también se creó una constitución, además se concretó la colonización de Llanquihue con la que se expandió hacia el sur.

El periodo conservador termina en 1859 con otra guerra civil, con lo que en 1861 se da paso a la república liberal. La república logró vencer a España en la guerra hispano sudamericana (1865-1871), cuando esta trató de retomar por última vez la región, enfrentándose contra Chile, Perú y Bolivia.

Entre 1879 y 1884 se enfrentaría contra Perú y Bolivia en la guerra del pacífico, por las disputas de la explotación del guano y salitre, ya que Bolivia había incumplido el artículo 4 del tratado limítrofe entre Bolivia y Chile. Chile salió victorioso y anexó Antofagasta, Arica y Tacna. Además se expandieron por la Patagonia tras concretar la ocupación de la Araucanía. Finalmente anexaron la isla de Pascua en 1888.

En 1891 hubo otra guerra civil en la que el presidente José Manuel Balmaceda se enfrentó al congreso de la república, tras la victoria ese mismo año del congreso inicia la república parlamentaria.

Este periodo termina tras un golpe de estado en 1924 y la aprobación de la constitución de 1925. Con lo que inicia la república presidencial en la que se restaura el poder del presidente.

En la década de los 40´ Chile logró gracias a una serie de acuerdos, establecer su soberanía en un porción de la Antártida.

En septiembre de 1973 el general Augusto Pinochet dio un golpe de estado, con lo que se instauró una dictadura militar. Este régimen de extrema derecha se caracterizó por una ideología anticomunista, nulos derechos democráticos de la población y gran represión política, además de la violación de los derechos humanos.

En 1980 se promulgó la constitución que sigue vigente hasta el día de hoy. En la década de los 80´ el régimen iría perdiendo poder hasta que la oposición logró que en 1988 se hiciera un referéndum, en el cual el pueblo podría decidir la eliminación del régimen de Pinochet. Con esto en 1990 termina su régimen y se inicia la democracia.

(Chile actualmente)

37.Historia de Perú

La primera civilización conocida del Perú fueron los caral, que aparecieron alrededor del año 5000 a.C y habitaron en las cuencas del Río Supe. Hacia el 1800 a.C tuvieron que emigrar a zonas más al norte debido a desastres naturales.

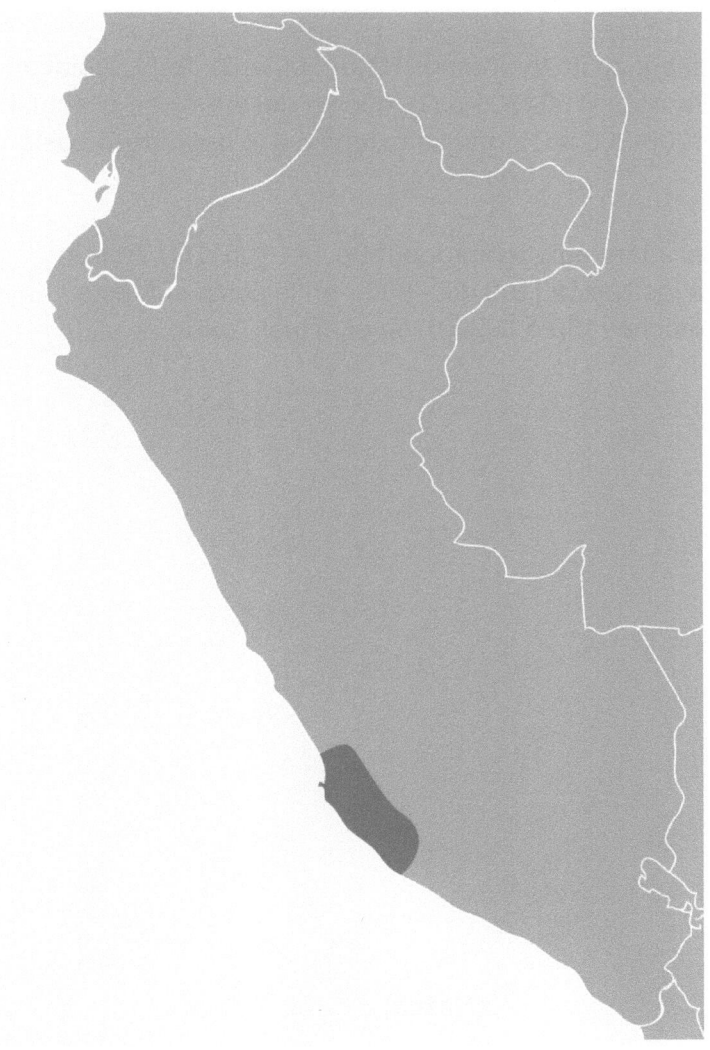

(Paracas)

Tras el periodo arcaico, periodo donde se desarrolló caral, la historia prehispánica se dividió en 5 períodos, de los 3 son denominados horizontes y 2 intermedios.

El primero es el horizonte temprano (1500- 500 a.C). Aquí destacan dos culturas: Paracas (700- 200 a.C), que se desarrolló en el actual Ica y Chavín (1200-300 a.C), que se extendió a lo largo de la costa norte peruana.

Después vino el intermedio temprano (500 a.C-700 d.C). Por un lado tenemos a los Nazca (100 d.C- 800), en la costa suroeste peruana y los moche (150 d.C-800), en el actual Trujillo.

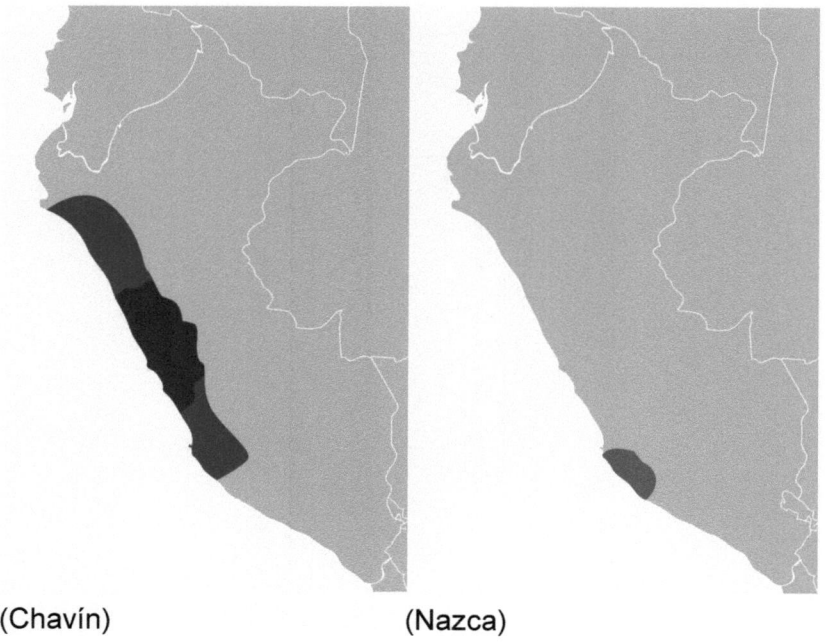

(Chavín)   (Nazca)

Luego está el horizonte medio (700- 1000 d.C). Destacan Tiahuanaco, en la sierra sur, y Wari (600-1200 d.C), que se extendió por la costa y llegando hasta la sierra interior.

Luego el intermedio tardío (1000- 1440 d.C). En este destaca el reino chimú (900-1470), extendiéndose por la costa norte del Perú.

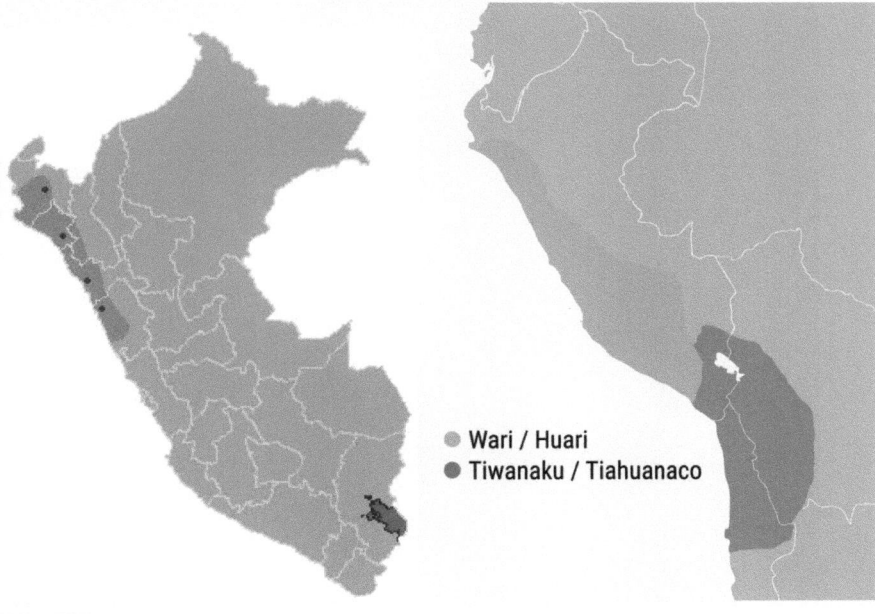

● Wari / Huari
● Tiwanaku / Tiahuanaco

(Moche)

Finalmente tenemos el horizonte tardío (1440-1532). Aquí destaca el recordado imperio incaico. Este inició en el actual cuzco con la civilización quechua (1200-1438 d.C). Con el gobierno de Pachacútec (cápac inca desde el 1438 a 1471), hubo una enorme expansión tanto hacia el norte como hacia el sur extendiéndose por la costa. Ocupando territorios desde Ecuador y Colombia hasta Chile y Argentina.

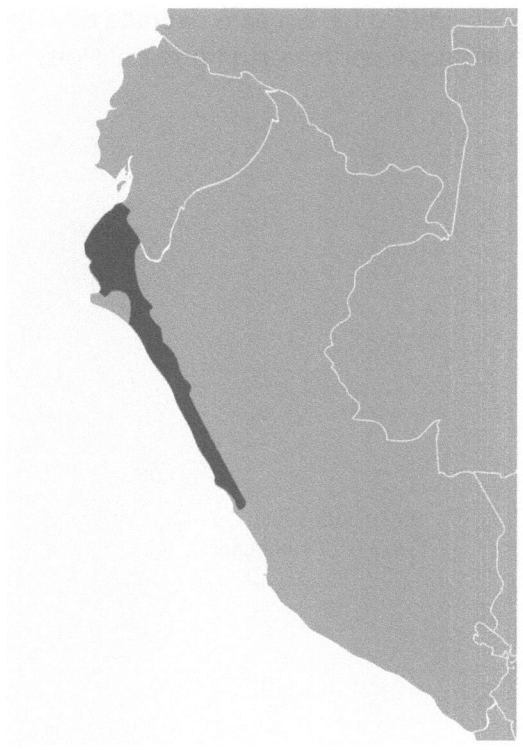

(Reino Chimú)

Con la muerte del Cápac Huayna en 1527, sus hijos, Huáscar y Atahualpa entraron en conflicto por el poder. Esto coincidió con la llegada de los españoles, que se unieron con otros pueblos oprimidos por los incas y al mando de Francisco Pizarro lograron conquistar el imperio.

(Imperio Incaico)

Con esto termina la historia prehispánica de Perú. Cabe destacar que este periodo de su historia se divide en horizontes e intermedios ya que en los horizontes la civilizaciones e imperios fueron más grandes y extensos.

Tras la conquista los españoles fundaron el virreinato del Perú, con Blasco Núñez de Vela como primer virrey. Con la llegada de los borbones al trono español y sus reformas, se crearon nuevos virreinatos que se fragmentaron de este como el de Nueva Granada en 1717 o el del Río de la Plata en 1776.

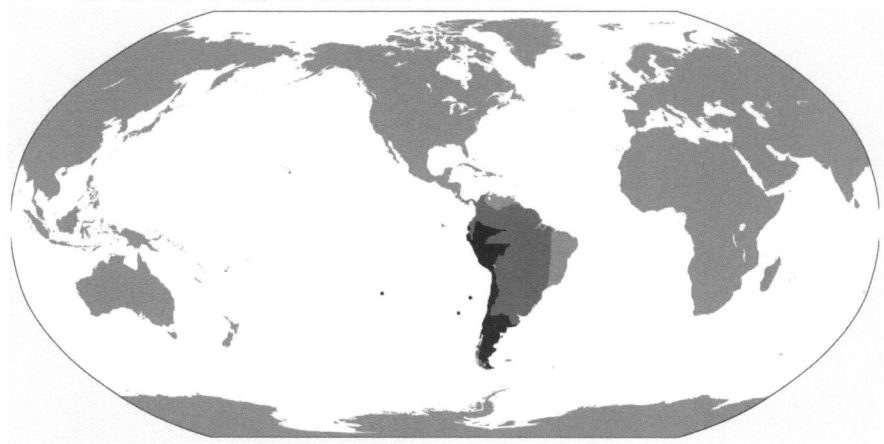

(Virreinato del Perú)

Debido a las abusivas reformas centralistas borbónicas y distintas desigualdades entre españoles y perubros (hijos de españoles nacidos en el Perú) y aprovechando el debilitamiento de España que estaba luchando en las guerras napoleónicas, Perú trataría de independizarse de la corona.

En 1821 logra finalmente la plena independencia gracias al apoyo de otras corrientes libertadoras de hispanoamérica como las de José de San Martín o Simón Bolívar.

Entre 1836 y 1839 se dió la guerra de la confederación peruano-boliviana. La cual enfrentó a la recién formada confederación entre ambos países. Esta acabó con la partición de la confederación separando de nuevo a las dos naciones.

(Conf. Perú-Bolivia)

Además, junto con Bolivia y Chile derrotaron a España en la guerra hispano sudamericana (1865-1871), la cual quería recuperar los antiguos territorios de sus virreinatos.

Entre 1879 y 1884 se dio la guerra del pacífico ya que se dieron discrepancias territoriales entre Bolivia y Chile, ya que Bolivia había incumplido los acuerdos limítrofes firmados, en concreto sobre la explotación del salitre y el guano. En esta ocasión Perú decidió apoyar a Bolivia, aunque fueron derrotados y Perú fue obligado a ceder a Chile Arica y Tacna.

Además, en 1909 Perú renuncia a la región del Acre ante Brasil, aunque en 1929 logran recuperar Tacna tras el tratado de Lima.

También, con el tratado de salomón-lozano de 1922 se ajustan los límites territoriales con Colombia, este además es ratificado tras una breve guerra entre ambas naciones en 1933.

Tras la guerra peruano-ecuatoriana (1941-1942) y la posterior firma del protocolo de Río de Janeiro, se delimitan las fronteras con Ecuador, con lo que el territorio de Perú no ha sido alterado hasta el día de hoy.

Durante el siglo XX se sucedieron varios gobiernos como el de Oncenio de Leguía en la década de los 20´, el militarismo de Luis Sánchez-Cerro en los 30´, la democracia en los 40´ y un periodo de oligarquía en los 50´. Pero uno de los más polémicos fue el de Juan Velasco Alvarado (1968-1975) que llegó al poder tras un golpe de estado.

Es recordado por implantar la reforma agraria que expropió grandes extensiones de tierra de los grandes propietarios y terratenientes para dárselas a los campesinos. Además a finales de siglo comenzaron a aparecer varios grupos revolucionarios impulsados por gobiernos de extrema izquierda como los de la URSS o Cuba. Como Sendero Luminoso y MRTA. Esto sumió al país en una época de terrirismo donde casi 70.000 personas perdieron la vida.

Durante el gobierno de Alberto Fujimori se logró vencer a ambos grupos a finales de la década de 1990.

Actualmente, Dina Boluarte gobierna el país desde el 7 de diciembre del 2022 tras expulsar al anterior presidente, Pedro Castillo.

(Perú actual)

38. Historia de Cuba

Antes de la llegada de los españoles, Cuba fue habitada principalmente por tres grupos aborígenes: los taínos, los siboneys y los guanahatabeyes.

Estos habrían llegado en 5 migraciones: la primera desde el golfo de México, la segunda desde centro y sudamérica, la tercera desde Florida y el valle de Misisipi, la cuarta los taínos de las Antillas y la quinta desde las costa de Venezuela.

El 27 de octubre de 1492, Cristóbal Colón llegó a la isla de Cuba y la bautizó con el nombre de Juana. Aunque su conquista no fue hasta dos décadas después por el castellano Diego Velázquez de Cuéllar, que se convertiría en el primer gobernador de Cuba.

El gobernador fundaría las primeras ciudades de la isla: Baracoa (1512), Bayamo (1513), Trinidad, Camagüey y Sancti Spíritus (las 3 en 1514), la Habana y Santiago de Cuba (ambas en 1515).

En una primera instancia, Cuba formaría parte del virreinato colombino desde 1511, este fue el primer virreinato establecido del cual Cristóbal Colón y su hijo y sucesor Diego Colón serían virreyes. En 1535 pasaría a formar parte del sucesor de este virreinato, el virreinato de Nueva España.

Durante la guerra de los 7 años fue invadida por los británicos, aunque tras el fin de la guerra sería devuelta a España ya que estos optaron por ceder Florida a los británicos en vez de Cuba.

En 1777 Cuba pasaría a la categoría de capitanía general, además se le asignó la gobernación de la Luisiana Española hasta que en 1803 fue devuelto a Francia.

En el siglo XIX las colonias continentales españolas del continente americano lograron su independencia a principios de este siglo. En cuanto a Cuba, no lograría su independencia hasta casi un siglo después.

Cuba, como el resto de países, buscaría la independencia. Por eso en 1868 ocurrió el grito de Yara concretado por Carlos Manuel de Céspedes que exigía la independencia de Cuba y la abolición de la esclavitud. Con lo que inicia la guerra de los 10 años (1868-1878). La guerra terminó con victoria española y la posterior firma del tratado de Zanjón que impidió la independencia.

Esta guerra fue sucedida por la guerra chiquita (1879-1880), en la que los cubanos al mando de Calixto García fueron derrotados. Aunque los españoles declararon la abolición de la esclavitud en 1886 para tratar de calmar las revueltas, esto no fue suficiente.

La tercera guerra de independencia estalló en 1895 con el grito de Baire. La ocurrida también como guerra necesaria se libró entre 1895 y 1898 coincidiendo con la guerra hispano-estadounidense de 1898.

Tras esta última guerra y con el apoyo americano, lograron finalmente separarse de la corona. Aunque tras su "liberación" siguió estando ocupada por los Estados Unidos hasta 1902 y luego desde 1906 a 1909.

Entre 1925 y 1933 estuvo al frente del gobierno Gerardo Machado, este instauró progresivamente un régimen dictatorial, aunque fue finalmente expulsado en 1933.

En 1952 llegó al poder Fulgencio Batista tras dar un golpe de estado. Durante su régimen creció enormemente la desigualdad, especialmente entre la capital, La Habana, y las provincias orientales.

Por esto en 1953 estalló la revolución cubana en la que participaron distintas facciones como el partido socialista popular, el segundo frente nacional de Escambray, el directorio revolucionario y el movimiento 26 de Julio. Este último liderado por Fidel Castro. Estos lograron derrocar a Batista el 1 de enero de 1959 tras la toma de Santiago de Cuba. En un primer momento, Fidel Castro, adoptaría el cargo de primer ministro bajo la presidencia de Osvaldo Dorticós. Aunque de facto Fidel Castro tenía más poder en el gobierno.

Fidel Castro llevaría a cabo la reforma agraria en la expropió gran cantidad de extensiones de tierra a los terratenientes las cuales fueron repartidas entre los campesinos. Posteriormente también haría lo mismo con las empresas internacionales. Además de propiciar un acercamiento a la URSS.

Con la instauración de un régimen socialista, hubo muchos disidentes que marcharon principalmente a los Estados Unidos. Desde allí organizaron un intento de derrocar a los socialistas con la invasión de la Bahía de Cochinos en 1961, que supuestamente fue apoyada por los Estados Unidos aunque la ayuda de estos nunca llegó y fueron derrotados con facilidad.

Con la victoria el régimen ganaría sustento popular y los estadounidenses serían vistos como los invasores malvados. Con esto Estados Unidos decidió comenzar un bloqueo comercial contra Cuba.

Tras la caída de su mayor aliado, la URSS en 1991, Cuba entraría en una fuerte crisis económica, aunque Castro, ahora con el cargo de presidente desde 1976, se mantendría en el poder.

En el 2008 Castro sería sucedido por su hermano Raúl Castro que posteriormente sería sucedido por Miguel Díaz-Canel en el 2019, que actualmente sigue siendo presidente.

(Cuba actualmente)

39.Historia de Canadá

Hacia el 1000 d.C llegaron los primeros europeos a costas canadienses, los vikingos. Estos fundaron una colonia en el actual Terranova conocida como L'anse Aux. Esta expedición fue liderada por Leif Erikson, aunque el asentamiento fue abandonado por razones desconocidas.

El siguiente contacto con europeos se daría 5 siglos después, con una expedición de Giovanni Caboto, al servicio de la corona inglesa.

Aunque no sería hasta 1603 cuando se fundaron los primeros asentamientos europeos permanentes por el francés Samuel de Champlain: Port Royal (1605) y Quebec (1608). Fundando así la colonia de Acadia. A la par que los británicos se establecían en Terranova.

En años posteriores los británicos crearían una nueva colonia en la bahía de Hudson y los franceses fundaron la colonia de Canadá en la costa atlántica.

Las disputas entre los colonizadores se hicieron presentes con conflictos como las guerras de los castores (en la segunda mitad del siglo XVII, en la que cada nación apoyaba a un bando nativo) y la guerra de la reina Ana (esta última como parte de la guerra de sucesión española, entre 1702 y 1713).
Tras la victoria británica en esta última, se hacen con Acadia y reafirman su soberanía en Terranova y la Bahía de Hudson.

(Norteamérica en el 1700)

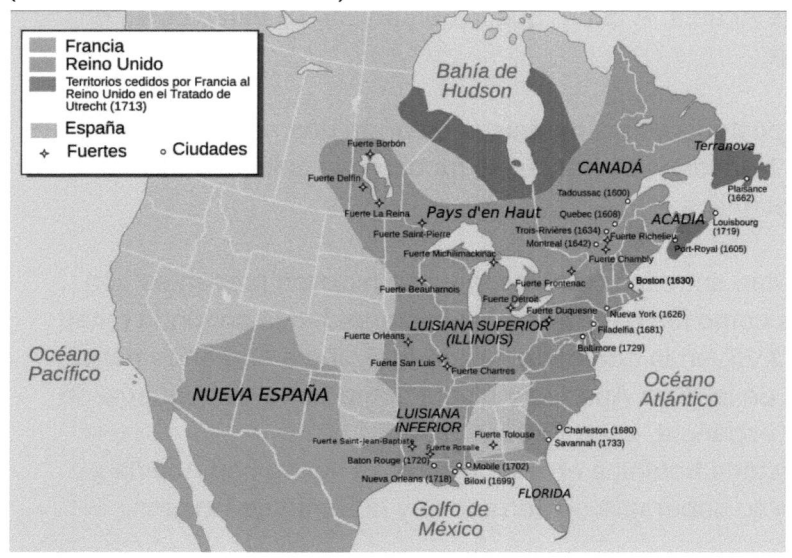

(Norteamérica en 1750)

Aunque hubo otros episodios de disputas entre estos dos como la guerra del rey Jorge (1744-1748, parte de la guerra de sucesión austriaca). El destino de Canadá no se definiría hasta la guerra de los 7 años (1756-1763). En concreto con el frente en Canadá, denominado la guerra franco-india entre británicos e iroqueses (nativos) contra los franceses y la confederación Wabanaki (nativos).

Tras el fin de la guerra los franceses son obligados a retirarse tras la derrota, por lo que la era colonial francesa en norteamérica llega a su fin. Aunque los colonos franceses no abandonaron la región de Quebec que sigue siendo francófona hasta el día de hoy.

En 1812 Estados Unidos, aprovechando las guerras napoleónicas que se estaban librando en Europa, trató de invadir el Canadá británico, aunque la invasión fue rechazada.

En 1818 con el tratado de Londres, inicia la soberanía conjunta del Reino Unido y Estados Unidos sobre Oregon, además de establecerse la frontera entre ambos países con el paralelo 49. Aunque en 1846 con el tratado de Oregon el territorio se reparte entre ambos países, quedando el norte bajo la soberanía del Canadá británico.

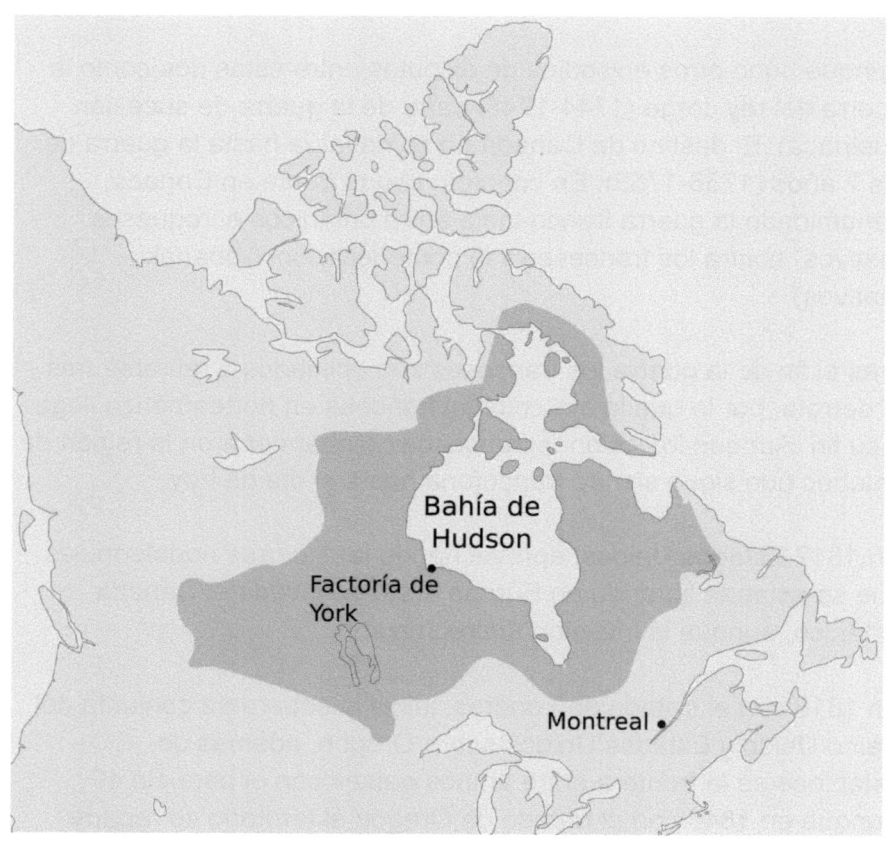

(Compañía de la Bahía de Hudson)

En 1867 se crea la confederación canadiense, con más autonomía pero aún bajo el dominio de los británicos. Inicialmente fueron 4 provincias: Quebec, Ontario, Nueva Escocia y Nuevo Brunswick. Aunque la confederación se expandió rápidamente, primero gracias a la cesión de los territorios controlados por la compañía de la Bahía de Hudson en 1870, además por la unión al año siguiente de la Columbia británica y en 1880 de los territorios Árticos de Canadá. La excepción a esto sería Terranova que quedó bajo dominio directo de la corona británica. Aunque en 1907 Terranova pasaría al estatus de dominio con lo que obtendría mayor autonomía.

En la primera guerra mundial, Canadá se mantuvo fiel a la corona participando del bando aliado. En 1931 se firmó el estatuto de Westminster en el que se reconoció la igualdad legislativa entre los dominios autogobernados de la corona y el Reino Unido. Siendo considerado como el momento donde inicia su plena independencia. Como en la primera, en la segunda guerra mundial participó también en el bando aliado.

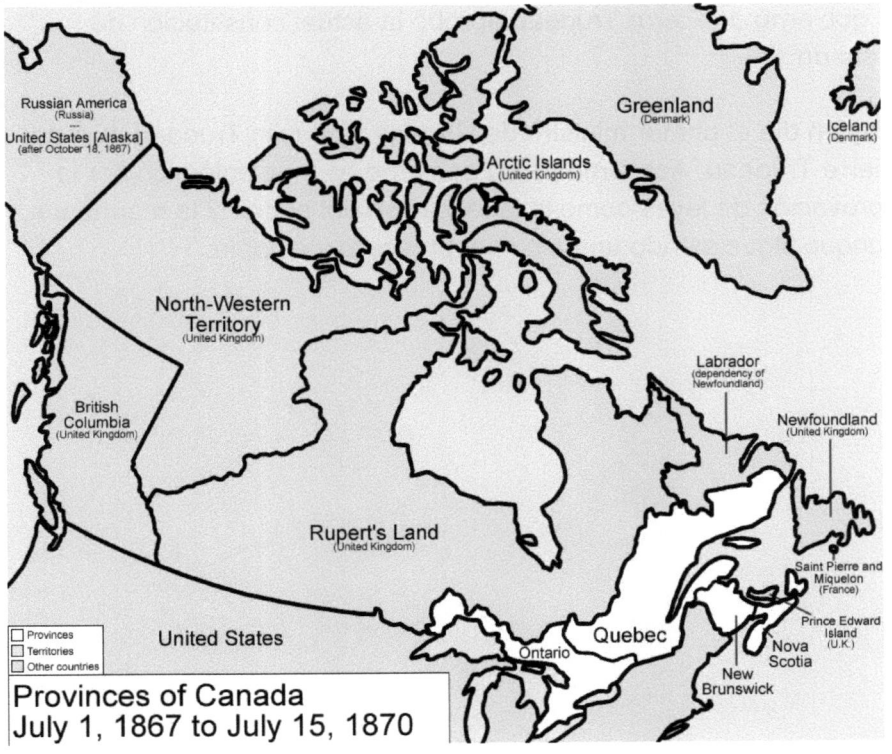

En 1949 el dominio de Terranova se unió a Canadá, por lo que desde este punto sus fronteras no han sido alteradas hasta nuestros días.

En la guerra fría Canadá se uniría al bloque occidental, siendo uno de los miembros fundadores de la OTAN y apoyando a los Estados Unidos en sus diversos conflictos.

En la década de los 60´ el país adoptó su bandera actual, además de reconocer el inglés y el francés como lenguas oficiales. En 1982 el gobierno de Pierre Trudeau aprobó la actual constitución de Canadá.

Hoy en día el primer ministro de Canadá es Justin Trudeau, hijo de Pierre Trudeau. Actualmente su gobierno es muy polémico por la aprovación de leyes como la legalización del aborto y la marihuana, aunque sigue siendo un país muy próspero y estable.

(Canadá actual)

40.Historia de Israel

Israel antiguamente era denominada como la región de Canaán. En la antigüedad estuvo dividida en varias ciudades que fueron invadidas por grandes imperios como Egipto, Asiria o Babilonia. Según la tradición hebrea se habrían formado 12 tribus de los hijos del profeta Jacob, que al unificarse dieron pase al antiguo reino de Israel a mediados del siglo XI a.C.

Este pueblo se diferencia del resto ya que su religión, el judaísmo, es una religión monotesita, creen solo en un dios.

Del reino de Israel se desprendió el reino de Judá. Ambos estados fueron asimilados por los asirios cerca del siglo VIII a.C.

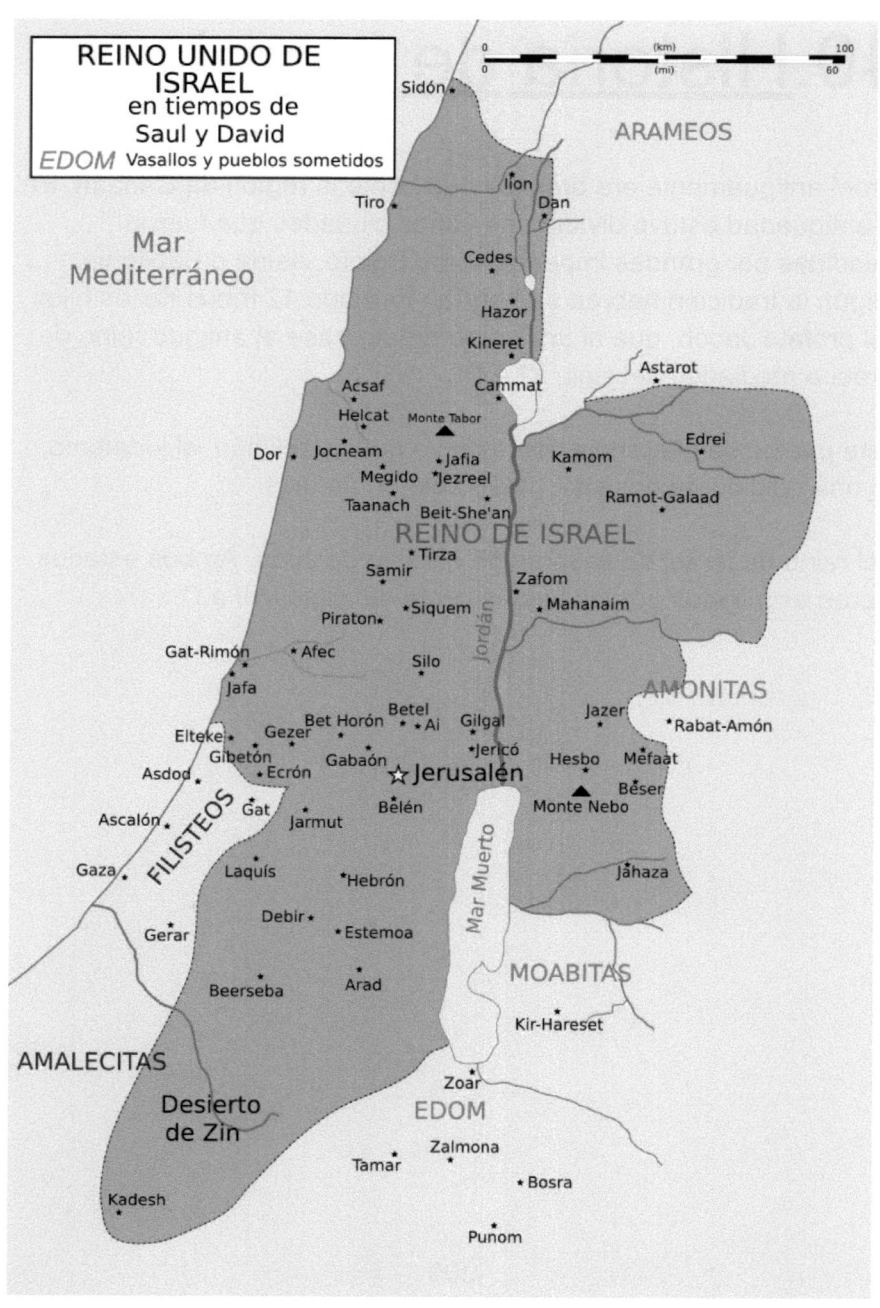

REINO UNIDO DE
ISRAEL
en tiempos de
Saul y David
EDOM Vasallos y pueblos sometidos

ARAMEOS

Sidón

Iion

Tiro

Dan

Cedes

Mar
Mediterráneo

Hazor

Kineret

Astarot

Acsaf

Cammat

Helcat

Monte Tabor

Edrei

Dor

Jocneam

Jafia

Kamom

Megido

Jezreel

Ramot-Galaad

Taanach

Beit-She'an

REINO DE ISRAEL

Tirza

Samir

Zafom

Piraton

Siquem

Mahanaim

Jordán

Gat-Rimón

Afec

Silo

Jafa

AMONITAS

Betel

Bet Horón

Ai

Gilgal

Jazer

Rabat-Amón

Elteke

Gezer

Gibetón

Jericó

Hesbo

Méfaat

Asdod

Ecrón

Gabaón

☆ Jerusalén

Béser

Ascalón

Gat

Jarmut

Belén

Monte Nebo

FILISTEOS

Laquís

Hebrón

Jahaza

Gaza

Debir

Estemoa

Mar Muerto

Gerar

MOABITAS

Beerseba

Arad

Kir-Hareset

AMALECITAS

Zoar

Desierto
de Zin

EDOM

Zalmona

Tamar

Bosra

Kadesh

Punom

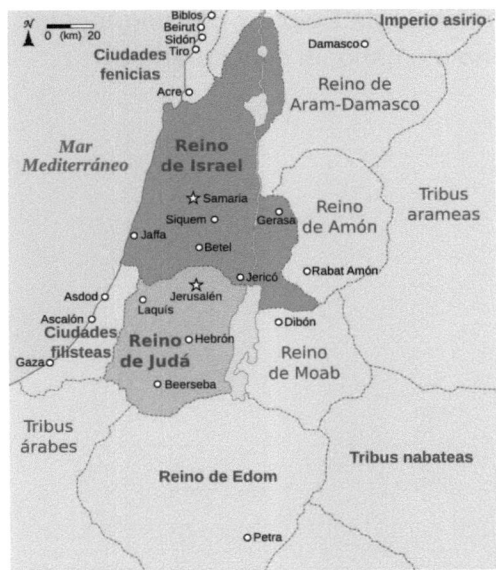

(Reino de Israel y Judá)

Desde este punto no hubo ningún otro estado judío hasta 1948, excepto por la efímera dinastía Asmónea (143-37 a.C).
Su tierra fue ocupada por diversos imperios, como los babilonios, persas, macedonios, Seléucidas y romanos. En estos periodos de ocupación los judíos emigraron expandiendo su religión por diversas partes del mundo.

Incluso se llegó a formar un poderoso estado judío en el cáucaso que se expandió hasta Europa oriental, se trata de el kanato jázaro, formado por el pueblo túrquico jázaro (618-1048).

Tras la primera cruzada (1096-1099), se crea el reino de Jerusalén (1099-1291). En este reino cruzado y cristiano se instauró un sistema feudal tras cometer matanzas contra la población judía y musulmana de la región. Aunque con el fin de las cruzadas sería conquistada por el sultanato mameluco de Egipto y posteriormente pasaría a formar parte del imperio otomano, el cual crearía el eyalato de Damasco.

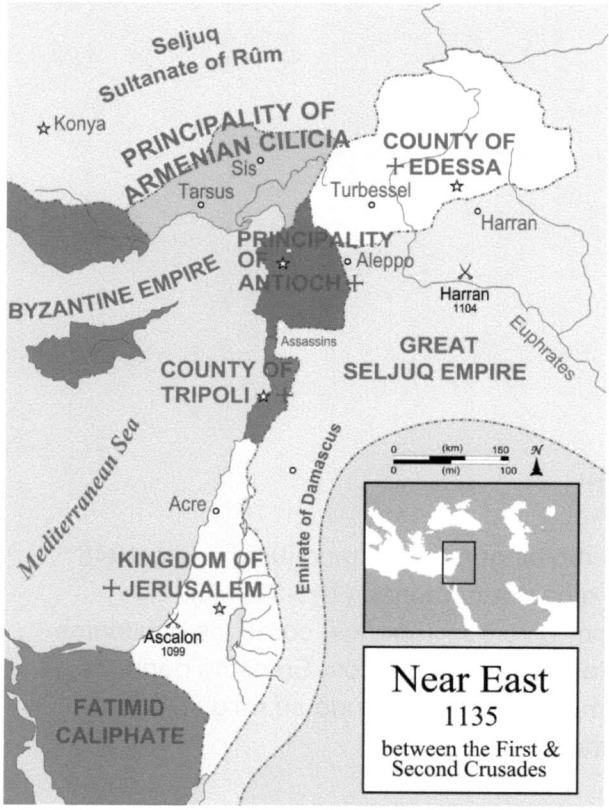

(Reino de Jerusalén en color blanco)

Muchos judíos dispersos por el Europa, anhelaban regresar a su tierra santa. Por lo que desde 1881 hasta 1903 ocurrió una primera gran ola de migraciones de judíos a Israel, conocidas como Aliyá, en esta uno 25 mil judíos regresaron al eyalato de Damasco.

دُول تُدينُ بِالتبعيَّة لِلدولة العُثمانيَّة
حُدود الدولة العُثمانيَّة سنة 1609م
0
600 ميل
0
600 كلم

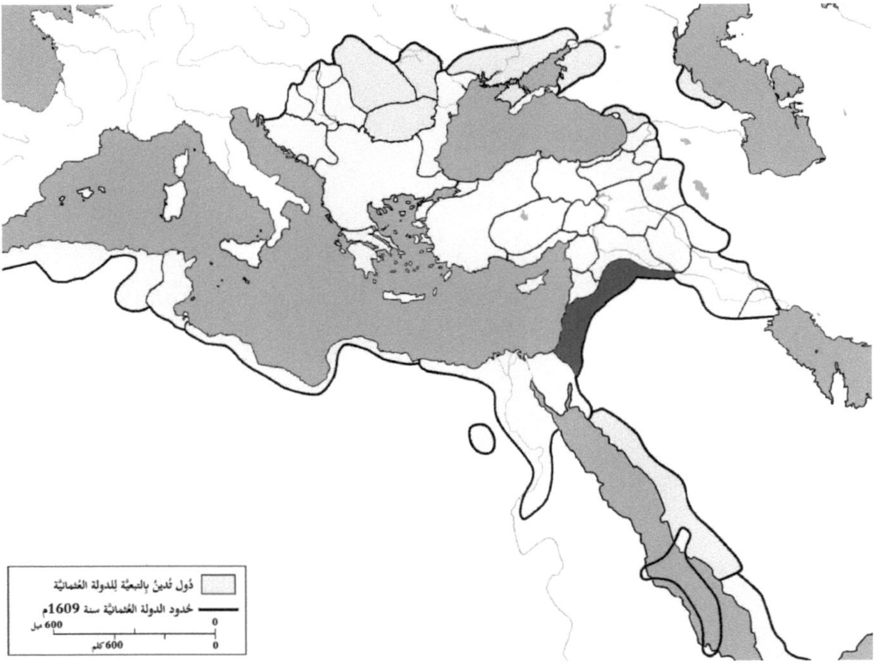

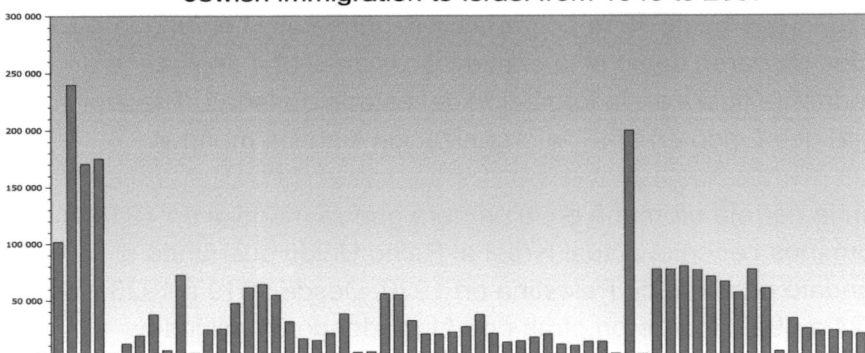

(Eyalato de Damasco en 1609)

Jewish immigration to Israel from 1948 to 2007
300 000
250 000
200 000
150 000
100 000
50 000
0
1952
1957
1962
1967
1972
1977
1982
1987
1992
1997
2002
2007

(Migraciones de judíos a Israel entre 1948 y 2007)

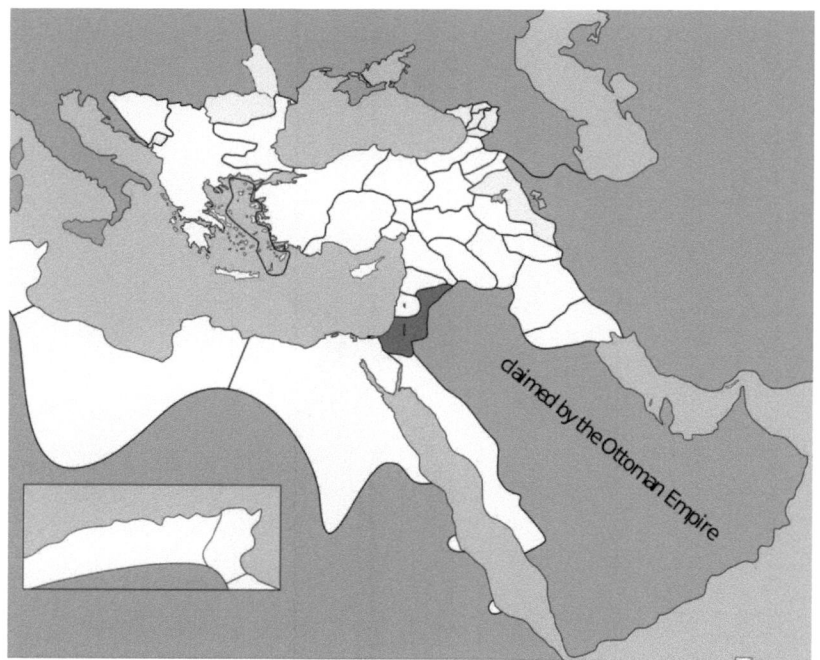

(Eyalato de Damasco en 1795)

Desde 1904 hasta 1914 se daría un segunda aliyá en el que 40 mil judíos migraron como el la primera ocasión. Cabe destacar a una importante figura en la formación del estado de Israel, Theodor Herzl que fundó en 1897 la organización sionista mundial.

Con la derrota otomana en la primera guerra mundial en 1918, los otomanos ceden el actual Israel al Reino Unido que funda el mandato británico de Palestina en 1920. Desde 1919 a 1923 y de 1924 a 1929 ocurrieron otras dos Aliyá, donde 35 mil judíos migraron en la tercera y 80 mil en la cuarta.

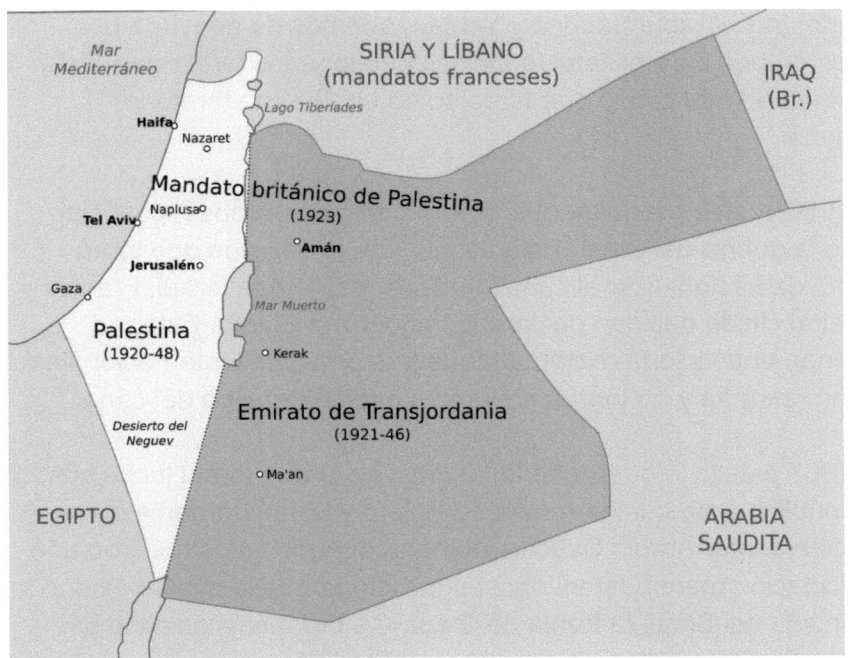

(Mandato británico de Palestina)

Desde 1929 a 1939 ocurrió una quinta aliyá, haciendo que la población de judíos es Israel ascienda de un 8% a un 30% de la población. Además, con el holocausto perpetrado por los nazis se dieron otras nuevas migraciones.

En 1948 el Reino Unido se retira del territorio Palestino tras que quedase aprovada la resolución número 188 de la ONU, con lo que el territorio de este mandato quedó dividido en un estado árabe (Palestina) y uno judío (Israel).

En 1948 se dio la guerra árabe-israelí. En esta Israel tuvo que enfrentar a la liga árabe que rechazaba su creación. La coalición de la liga árabe estaba formada por Egipto, Siria, Transjordania,

Líbano, Irak, Arabia Saudita y Yemen, además de apoyada por varios grupos paramilitares e incluso catalogados terroristas. Esta terminó en 1949 con lo que Israel tomó un 26% de territorio adicional.

En 1956 vuelve a estallar otra guerra contra los árabes, conocida como la guerra del Sinaí. Esta estalló tras la decisión que tomó Egipto de nacionalizar el canal de Suez, por lo que Israel, Francia y el Reino Unido deciden declararle la guerra a Egipto. Estos obtienen una victoria militar, aunque tras presiones internacionales deben retirarse y no lograron evitar la nacionalización del canal.

En 1967 estalla la guerra de los 6 días, en la que Israel lucha contra la república árabe unida (unión de Egipto y Siria), Jordania e Irak y también contra Arabia Saudita y Líbano aunque estos tuvieron una participación menor. Israel obtiene la victoria tras la cual anexionó la península del Sinaí, la franja de Gaza, Cisjordania y los altos del Golán. Con lo que llega a su máxima expansión.

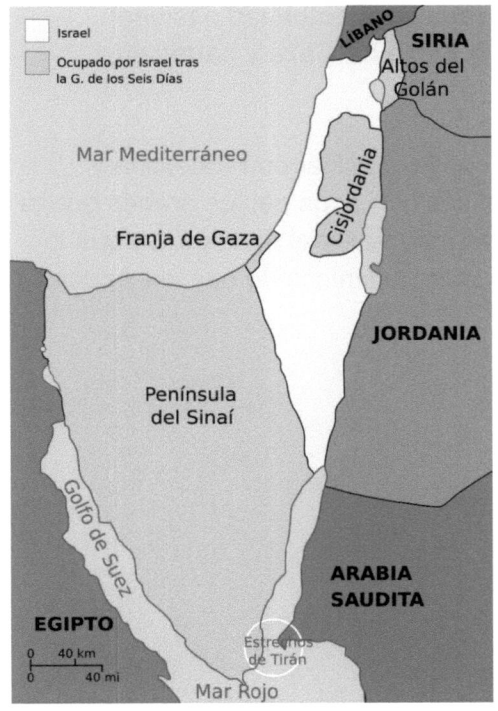

(Israel en la guerra de los 6 días)

En 1973 estalló la guerra del Yom Kipur durante el gobierno de Golda Meier. En esta guerra luchó contra Egipto y Siria, además de que contó con el apoyo internacional de los Estados Unidos. Tras el fin de la guerra Israel obtiene la victoria militar.

Además en 1982 Israel devuelve el Sinaí a Egipto tras haberlo ocupado desde 1967. En ese mismo año (1982) estalló la guerra del Líbano en la que Israel invade este país tras el estallido de una guerra civil en este, aunque en 1985 se debe de retirar por presiones internacionales.

Tras los acuerdos de Oslo se establece la autoridad nacional Palestina la cual gobernaría en la franja de Gaza y partes de Cisjordania.

A día de hoy Israel continúa en conflicto militar con Palestina y también con problemas diplomáticos con otros países árabes que le impide obtener su reconocimiento internacional de ellos. Lo que lo convierte en uno de los estados más polémicos de nuestra época.

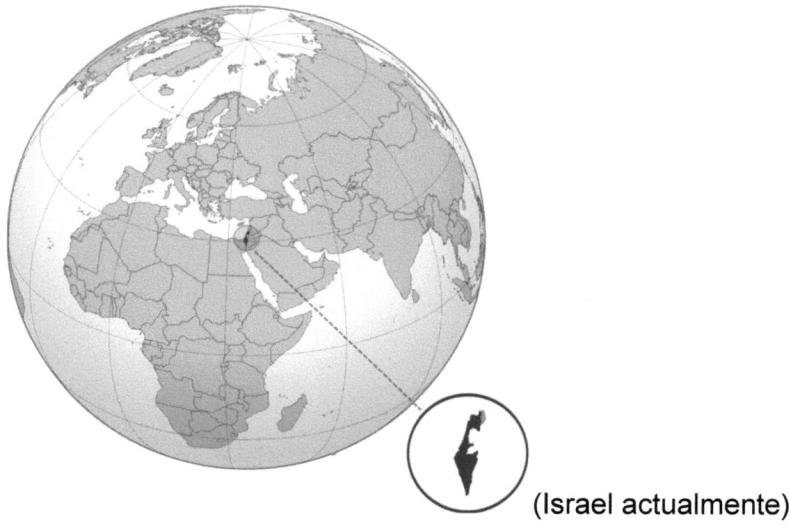

(Israel actualmente)

41.Historia de Tailandia

El primer estado organizado en ocupar parte de la región del actual Tailandia fue el reino de Funan (68-550 d.C). La religión principal fue el budismo y la élite del país fueron los jemer (camboyanos).

Posteriormente se fundaría el reino mon de Haripunchai (629- 1292 d.C). Aunque la principal etnia de Tailandia, los Tai-Kadai, no fundaron su propio estado, el reino lavo hasta el 450 d.C (desapareció finalmente en 1388). Aunque con el tiempo se convertiría en un estado tributario del imperio jemer.

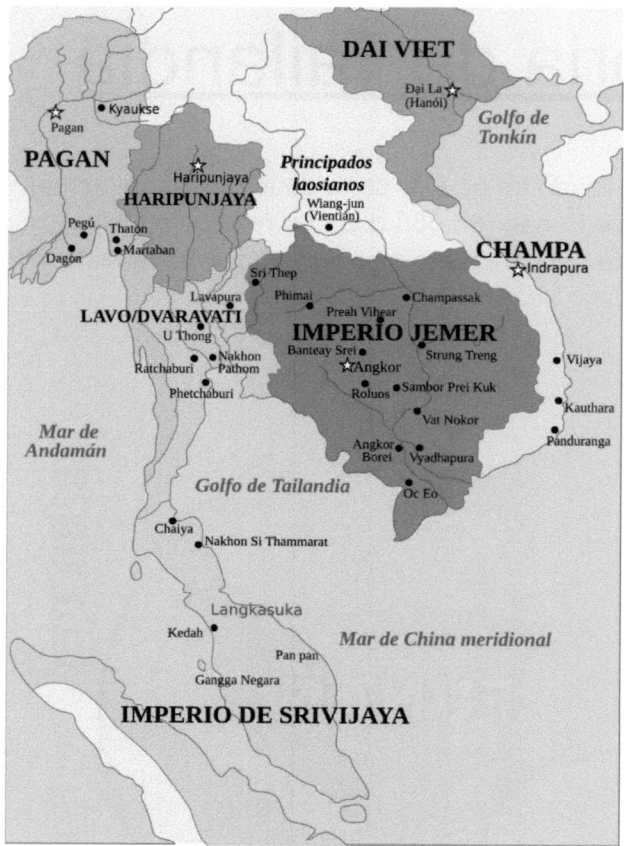

Con la decadencia del imperio Jemer, el gobernador Si Inthrathit, organizó una rebelión que acabó con la fundación del reino de Sukhothai, este estado Tai-Kadai es predecesor del actual Tailandia. En este reino fundado en 1238, destaca el rey Ramkhamhaeng, por crear el alfabeto tailandés y establecer el budismo theravada como religión oficial. Además de que se logró la máxima extensión de este reino.

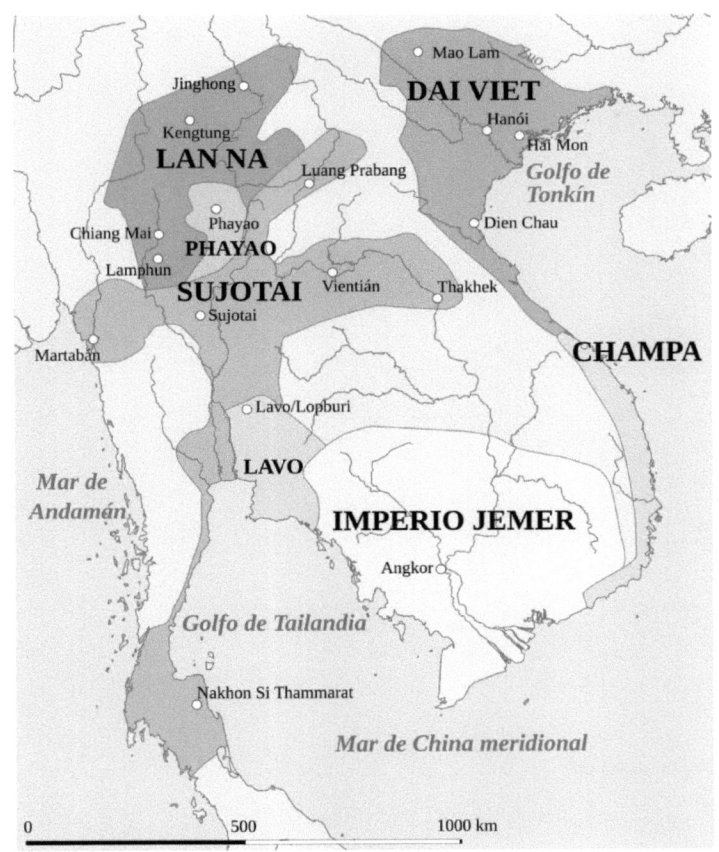

En 1350 se fundó el sucesor de Sukhothai, el reino de Ayutthaya. Este se expandió por el norte y anexó los territorios remanentes de Sukhothai. Llegando a invadir a finales del siglo XV al imperio jemer.

En 1511 se crean lazos comerciales con los portugueses. Aunque, con la guerra birmano-siamesa (1568-1569) se volvieron vasallos de Birmania (dinastía toungoo).

Aunque a finales del siglo XVI lograron recuperar su autonomía. A partir de este momento los tailandeses empezarían a mejorar sus relaciones con los europeos, como con neerlandeses, franceses y británicos.

Una nueva guerra con Birmania (1765-1767) llevaría a la ocupación birmana del país con lo que este estado llega a su fin.

Durante la ocupación birmana surge un importante líder, Taksim el Grande, que logró derrotar a los birmanos y obtener la independencia creando el reino de Thonburi (1767-1782). Sin embargo, Taksim fue depuesto y ejecutado tras un golpe de estado. Y fue sucedido por su antiguo amigo de la infancia, Rama I. Que fundó el reino de Rattanakosin con capital en Bangkok.

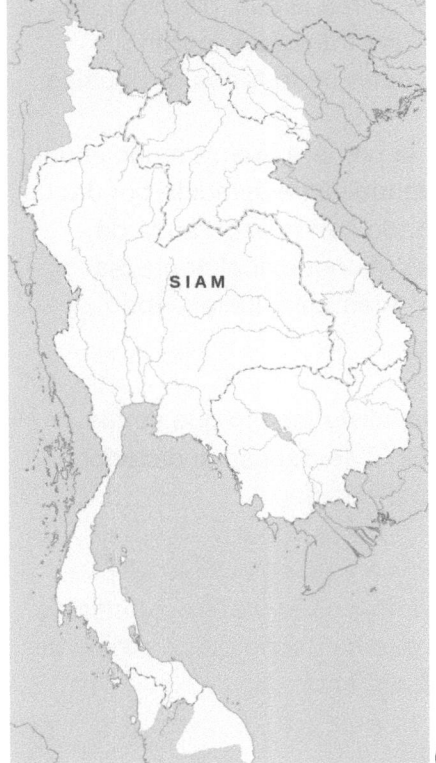
(Reino de Rattanakosin)

Con esto se logró una expansión territorial que abarcó los actuales Tailandia y Laos. Además mostraron su apoyo ante los británicos en las guerras anglo-birmanas en las que los británicos iban anexionando birmania. (la 1º 1824-1826, la 2º en 1852 y la 3º en 1885), aunque no llegó a participar militarmente en ellas.

Tailandia ganaría un nuevo enemigo, Vietnam, principalmente por el control de la región de Camboya. Tras la guerra siamés-vietnamita de 1841 se acabarían repartiendo la región en zonas de influencia. Con lo que Tailandia llega a su máxima expansión histórica.

Los franceses ocuparon Indochina a finales del siglo XIX, lo que llevó a la guerra franco-siamés de 1893, tras la cual pierden Laos en favor de Francia. Además en 1907 los franceses logran finalmente anexar Camboya tras una serie de tratados desiguales.

A pesar de esto decidió participar en la primera guerra mundial del bando aliado. En la segunda guerra mundial fue invadida por Japón, aunque terminaría uniéndose a su bando con la esperanza de recuperar algunos territorios franceses. Aunque finalmente las potencias del eje (bando de Tailandia, Alemania, Italia, Japón…) son derrotados.

En la guerra fría se unió al bloque capitalista, con lo que se fue occidentalizando y urbanizando. En 1973 se depuso al dictador Thanom Kittikachorn tras un alzamiento popular.

En 1997 sufrió una gran crisis económica y ya en el siglo XXI se suman terremotos, intentos de golpes de estado y enfrentamientos con etnias musulmanas malayas. Lo que ha hecho que en reino de Tailandia esté bastante debilitada actualmente.

(Tailandia actualmente)

42.Historia de Vietnam

La primera civilización en Vietnam fue la cultura Vàn Lang
(2779-258 a.C). Gracias a la influencia extranjera se formó en
Vietnam el reino de Nanyue (204-111 a.C). Este fue un estado
vasallo de los chinos.

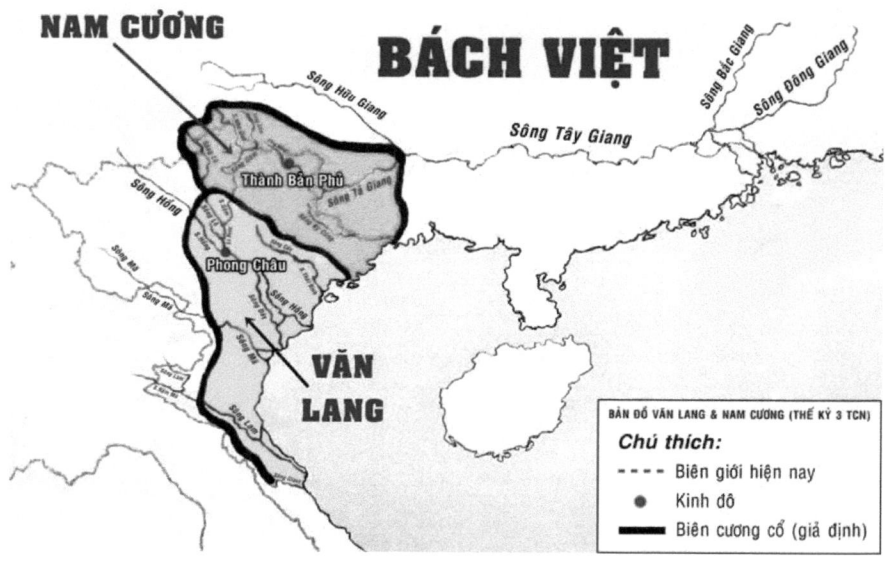

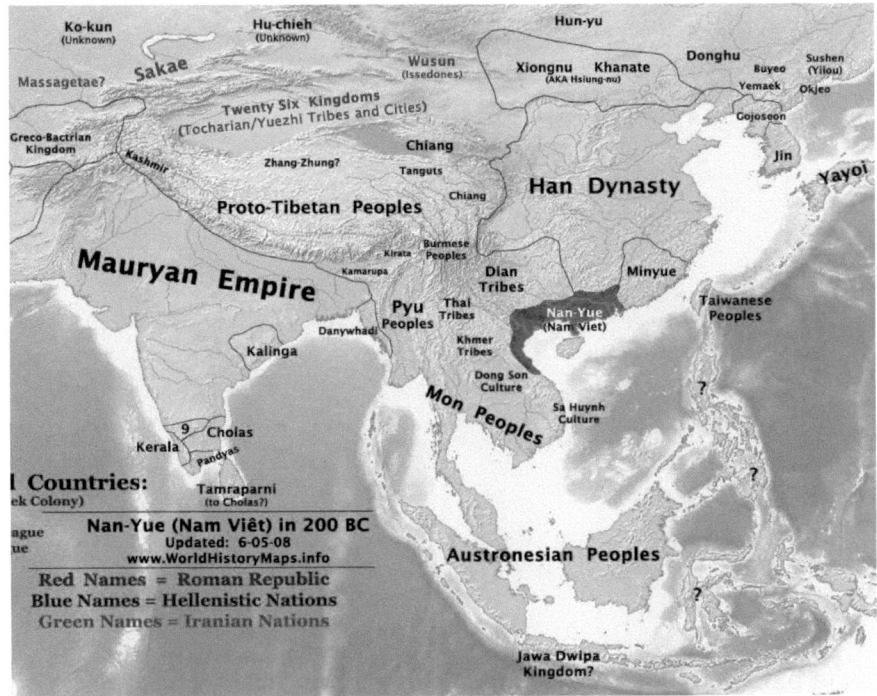

En el 111 a.C fue incorporado a la dinastía china Han, quedando el norte de Vietnam bajo control chino por los siguientes 1000 años. En el sur de Vietnam se formó el reino de Champa, un estado malayo e hinduista bastantes ajeno a la cultura vietnamita actual (192 d.C-1832).

Regresando al norte, hubo algunos movimientos independentistas. Uno de ellos creó la dinastía Van Xuan, que por un corto periodo de tiempo fue ajena a los chinos (544-602). En 680 los chinos lo transforman en el protectorado de Annam bajo el dominio de la dinastía china Tang.

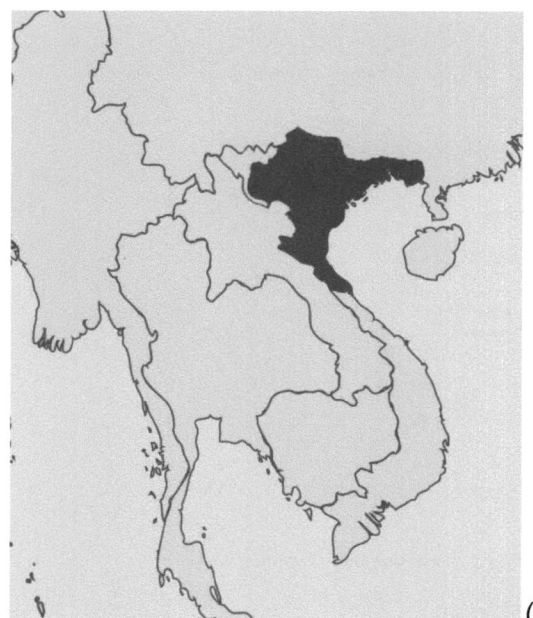 (Dinastía Van Xuan)

Tras la batalla del río Buch Dang (938), se logró la independencia de los chinos, creándose el reino de Dai viêt. Este estado adoptó el budismo como religión oficial, además lograron repeler las invasiones mongolas. Tras la guerra Ming-Ho (1406-1407), los vietnamitas (en ese momento dinastía ho) son derrotados y el reino es anexado a la dinastía ming.

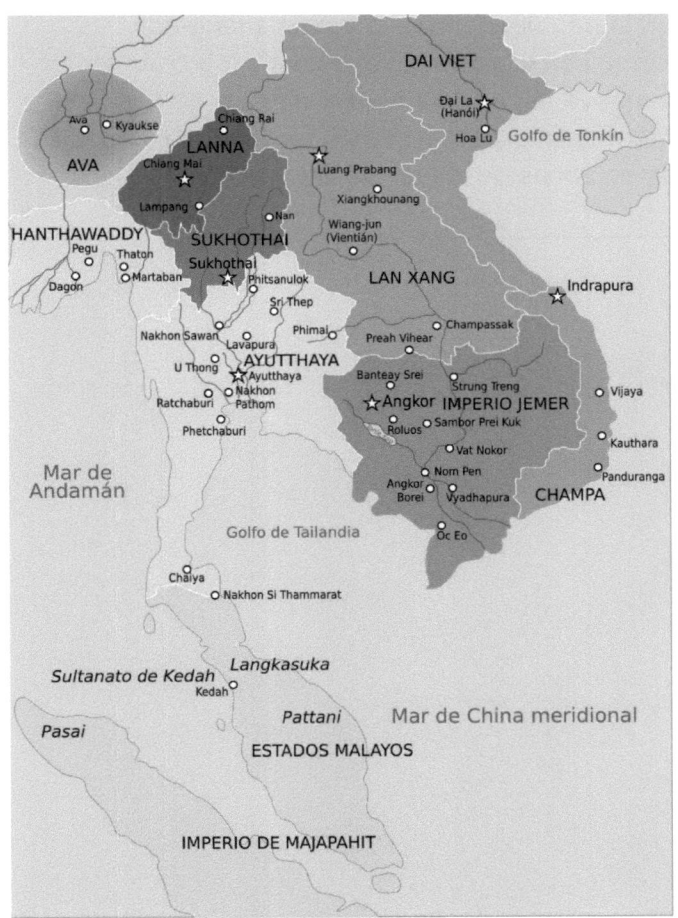

Aunque 20 años después los ming fueron expulsados y los vietnamitas lograron recuperar su esplendor y extenderse territorialmente. Tras una serie de guerras entre la dinastía reinante, Le, y la dinastía Mac, el territorio quedó dividido de facto en dos grupos de señores de la guerra: los trinh al norte y los Nguyen al sur. Además se logró una expansión a costa del reino de Champa.

En 1802 los nguyen logran destronar a la dinastía tang-son (1778-18029 y hacerse con el poder. Esta dinastía logró aumentar su influencia en Camboya, a parte de anexar al reino de Champa. Tras la guerra vietnam-tailandia (1841-1845), estos dos estados se terminan de repartir en zonas de influencia los territorios camboyanos.

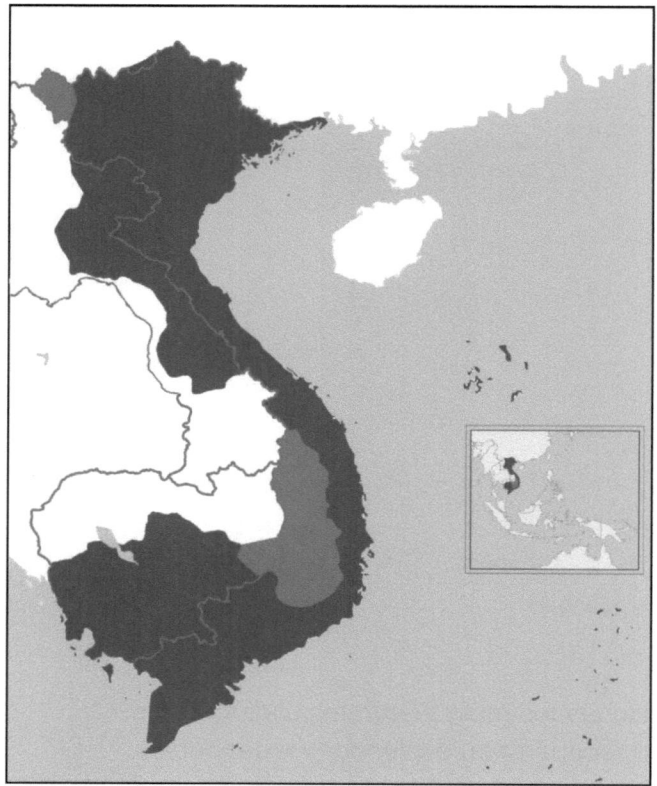

(Dinastía nguyen)

La influencia francesa va creciendo en la región a causa del afán europeo de colonizar nuevas tierras, con lo que Francia inicia la guerra de cochinchina con el apoyo de España (1858-1862). Tras la victoria francesa se crea la colonia de la conchinchina francesa al sur de Vietnam. Poco a poco Francia se va expandiendo por indochina hasta crear los protectorados de Tonkín y Annam en 1884 con el tratado de Hué con lo que la soberanía vietnamita llegó a su fin. Francia creó la indochina francesa que comprendía los actuales Vietnam, Camboya y Laos.

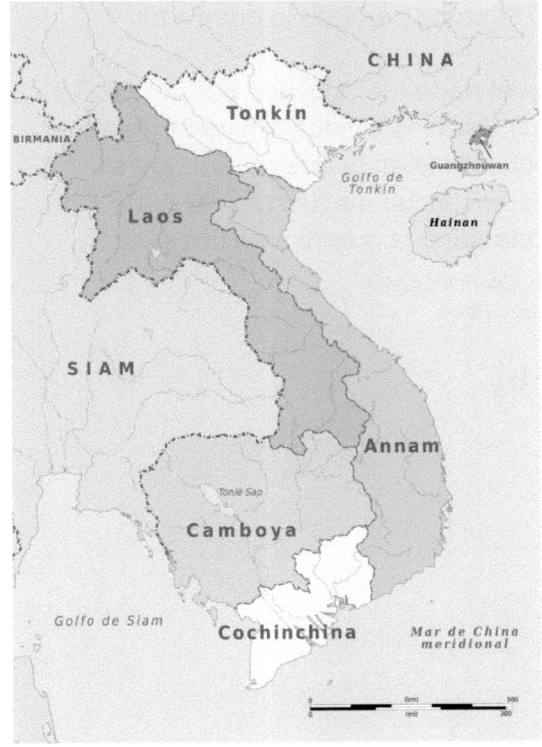

(protectorados de la indochina francesa)

Durante la segunda guerra mundial, la indochina francesa fue invadida por Japón. Tras la derrota de las potencias del eje y el fin de la guerra, Francia se niega a ceder la independencia al gobierno de Ho chi Minh, con lo que da comienzo la primera guerra de indochina (1946-1954), en donde el viet-minh lucha hasta la rendición francesa. Con esto se disuelve la indochina francesa y

Vietnam se divide en dos estados, uno al norte de corte social-comunista y otro al sur pro-occidental.

Tras un referéndum, se unificaron en 1955, aunque esto no fue aceptado por el gobierno del sur, lo que provocó el inicio de la guerra de Vietnam (1955-1975) como parte de la guerra fría.

El régimen de Ho chi Minh en el norte fue apoyado por la URSS y China y el sur fue apoyado por Estados Unidos. En 1964 Estados Unidos decide intervenir directamente en la guerra, aunque se terminó retirando la gran resistencia que las fuerzas del norte presentaron. Por lo que el norte gana la guerra y unifica el país.

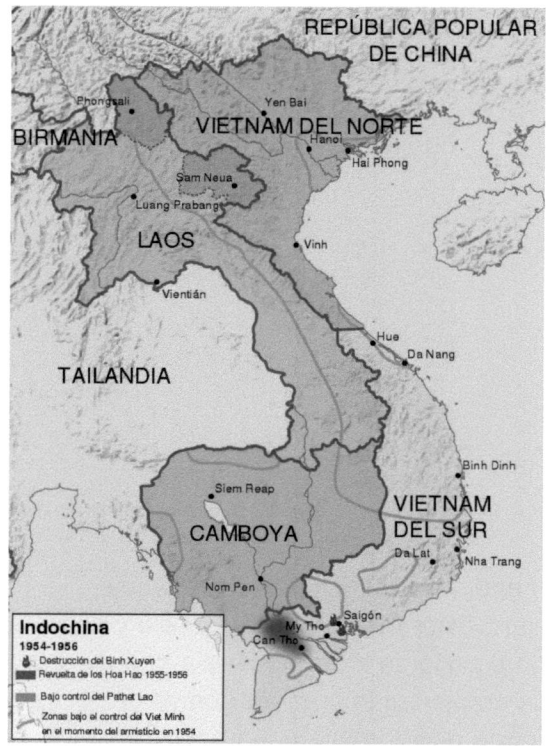

Con esto se instauró también en el sur ese régimen social-comunista del gobierno del norte, por lo que muchos vietnamitas fueron enviados a campos de reeducación.

Entre 1977 y 1991 ocurrió la guerra camboyano-vietnamita contra el régimen de los jemeres rojos para instaurar un régimen pro-vietnamita en Camboya, la república popular de Kampuchea. La guerra terminó con una victoria militar vietnamita y el fin del régimen de los jemeres rojos.

Desde 1986 se iniciaron una serie de reformas pro-occidentales con lo que se produjo un mayor acercamiento al mundo occidental.

(Vietnam actual)

43.<u>Historia del vaticano</u> (estados papales)

El cristianismo ya existía desde tiempos del imperio romano. Aunque el papa, el jefe de la iglesia católica, no tendría ningún estado propio hasta la alta edad media.

(Exarcado de Rávena)

En el año 584, los bizantinos fundaron el exarcado de rávena que se expandiría por distintos puntos de la costa de la península itálica hasta llegar a su parte central. En el año 751 el reino lombardo invade el exarcado de Rávena. Con esto el papado, que tenía sede el Roma, que formaba parte de Rávena, acude a la ayuda del rey de los francos, Pipino el breve.

Tras recibir la unción del papa, pipino, inicia una guerra contra los lombardos. Los lombardos son finalmente derrotados en el 756, por lo que deben entregar rávena al papado con lo que se crean los estados pontificios bajo la protección de los francos.

Tras el rescate del papa León III que fue depuesto y expulsado por la nobleza romana, este recompensa al entonces rey de los francos, Carlomagno, coronándolo como emperador en el año 800.

En el 824 se redacta la constitución romana en la cual el papado pasa a estar bajo soberanía de los carolingios y el papa gobernaría a manera de lugarteniente en la región.

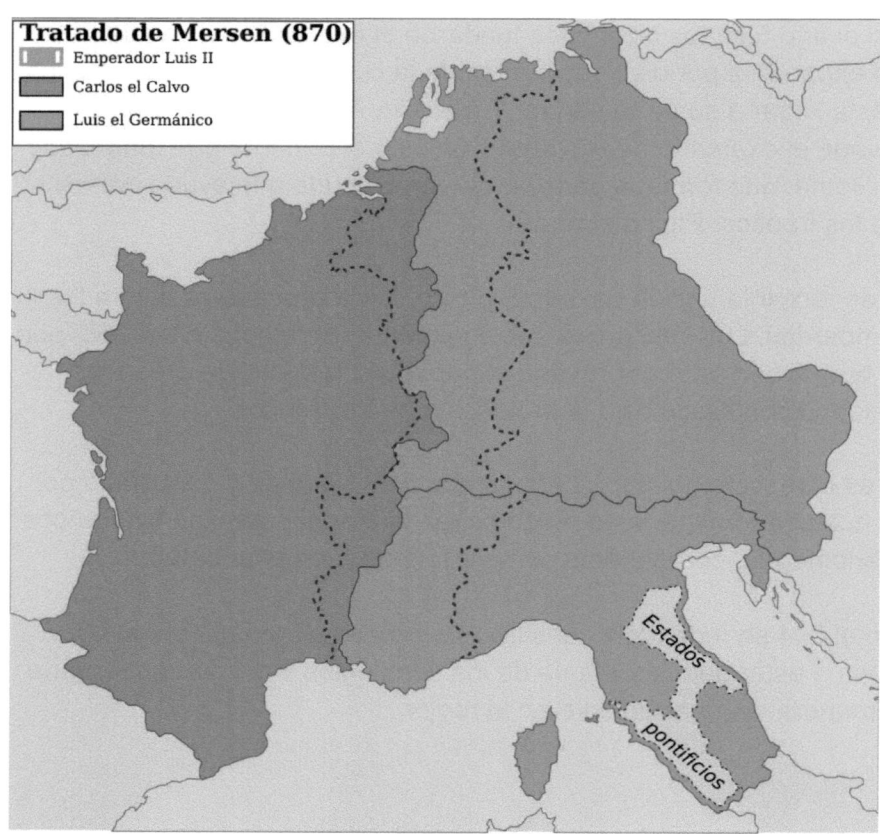

(Estados papales en el 870, año del tratado de Mersen)

En el 843 el imperio carolingio se fragmenta entre los nietos de Carlomagno, con esto el papado se ve nuevamente amenazado hasta que el papa Juan XII, acude al amparo del rey de la Francia oriental, Otón el Grande. En el 962, Otón, es coronado por el papa como emperador del sacro imperio romano germánico. A cambio el emperador brindaría su protección al papa.

En el 1054 se produce la división oficial entre el cristianismo, formando las iglesias católica y ortodoxa, este evento fue conocido como el cisma de oriente. En este, los líderes de ambas iglesias, el papa de Roma y el patriarca de Constantinopla se excomulgaron mutuamente.

Con la amenaza musulmana sobre el imperio bizantino, el patriarca de oriente, pide ayuda al papa Urbano II. El papa convence a los nobles católicos de iniciar una lucha para recuperar tierra santa que estaba bajo control musulmán, a cambio de que estos obtuvieran la salvación eterna. Con esto se dio inicio a las cruzadas (1096-1291).

Hubo un total de 9 cruzadas que relataré brevemente: la 1º entre 1096 y 1099 con victoria cristiana, la 2º entre 1147 y 1149 con victoria musulmana, la 3º entre 1189 y 1192 con victoria musulmana, la 4º entre 1198 y 1204 con victoria católica y la creación del imperio latino (para ver más de esta peculiar cruzada ver historia del imperio bizantino), 5º entre 1218 y 1221 con victoria musulmana, la 6º entre 1228 y 1229 con victoria cristiana, la 7º entre 1248 y 1254 con victoria musulmana, 8º cruzada en 1270 con status quo ante bellum o se puede llegar a considerar una victoria parcial cristiana ya que aunque no lograron conquistar Túnez como querían por las epidemias y el clima, lograron pactos que les favorecen ya que permitían el libre comercio y la estadía de los monjes y la 9º cruzada entre 1271 y 1272 con victoria decisiva musulmana y la expulsión final de los cristianos de tierra santa.

Posteriormente, se creó la famosa inquisición que juzgaría a supuestas brujas, homosexuales, herejes... Que podrían ser penados hasta con la muerte, esto para reafirmar el poder de Roma.

Poco a poco los estados pontificios van perdiendo poder e influencia sobre sus creyentes y los estados de Europa, además de la reforma protestante.

Por esta última, surgen diversas luchas entre católicos y protestantes. La más importante fue la guerra de los 30 años (1618-1648), que al final acabó siendo una guerra por influencia y poder y no por religión que acabó con la paz de Westfalia.

En el siglo XVIII, la iglesia va perdiendo cada vez más poder gracias a movimientos culturales como la ilustración. Que dejan de lado a Dios para centrarse en el individuo humano.

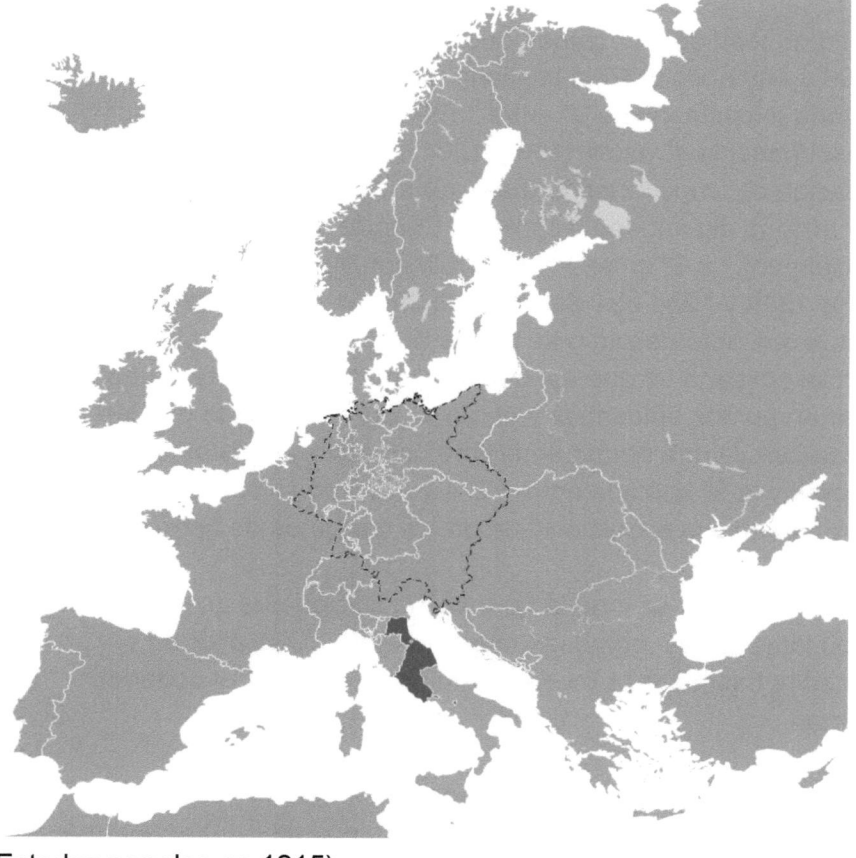

(Estados papales en 1815)

En 1798 Napoleón convierte al papado en un estado satélite francés conocido como la república romana. Aunque el papado sería restaurado en 1799 cuando Napoleón fue ganando más poder terminó anexando toda Italia a su imperio francés.

Tras la derrota napoleónica los estados papales son nuevamente restaurados en 1814. Aunque en 1849 unos revolucionarios establecieron la república romana, que no duró más que 5 meses gracias a la intervención de tropas francesas.

Los estados pontificios no fueron ajenos a la unificación italiana. Primero perdieron una buena parte de su territorio en 1859 y 1860 y finalmente, tras la retirada de las tropas francesas que fueron a luchar en la guerra franco-prusiana, Italia tuvo pase libre para terminar de anexar su territorio en 1870.

En 1929 Benito Mussolini y el papa Pío XI firmaron los pactos de Letrán. Con lo que el papa cede el actual territorio del Vaticano (0,44 kilómetros cuadrados).

Tras la segunda guerra mundial el Vaticano expandió sus relaciones diplomáticas internacionales. A día de hoy en Vaticano es un estado bastante controversial, ya que salieron a la luz casos de malversación, contactos con mafias y pederastía.

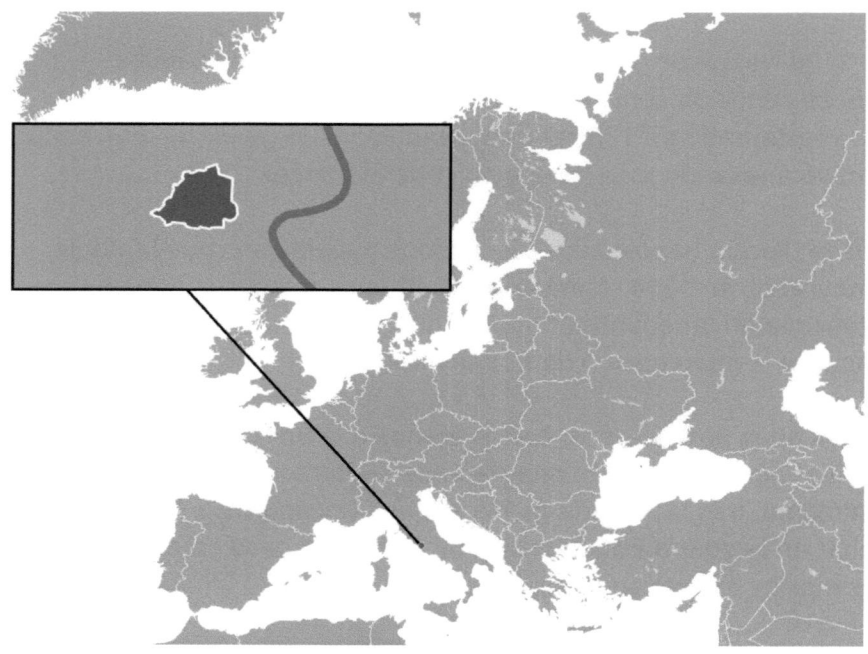

(La ciudad del Vaticano actualmente)

44.Historia de Omán

El primer estado registrado en Omán fue Magán, comprendido entre los actuales Emiratos Árabes Unidos y Omán. Fue registrado por los antiguos sumerios y duró entre el 2300 a.C y el 550 a.C, cuando fue sometido por el imperio persa sasánida.

El califato rashidun o califato ortodoxo (632-661), se expandió hasta llegar a Omán (para saber más de este ver historia del Islám). Los pueblos de la región aceptaron pacíficamente el islám.

Tras la primera fitna (guerra civil sucesoria en el califato omeya, entre el 656 y 661) nació una nueva rama del islám, el jariyismo, que actualmente es la religión principal del actual Omán. En concreto la rama del Jariyismo llamada ibadismo.

Tras la caída de los omeyas se creó el imanato de Omán (750-1696). Este estado desarrolló una gran flota que les permitió comerciar con África y la India. Aunque en los siglos XI y XII cayó bajo la influencia selyúcida.

En 1507 los portugueses llegan a Omán y forman un asentamiento en la región. Aunque también la amenaza otomana llegó, pero los portugueses los expulsaron tras las batallas del estrecho de Hormuz (1553) y del Golfo de Omán (1554). Lo que permitió que Omán no cayese bajo la influencia de Constantinopla.

En el siglo XVII los portugueses comienzan a entrar en decadencia y se retiran de la región. Lo que aprovechó Omán para expulsarlos también de la costa de Tanzania y Kenia, con lo que da inicio la era imperial de Omán. Con la caída de los persas safávidas se extendieron también por las costas de Persia y el sur de Omán, incluso llegando hasta el actual Pakistán.

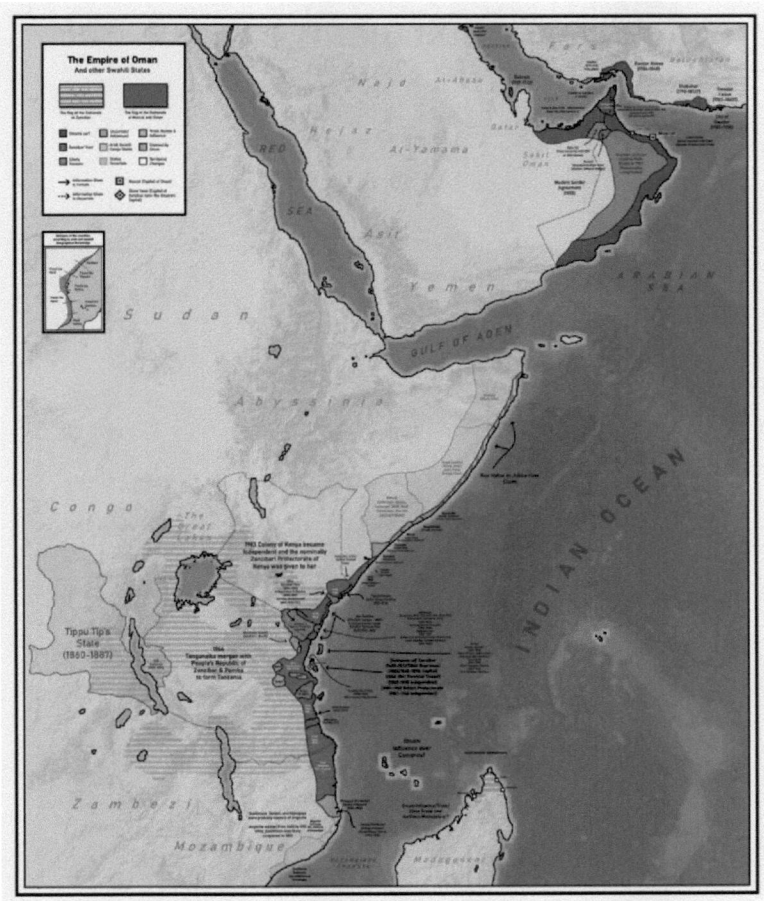

(Imperio de Omán)

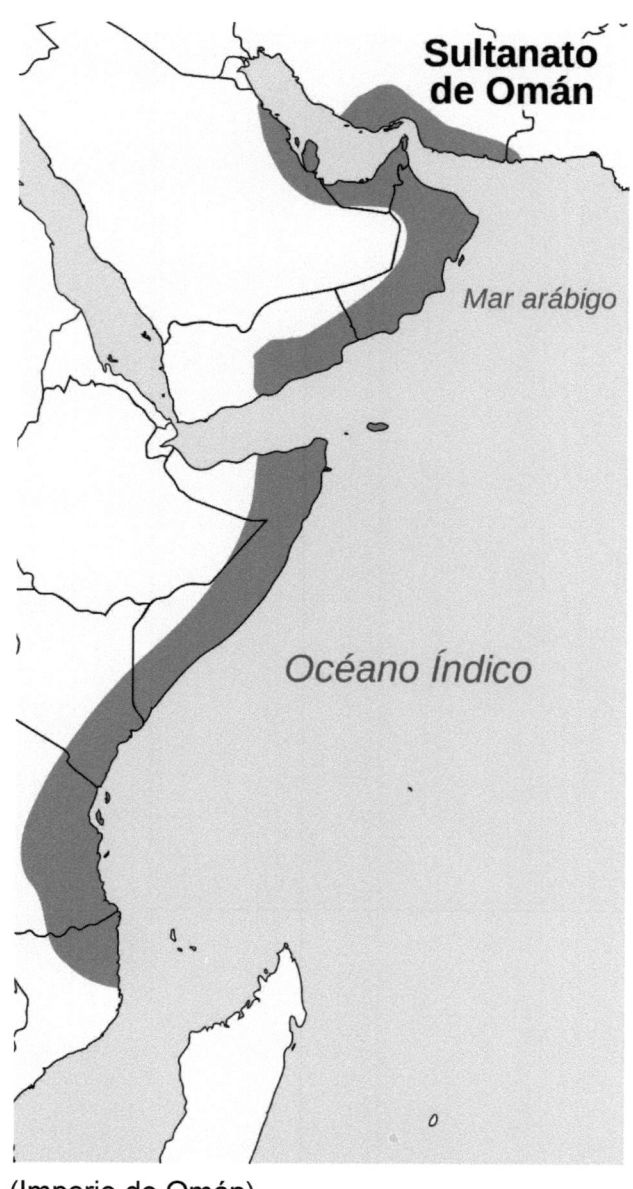

Sultanato de Omán

Mar arábigo

Océano Índico

(Imperio de Omán)

Con la llegada de los británicos a la región, se empiezan a firmar una serie de tratados con los imanes, en los que se les ofrece protección a cambio de beneficios económicos para los británicos. El primero de estos tratados se firmó en 1798, en el que se prohibió el comercio con franceses y neerlandeses y por tanto Omán empezaría a caer bajo la influencia británica. Hasta que en 1856 los británicos dividieron Omán en dos sultanatos: el sultanato de Omán y Mascate y el sultanato de Zanzíbar. Con lo que dejó de ser un imperio para convertirse en un protectorado británico.

Hacia 1870 también perdieron sus territorios en Irán en favor de los persas. Aunque en la década de 1910 lograron expandirse hasta sus fronteras actuales. En 1958 pierden su último territorio de ultramar, el puerto de Gwadar en Pakistán.

Además, entre 1954 y 1959 estalla la guerra de Jebel Akhada entre dos regiones del protectorado británico: el imanato de Omán y el sultanato de Mascate (este último con aún mayor influencia británica). Esto tras el intento de los británicos de intentar encontrar y explotar petróleo en Omán. El Imán recibió el apoyo egipcio y el sultán, el apoyo británico. Finalmente, el sultán salió victorioso, con lo que se unificaron las dos regiones en detrimento del imanato.

Entre 1962 y 1975 ocurrió la guerra de Dhofar. Esta región, en donde se habían encontrado recursos petroleros, buscaba la secesión del país. Con lo que el sultán obtiene el apoyo británico y el frente de liberación del Dhofar, de ideología social-comunsita, el apoyo de la URSS y Yemen del sur. Finalmente, los rebeldes fueron derrotados y se rindieron.

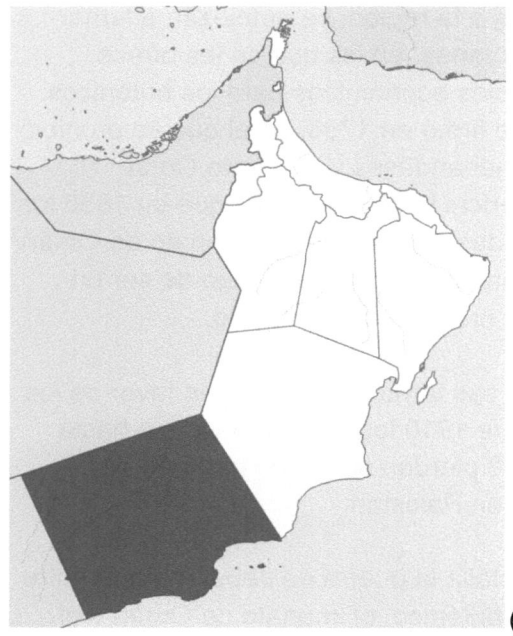

(Región de Dhofar)

En 1970, tras presiones por parte de la ONU, los británicos se retiraron de Omán. Tras la retirada británica se hicieron reformas de las infraestructuras, mejoras en la educación, salud y calidad de vida y también reformas sociales.

Entre estas destaca el sufragio universal desde el 2002, en donde los ciudadanos pueden escoger a sus representantes de la asamblea consultiva que puede ser convocada por el sultán para discutir y consultar asuntos de estado, en esta los candidatos no pertenecen a ningún partido político ya que están prohibidos al ser una monarquía absoluta y una ampliación progresiva de los derechos e influencia de las mujeres. Convirtiéndolo en unos de los países más prósperos y ricos del mundo musulmán.

Actualmente, Omán sigue siendo una monarquía absoluta gobernada por el sultán Haitham bin Tariq Al Said.

(Sultanato de Omán actualmente)

45.Historia de Etiopía

Los restos arqueológicos más antiguos de los homínidos fueron encontrados en Etiopía, y datan de hace 4,4 millones de años.

Las primeras documentaciones históricas sobre Etiopía fueron hechas por los antiguos egipcios, aunque estas no son muy precisas. Además, en el antiguo testamento se habla del reino etíope de Suba que fue visitado por el rey Salomón. Según algunas fuentes, el primer rey de Etiopía sería el legendario Menelik I, hijo del rey Salomón y la reina de Saba.

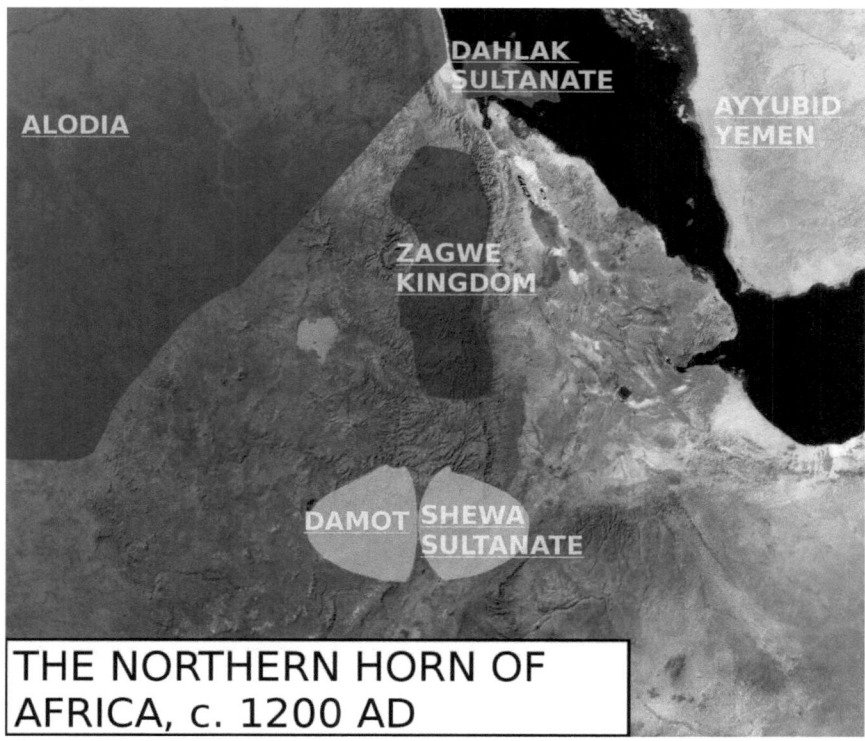

THE NORTHERN HORN OF AFRICA, c. 1200 AD

Entre el 980 a.C y el 400 a.C existió el reino de Damot en los actuales Eritrea y Etiopía. Aunque el primer estado bien documentado de la región no apareció hasta el siglo I d.C, el reino de Aksum, que duró hasta el año 960. Este estado se convirtió en una importante potencia gracias a su posición estratégica a orillas del mar Rojo por lo que fue un importante punto de paso para el comercio marítimo entre Europa y la India. En el siglo IV se introdujo el cristianismo en Etiopía gracias al obispo Frumencio de Etiopía, con lo que se crea la iglesia de Etiopía derivada de la iglesia copta de Egipto. Además, con el reinado de Kaleb se expandieron por Yemen cerca del 520.

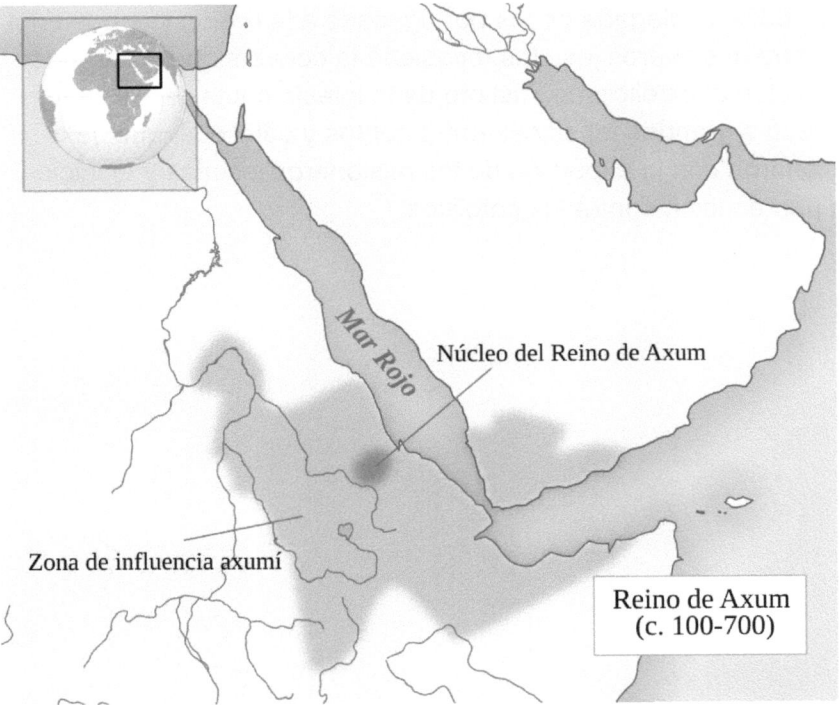

(Máxima extensión histórica de Aksum o Axum)
En el 960 los ejércitos de la semi-legendaria reina Gudit terminaron por derrotar a este reino de la dinastía salomónica, a partir de aquí

la dinastía de esta reina gobernaría hasta el 1137, cuando Mara Takla Haimanot los derroca fundando así la dinastía Zagwe. Este dinastía se replegaría hasta el interior de las mesetas de Etiopía, ya que los musulmanes que habían tomado la costa y eran una potencial amenaza.

En 1270 esta dinastía llegaría a su fin, tras el derrocamiento de su último rey por Yekuno Amlak, que se proclamó descendiente de Salomón.

Con esto se considera el inicio de la etapa del imperio etíope (1270-1630). La llegada de los portugueses a la región y la posterior llegada de misioneros jesuitas, ocasionó la conversión de parte de la población al catolicismo, distinto de la iglesia copta de Etiopía. Esto llevó a grandes tensiones entre coptos y católicos, que se solucionaron con la expulsión de los misioneros jesuitas y el inicio de la persecución contra los católicos.

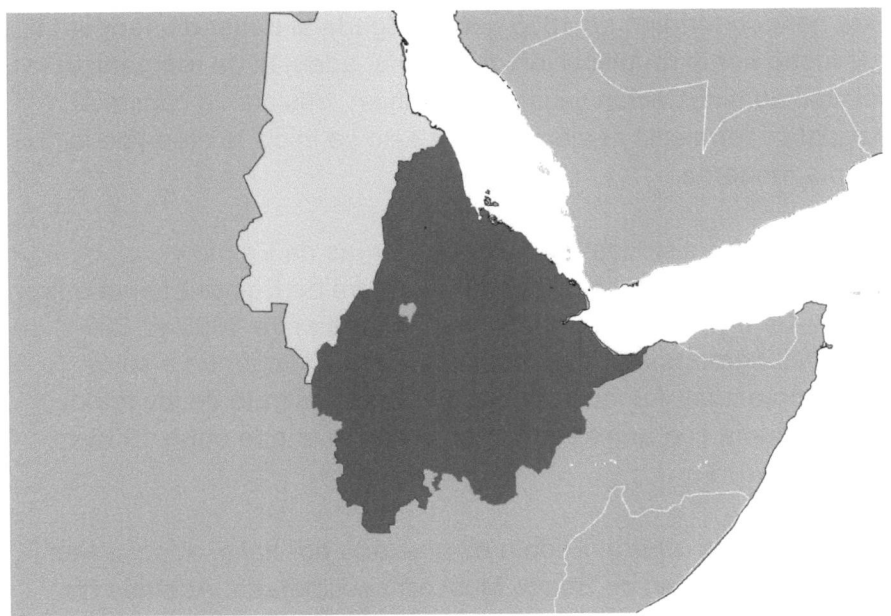

(Año 1400, Etiopía en verde oscuro y el sultanato de Sennar en claro)

A partir de 1630 se inicia el periodo Gondar cuando el rey Fasilides estableció la capital del reino en Gondar. Este periodo duraría hasta 1769. Esta etapa de la historia Etíope se vio marcada por un gran aislamiento de otras potencias extranjeras, aunque se logró una cierta expansión territorial.

Esta etapa dio paso a la era de los príncipes (1769-1855). Caracterizada por conflictos religiosos entre comunidades musulmanas y cristianas, así como entre señores feudales y el gobierno central, el cual se encontraba muy debilitado. Con lo que los caudillos locales fueron ganando poder en detrimento de la monarquía.

Este periodo terminó en 1855 con la llegada al poder de Teodoro II, que luchó por la reunificación de Etiopía, además de reorganizar la política, administración y justicia. También, trasladó la capital a Magdala y fortaleció el ejército. Con esto se inicia la etapa de la Etiopía moderna.

Etiopía logró resistir las invasiones externas de Egipto y posteriormente de Italia. Como en la guerra de Egipto-Etiopía entre 1874 y 1876 y la primera guerra ítalo-etíope entre 1895 y 1896. Además, logran una gran expansión territorial llegando a su extensión actual. Aunque la Italia de Mussolini trató de invadir de nuevo Etiopía con una segunda guerra ítalo-etíope entre 1935 y 1936.

Tras el fin de la guerra, Etiopía es anexada por Italia, aunque tras la derrota del régimen de Benito Mussolini es liberada. Además de que lograron anexar Eritrea, con lo que llega a su máxima expansión.

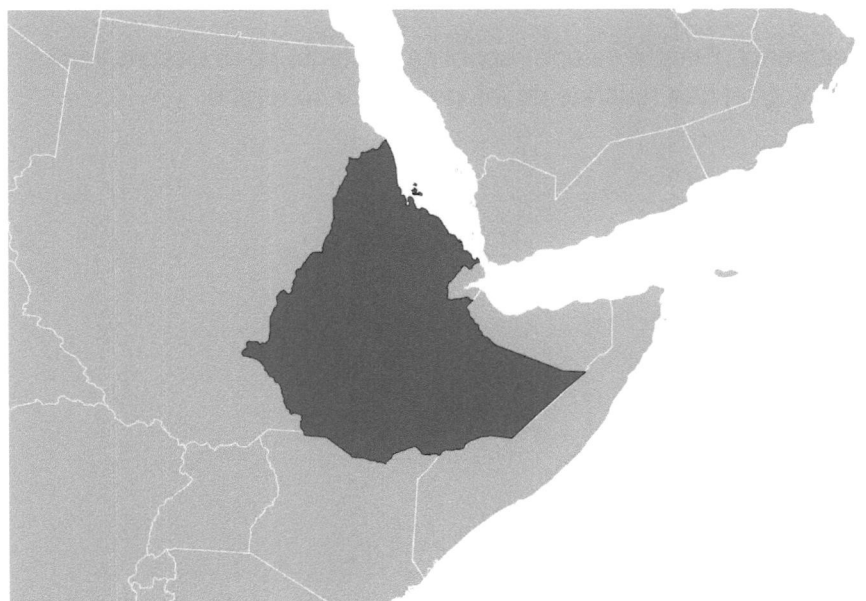

(Etiopía y Eritrea)

En 1974 el último rey es depuesto tras una serie de protestas por una gran hambruna que se produjo en el país. Con lo que el gobierno quedó en manos de un consejo militar de carácter socialista y unipartidista.

Además, entre 1974 y 1991 se dio una guerra civil contra este consejo y otra guerra contra Somalia entre 1977 y 1978, conocida como guerra de Ogaden, por una disputa sobre el control de Eritrea. Finalmente Etiopía ganó y pudo mantener su soberanía en Eritrea.

En 1991 con la caída de la URSS el consejo socialista fue derrocado. También, en 1993 Eritrea logra su independencia de Etiopía. Entre 1998 y el 2000 se dio una guerra entre estos dos países. Aunque Etiopía obtuvo una victoria militar, la corte internacional terminó dando su veredicto a favor de Eritrea.

Actualmente, Etiopía es una república bastante poco desarrollada y pobre al igual que muchos de los países de su región.

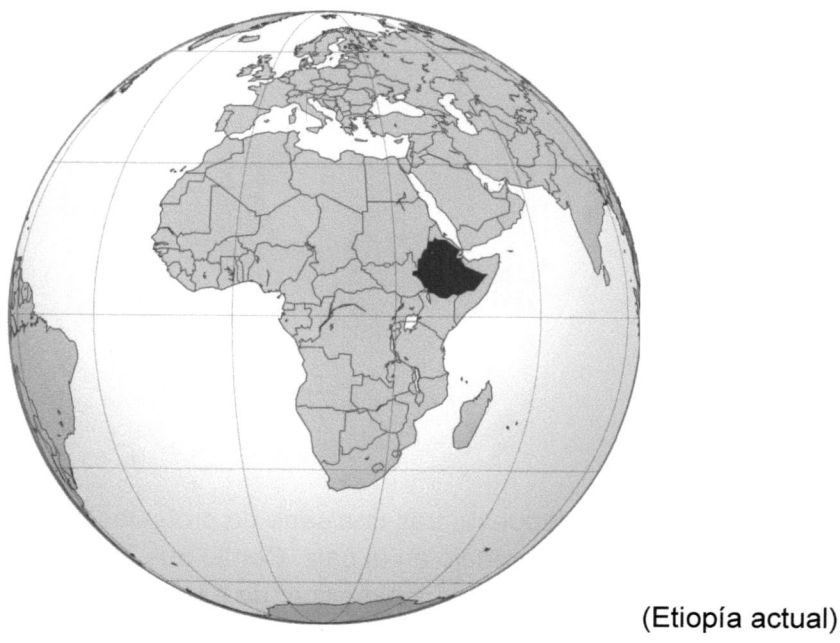

(Etiopía actual)

46.Historia de Sudáfrica

La primera etnia en establecerse en el actual Sudáfrica fueron los bosquimanos, que se asentaron desde Angola hasta Sudáfrica. Además, antes de la llegada de los europeos se asentaron otros grupos de la etnia Bantú, al sur del río Limpopo.

En 1488 llega al Cabo de Buena Esperanza, al sur de Sudáfrica, el navegante portugués Bartolomé Díaz en búsqueda de nuevas rutas para llegar a la India. Aunque no se llegaron a establecer en Sudáfrica, los portugueses mantuvieron la hegemonía en el sur del continente al controlar el comercio marítimo y establecer factorías y puestos comerciales en la costa.

En 1647 dos marineros neerlandeses naufragaron en costas sudafricanas y al regresar a su país informaron de la riqueza de estas tierras, lo que dio pase a que en 1652 se estableciera la colonia neerlandesa del Cabo.

Poco a poco comenzaron a llegar más colonos e inmigrantes. Con esto se formó una nueva etnia en el país, los afrikáner. Este se identifica con tres características fundamentales: el idioma afrikáans, derivado del neerlandés; la religión cristiana calvinista y la producción agropecuaria, que consiste en el cultivo de plantas y animales para obtener alimentos y materias primas.

Esta colonia tuvo un gran crecimiento económico y una gran expansión territorial. Esta última llevó a que abarcara una gran cantidad de etnias y grupos distintos, lo que creó una sociedad segregada y desigual ante la ley. Incluso algunos afrikáners que se convirtieron en grandes granjeros independientes de la compañía neerlandesa de las indias orientales, llamados bóers que llegaron a tener sus propias milicias.

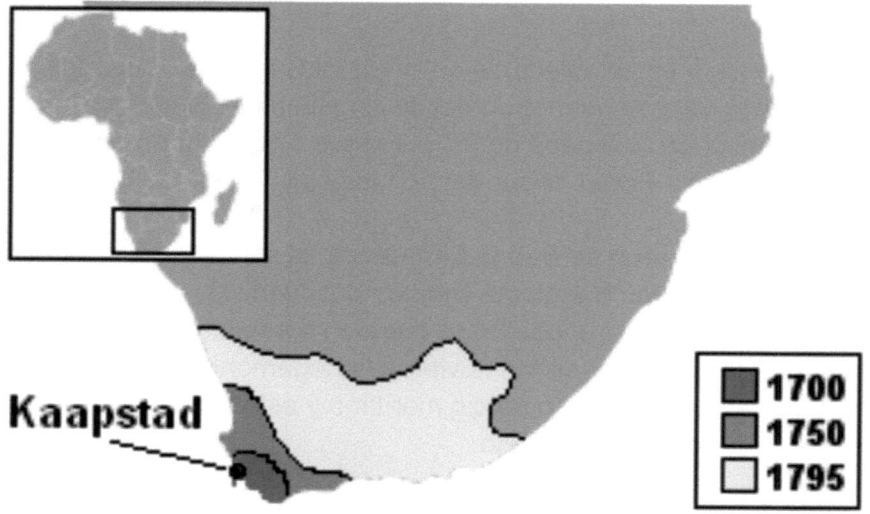

■	1700
■	1750
□	1795

(Expansión de la colonia del cabo neerlandesa)
Tras las guerras napoleónicas y el posterior congreso de Viena los británicos ocuparon la colonia del cabo para anexar posteriormente. Los británicos se expandieron a costa de las etnias locales al descubrir recursos como el oro y los diamantes, hasta crear una nueva colonia, la colonia de natal en 1843.

También los bóers crearon diversos estados, conocidos como las repúblicas bóers. Las más importantes y que duraron más tiempo fueron la república sudafricana (1857-1902) y el estado libre de Orange (1854-1902). Otra etnia, los zulú, crearon su propio reino (1816-1879) y se sumaron a la resistencia contra los invasores europeos. Pero fueron derrotados en la guerra anglo-zulú (1879) y convertidos en un protectorado y anexionados a la colonia de natal en 1897.

Sin embargo, los bóers lograron resistir la primera guerra anglo-bóer (1880-1881). Tras el reparto de África los británicos contrataron en la segunda guerra anglo-bóer (1899-1902), tras la cual lograron la rendición y anexión de los estados bóers creando la colonia de Transvaal (antes de la anexión república sudafricana) y la colonia del Río Orange.

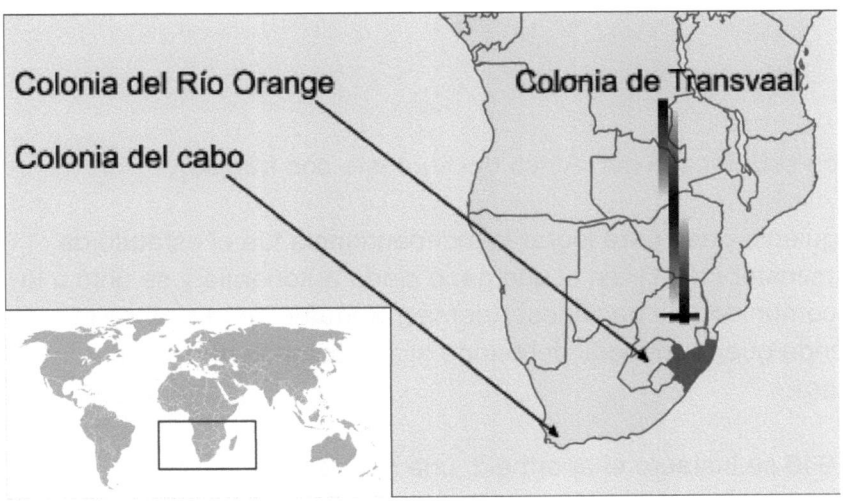

(Colonia de natal en rojo)

Tras negociaciones con los británicos lograron cierta autonomía al unificar las 4 colonias en la unión sudafricana (1910-1961), aunque aún con el estatus de dominio británico. En esta época hubo también una gran segregación contra los negros de Sudáfrica.

Tras la primera guerra mundial, la Namibia alemana pasó a ser un mandato de la sociedad de naciones bajo el mandato sudafricano. A este territorio se le dio el nombre de África suroeste.

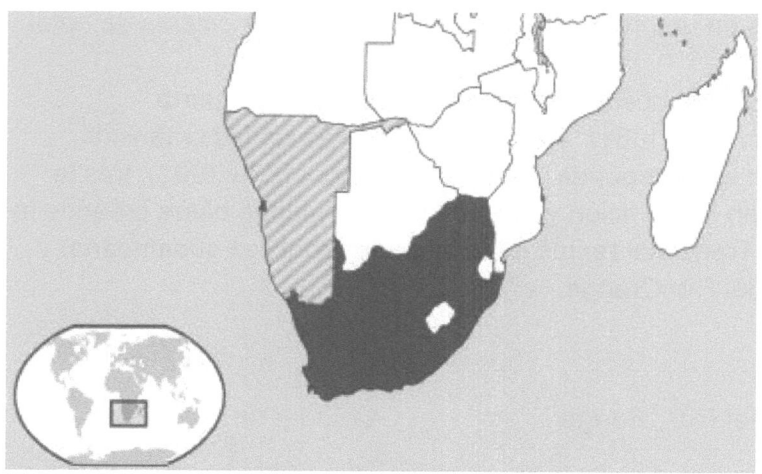

(Unión sudafricana con África del suroeste con franjas)

El siguiente paso para lograr la independencia fue el estatuto de Westminster (1931), en el que ganó cierta autonomía y se unió a la mancomunidad de naciones. Además, Sudáfrica participó en la segunda guerra mundial del bando aliado como lo hizo en la primera.

En 1948 se instauró el apartheid, una normalización de la segregación contra los negros. Con algunas medidas como el derecho a voto exclusivo para los blancos, la creación de lugares y estancias separadas negros, la prohición del matrimonio entre blancos y negros y la restricción de la libertad de tránsito para estos últimos.

En medio de esta situación de desigualdad apareció la figura del recordado Nelson Mandela. Este líder de la organización del "Umkhonto we Sizwe" fue creada en 1961, mismo año de la creación de la república sudafricana , ahora completamente independiente de los británicos.

Entre 1966 y 1990 ocurrió la guerra de frontera sudafricana contra los independentistas de Namibia, que finalmente ganaron y lograron la retirada de las tropas sudafricanas y su independencia.

El presidente Frederik de Klerk, liberó a Nelson Mandela tras 27 años de prisión y contribuyó a la eliminación del apartheid que se eliminó tras un referéndum en 1992.

En 1994 es elegido presidente a Nelson Mandela, y en su mandato Sudáfrica se volvió a unir nuevamente a la mancomunidad de naciones.

Actualmente, Sudáfrica sigue siendo un país bastante pobre, especialmente afectando a la población negra debido a las secuelas del apartheid.

(Sudáfrica actualmente)

47.Historia de Nigeria

La primera civilización en asentarse en el actual Nigeria fueron los
Nok (1500 a.C-200 d.C), que se asentaron a orillas del río Níger.

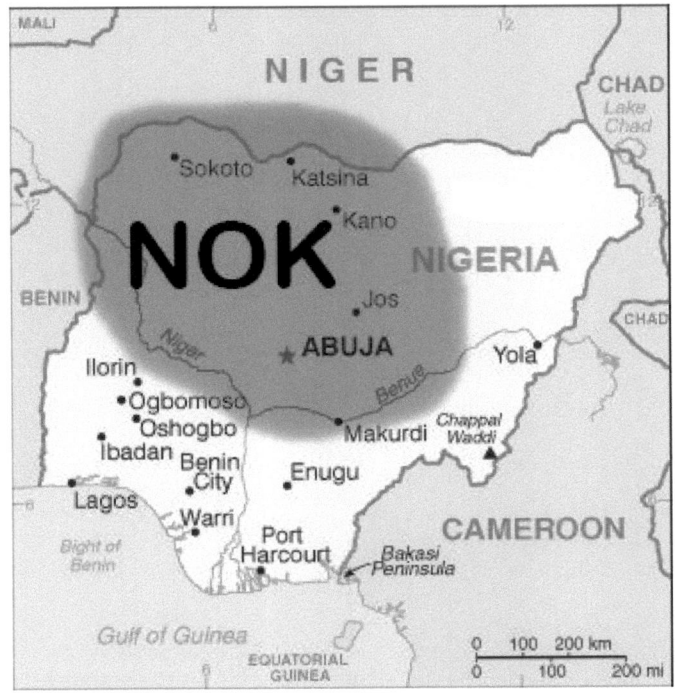

Desde el siglo X d.C comienzan a aparecer ciertos estados
organizados en la costa de Nigeria: el reino de Nri (948-1911), de
etnia igbo; el reino de Benín (1180-1897), de etnia edo y el imperio
de oyo (1400-1896), etnia yoruba.

(Reino de Benín)

(Imperio oyo)

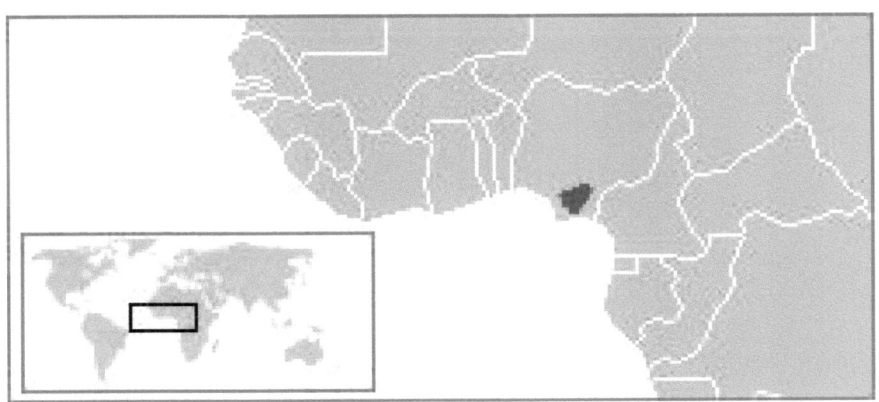

(Reino de Nri)

En el norte se asentaron los reinos hausa, de la etnia hausa y religión musulmana. En XIV aparecieron otros reinos en la zona central de Nigeria como Jukun e Igala.

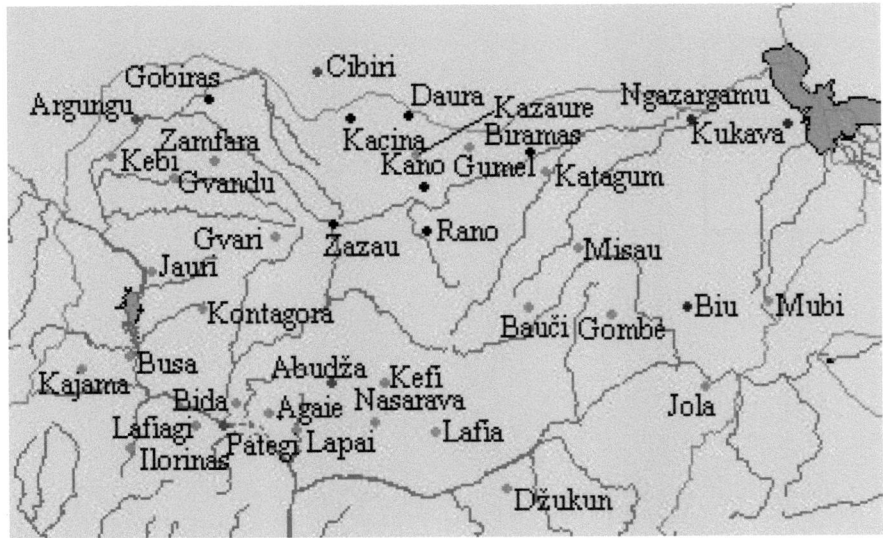

(Ciudades estados hausa)

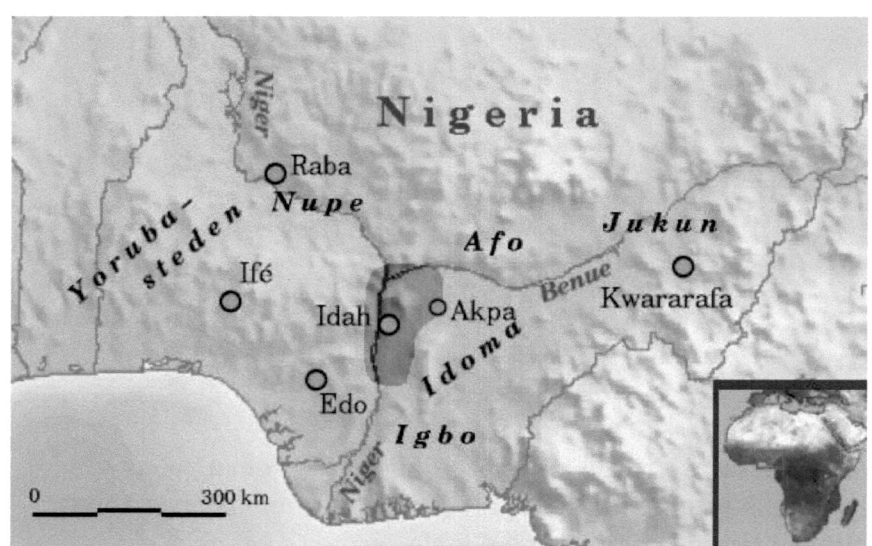

(Igala)

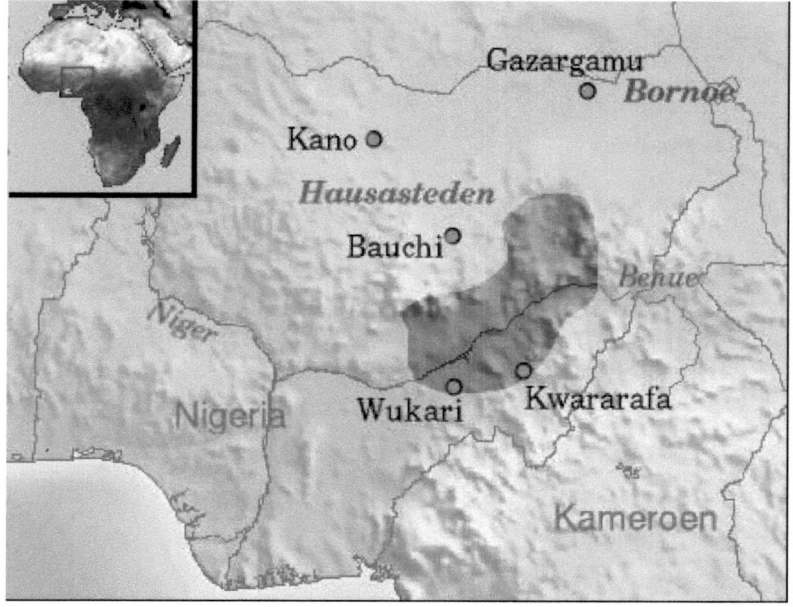

(Jukun)

364

En el siglo XVI los portugueses llegaron a la región y comenzaron a comerciar esclavos y diamantes con los reinos locales, con lo que comienza un periodo de gran prosperidad económica. Además de que el cristianismo se comenzó a expandir por el sur.

Desde el siglo XVIII la prosperidad comienza a desaparecer por la abolición de la esclavitud en los países occidentales. Las ciudades estado Hausa entran también en decadencia por una serie de luchas entre ellas. Es aquí cuando aparece la etnia nómada fulani, que le declara la guerra a los hausa en la guerra de fulani entre 1804 y 1808. Tras la victoria se crea el califato de Sokoto (1804-1903), en el norte de Nigeria.

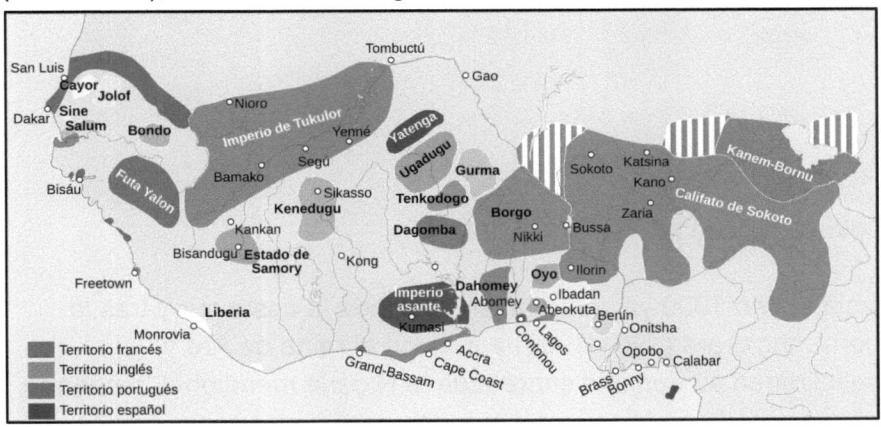

En el siglo XIX comienzan las intervenciones británicas en la región, con lo que en 1851 intervienen en el reino de lagos y para 1862 lo transformaron en la colonia británica de lagos.

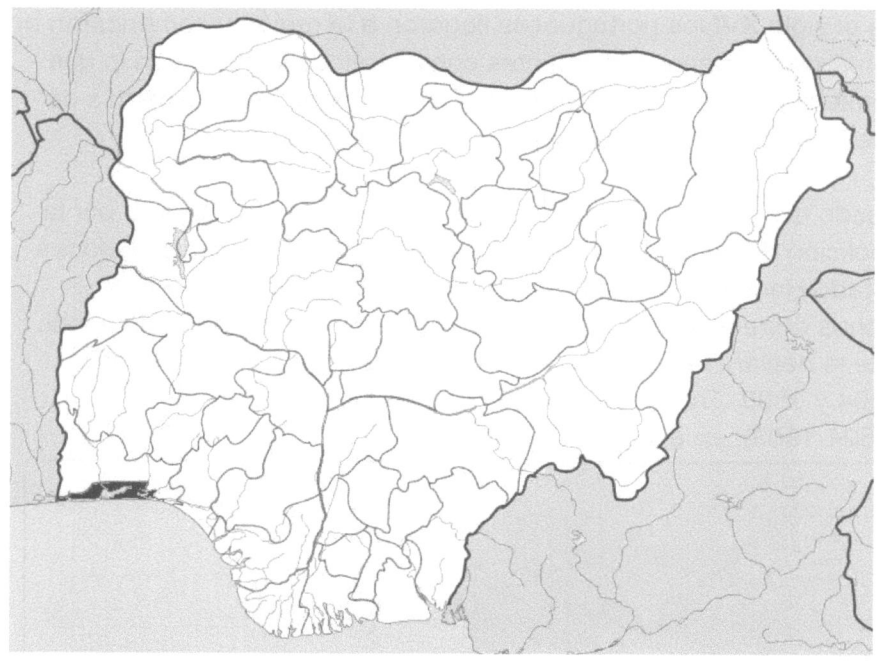

(Colonia de Lagos)

Hacia el año 1900 ya controlaban casi toda la costa sur y tras la guerra anglo-aro (1901-1902) anexaron el reino de Aro y consolidaron su dominio sobre toda la Nigeria meridional, fundando el protectorado de Nigeria del sur con capital en Lagos. Tras la batalla de Kano en 1903 los británicos anexan Sokoto y lo transforman en el protectorado de Nigeria del norte.

(Nigeria del sur en Rojo fuerte)

(Nigeria del norte)

En 1914 juntan ambos protectorados fundando la colonia de Nigeria. Esta se expande tras la primera guerra mundial anexando algunos territorios del Camerún alemán.

(Colonia de Nigeria)

Tras la segunda guerra mundial, comienza a surgir un nacionalismo nigeriano, aprovechando el debilitamiento del imperio británico. Con esto en 1954 le otorga el estatus de federación, con más autonomía. Y para 1960 obtiene su total independencia del Reino Unido como un miembro de la mancomunidad de naciones.

Respecto a los territorios del Camerún alemán, la parte norte fue anexada por Nigeria y la parte sur por Camerún.

En 1966 el país se convierte en una dictadura militar tras dos golpes de estado. Con esto la república de Biafra, de etnia igbo, se proclama independiente y comienza la guerra civil nigeriana (1967-1970). Esta finalmente acabó con la victoria del gobierno central nigeriano.

A pesar del descubrimiento de recursos petroleros en el sur, la inestabilidad política continuó con otros dos golpes de estado en 1975 y 1976 respectivamente.

En 1979 se logró establecer una segunda república, que fue derrocada en 1983. Diez años después se proclamó otra república, que fue derrocada ese mismo año. Con lo que el país quedó bajo una junta gobernada por Saní Abacha hasta 1999.

Actualmente, Nigeria es una república federal con capital en Abuya, democrática y muy multiétnica, ya que en su territorio conviven musulmanes, cristianos y muchas otras etnias africanas. Además, es el país más poblado de África con más de 200 millones de habitantes y también la mayor economía del continente.

(Nigeria actualmente)

48.Historia de Escocia

Con el establecimiento de la provincia romana de Britania, que ocupó los actuales Inglaterra y Gales, los romanos no pudieron adentrarse en Escocia por la belicosidad de las tribus locales. En su lugar, el emperador Adriano mandó construir en el 122 d.C el muro de Adriano para evitar incursiones de los celtas escoceses del norte. Más adelante, en el 142 d.C el emperador Antonio Pío mandó construir el muro de Antonio, más al norte, con el objetivo de reforzar las fronteras.

Estuario de Firth

Muro de Antonino
Comenzado en 142

Mar
del Norte

Muro de Adriano
Comenzado en 122

Mar de Irlanda

NORTE

0   20   40   60   80   100
Kilómetros

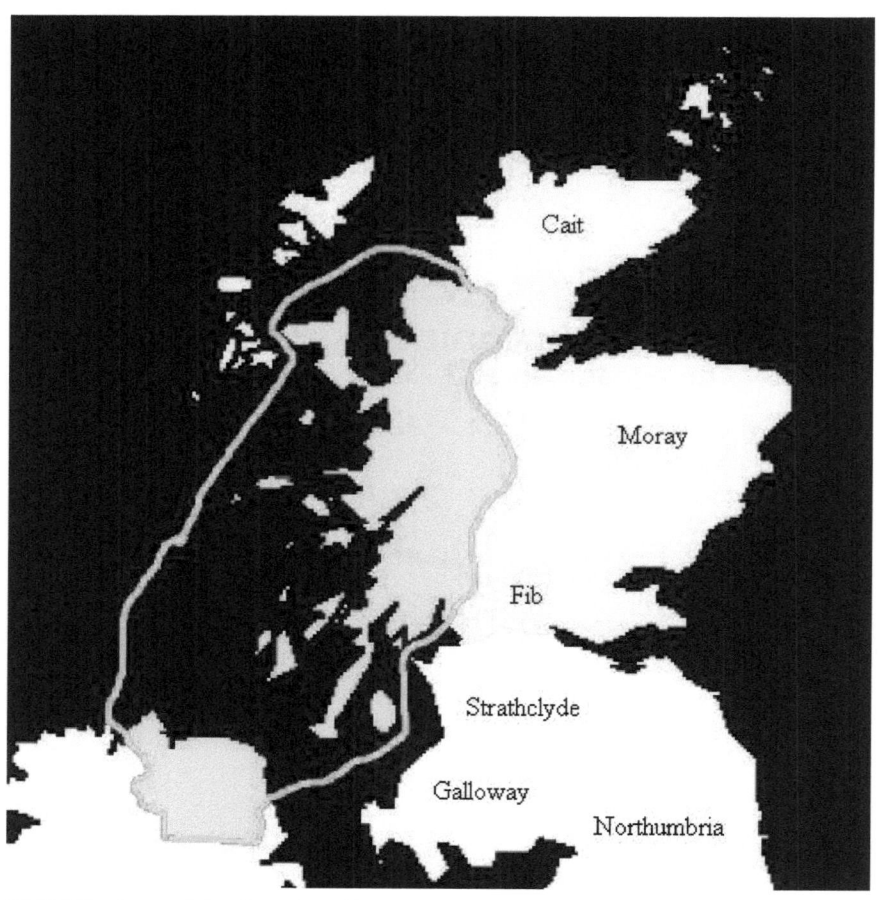

(Dál Riada en Verde y los Pictos en amarillo)

Desde mediados del siglo VI se fundó en Escocia el reino de los Pictos y el de Dál Riata. Las invasiones vikingas debilitaron enormemente al reino de los Pictos, con lo que el rey gaélico de Dál Riada, Kenneth Macalpin concretó su conquista hacia el 843 fundando el reino de Alba, por eso se le conoce como el fundador de Escocia. También, los vikingos llegaron a asentarse en algunas islas escocesas durante este periodo.

Entre 1262 y 1266 se desata la guerra noruego-escocesa en la cual Escocia toma las islas Hébridas que estaban bajo posesión nórdica, mientras que los noruegos mantuvieron las islas de Orkney y la Shetland.

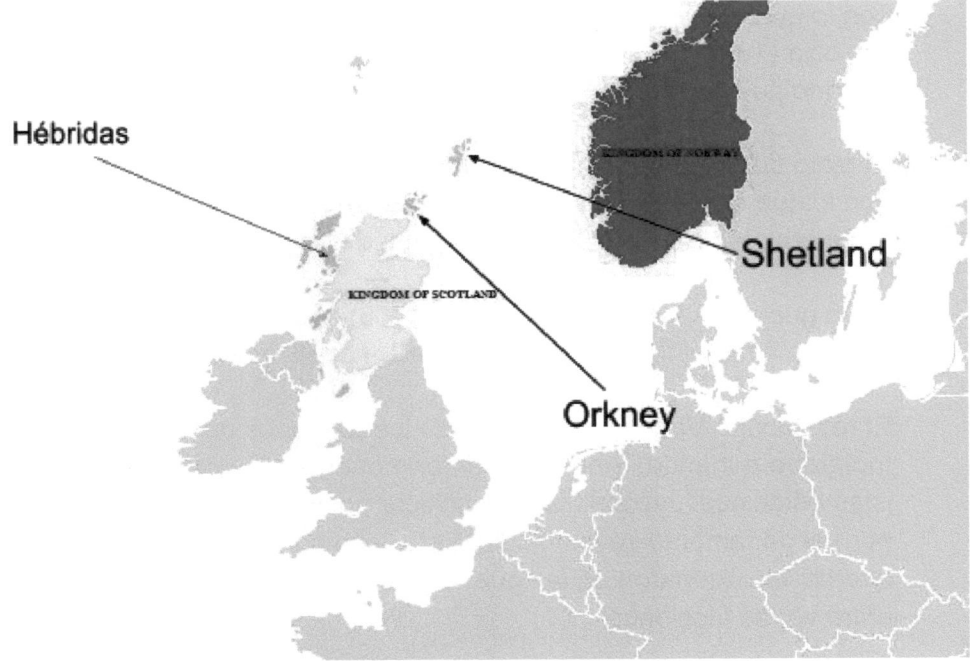

(Posesiones noruegas en escocia de color azul)

Con la muerte del rey Alejandro III en 1286 inicia una crisis sucesoria, que lleva a la intervención del rey Eduardo I de Inglaterra que pone en el trono a Juan de Balliol, lo que es rechazado por la población y lleva a las guerras de independencia de Escocia.

En la primera (1296-1328), destaca la participación del recordado William Wallace, un líder de la resistencia que terminó siendo ejecutado. La independencia de facto de Escocia se obtiene tras la batalla de Bannockburn (1314), ratificada con el tratado de Edimburgo-Northampton que reconoce a Roberto I como rey de Escocia.

El hijo de Juan de Balliol, Eduardo Balliol, reclama el trono escocés con lo que comienza la segunda guerra de independencia de Escocia (1332-1357). Con el apoyo inglés, Eduardo trata de tomar el trono pero el rey David II logra mantenerse en el poder.

El nieto de Roberto I, Roberto II fundó la dinastía de los estuardo con lo que empieza una época de prosperidad. Hacia 1486 recuperan las islas de Orkney y Shetland de Noruega.

En la guerra de los 100 años (1337-1456) apoyaron a Francia. En 1502 se firmó el tratado de paz perpetua con Inglaterra.

El rey Jacobo VI de Escocia, heredó los territorios de Escocia, Inglaterra e Irlanda. Siendo el primer monarca el reinar en todas las islas británicas. Jacobo trató de unificar políticamente los 3 reinos pero el parlamento se lo impidió. Esto llevó a varias desavenencias que desencadenaron en las guerras de los 3 reinos (1638-1653), entre varias facciones.

Esta guerra llevó al establecimiento de la mancomunidad de Inglaterra (1649-1660), en la que Oliver Cromwell se convirtió en lord protector de esta recién creada república. Tras su muerte la monarquía de los estuardo fue restaurada y aunque hubo una unión dinástica entre Inglaterra y Escocia los dos reinos eran políticamente independientes.

Tras una gran hambruna (7 años de hambre, en la década de 1690) y el fallido intento de la compañía escocesa de comercio de establecer colonias en América, ocurrió una gran crisis económica que obligó al país a unirse a Inglaterra firmando el tratado de unión en 1706, que se ejecutaría en 1707 creándose el reino de Gran Bretaña.

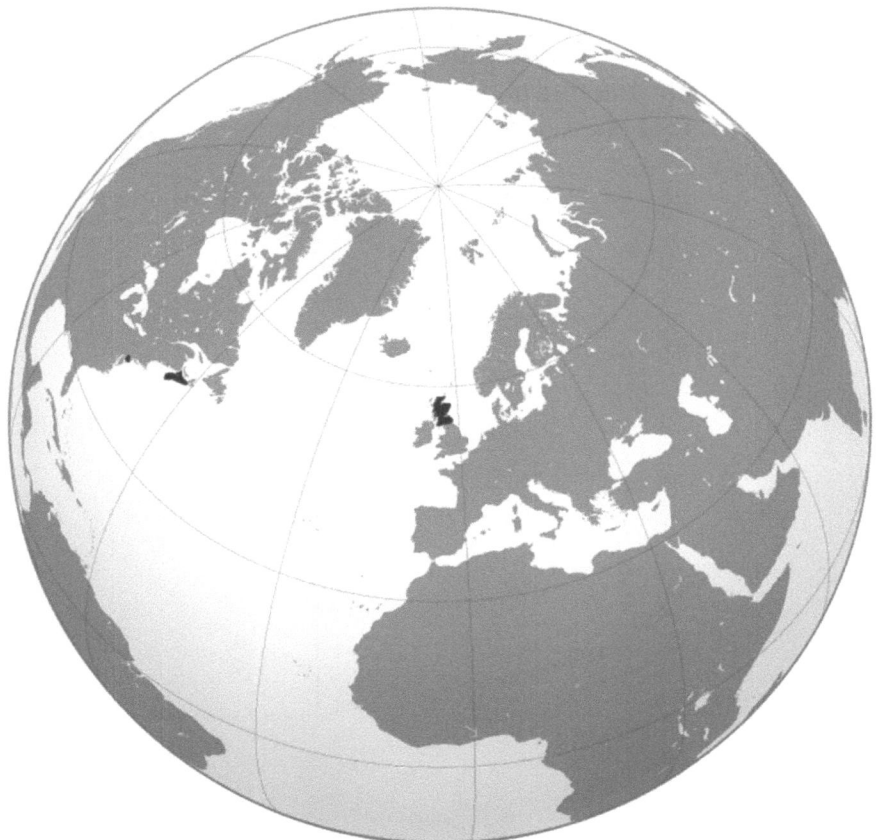

(Reino de Escocia antes de su unión con Inglaterra, se incluyen sus fallidas colonias en América)

En 1800 Irlanda se une políticamente a este reino creando el Reino Unido de Gran Bretaña e Irlanda.

Durante el periodo de unión al gobierno de Londres, sucedieron varios intentos de ganar autonomía e independencia. A finales del siglo XX tras una serie de referéndums lograron incrementar su autonomía respecto al gobierno central. En el 2014 se realizó un último referéndum por la independencia total de Escocia, aunque fue rechazado. Aunque tras el brexit, los escoceses quedaron descontentos con la decisión lo que incrementó los deseos de independencia.

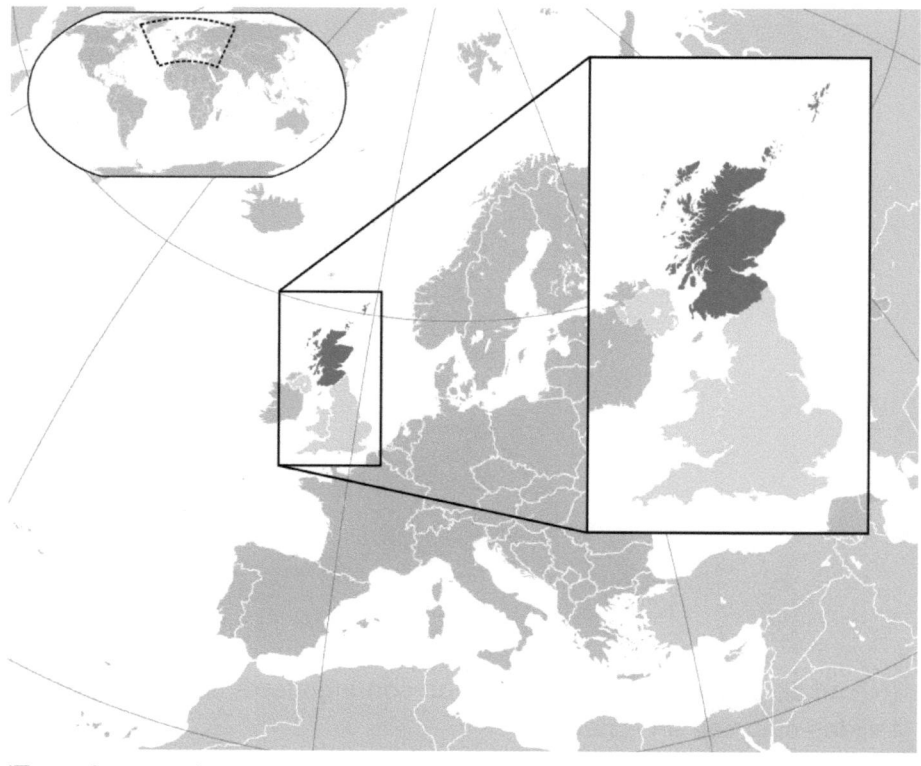

(Escocia actualmente como nación constituyente del RU)

49.Historia de Sri Lanka

El primer reino cingalés en formarse sería el de Thambapanni (543 a.C-437 a.C). Este fue fundado por el príncipe vijaya que habría conocido a Buda en persona. En el 458 a.C inicia un periodo de guerras civiles que llevan a su caída en el 437 a.C, en favor del reino de Anuradhapura (437 a.C-1017 d.C).

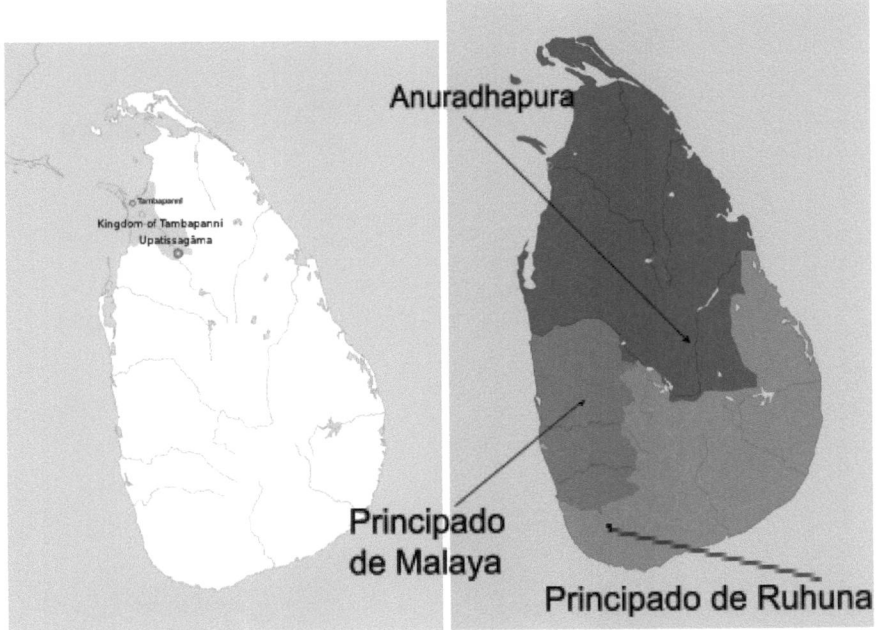

(Thambapanni)
Este reino llegó a ocupar más de la mitad norte de la isla. En un principio la religión principal fue el hinduismo, pero fue sustituida por

el budismo a mediados del siglo III a.C. Durante su historia fue invadida al menos 8 veces por dinastías de la India.

Una de ellas, la dinastía Chola, fue la responsable de su caída en el año 1017. Esta dinastía no duró mucho en la región y para el año 1055 los cingaleses fundaron un nuevo reino llamado Polonnaruwa (1055-1232).

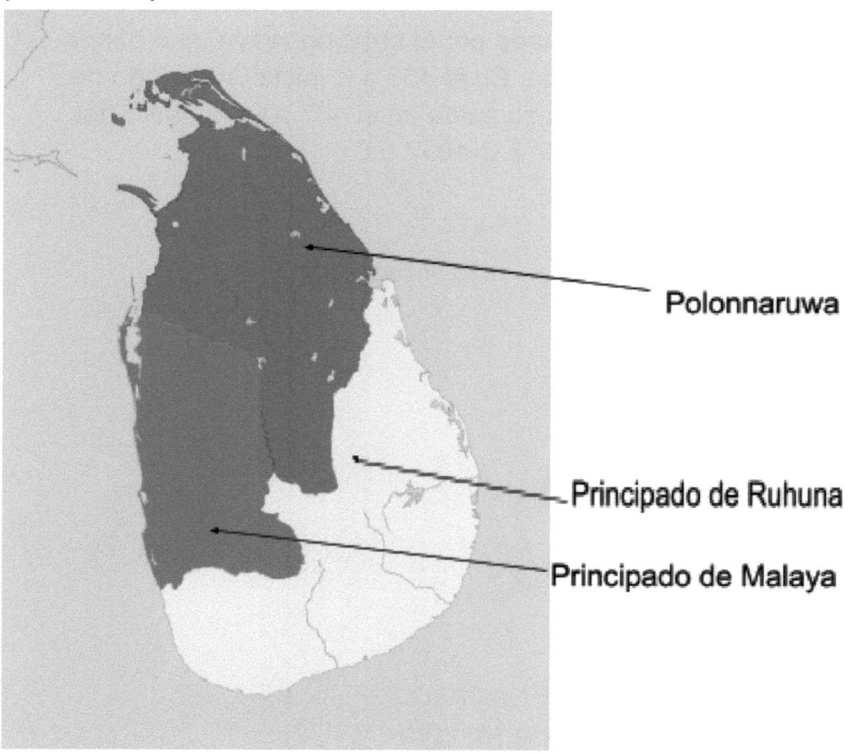

Polonnaruwa

Principado de Ruhuna

Principado de Malaya

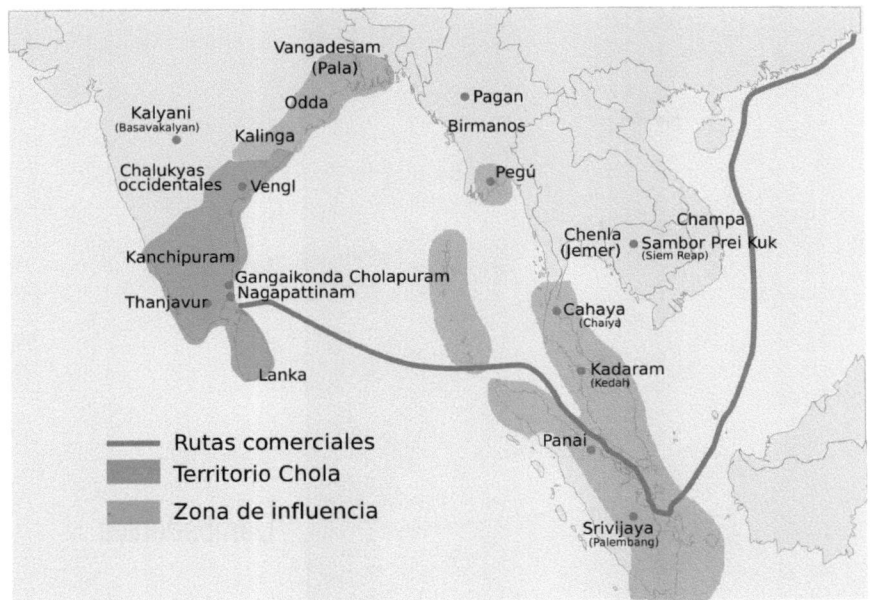

Rutas comerciales
Territorio Chola
Zona de influencia

A principios del siglo XIII decayó el favor de los reinos de
Dambadeniya (1220-1345), de carácter budista y cingalés, y Jaffna
(1215-1619), de carácter hinduista y tamil (herencia chola). Estos
no tuvieron un gran esplendor y fueron sucedidos por otras
dinastías: el reino de Gampola (1341-1408); su sucesor, el reino de
kotte (1412-1597); y sus sucesores, el reino de Sitawaka
(1521-1594) y el reino de kandy (1469-1815).

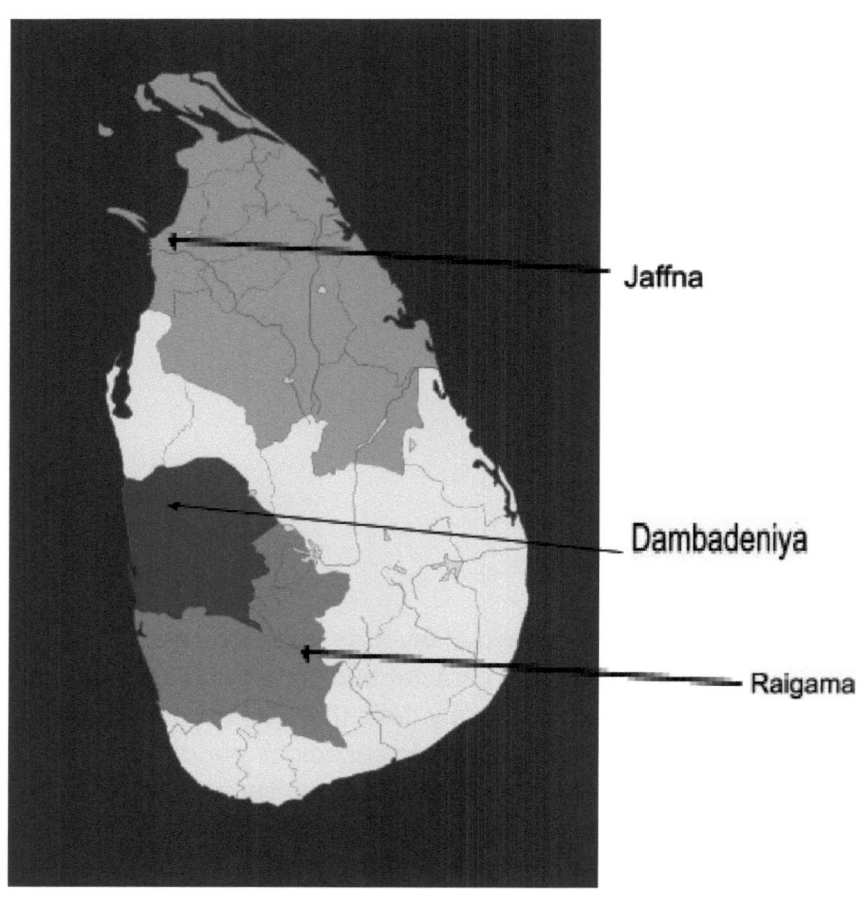

Jaffna

Dambadeniya

Raigama

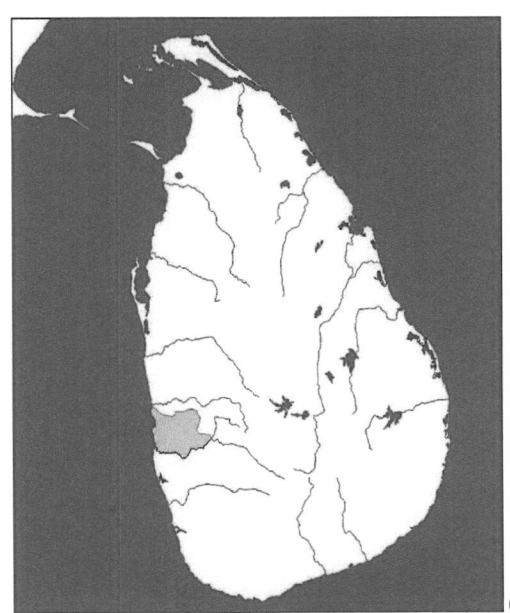

(Gampola)

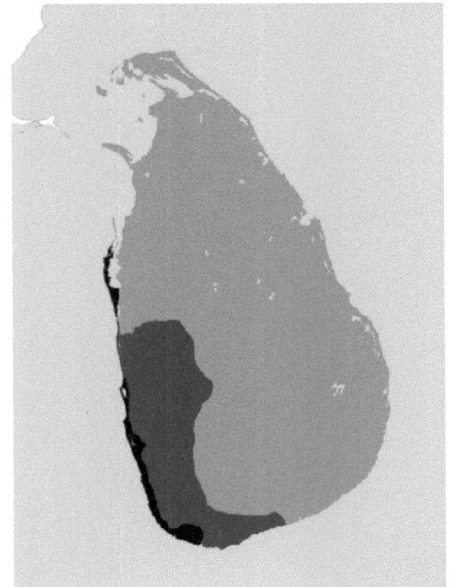

(Kotte)

383

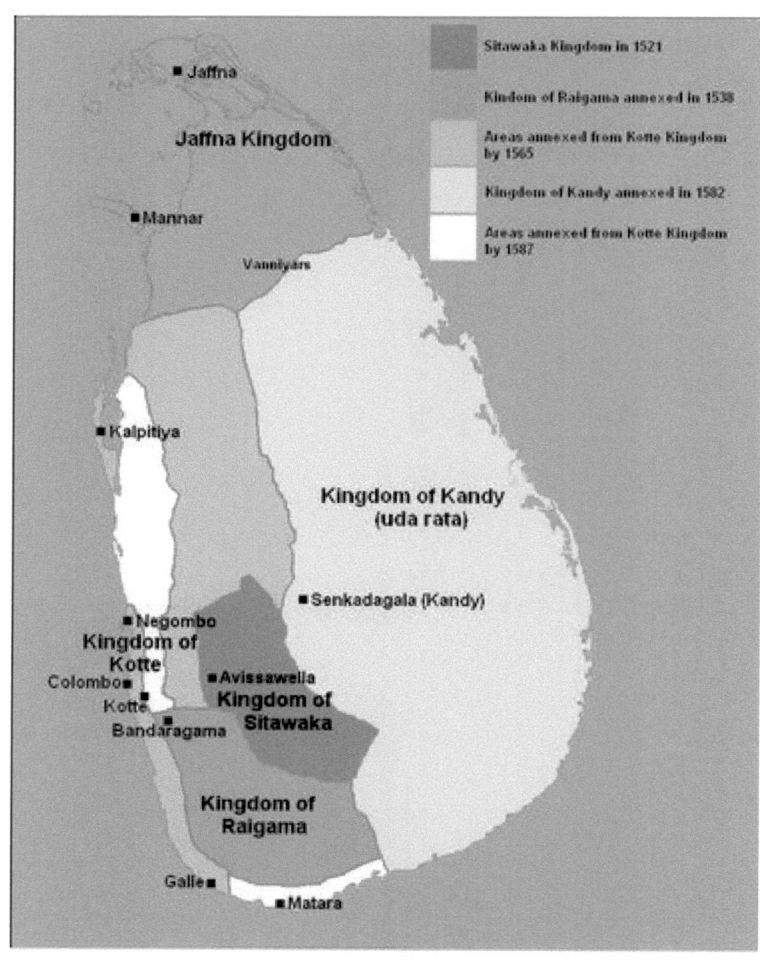

Legend:
- Sitawaka Kingdom in 1521
- Kindom of Raigama annexed in 1538
- Areas annexed from Kotte Kingdom by 1565
- Kingdom of Kandy annexed in 1582
- Areas annexed from Kotte Kingdom by 1587

Jaffna

Jaffna Kingdom

Mannar

Vanniyars

Kalpitiya

Kingdom of Kandy (uda rata)

Senkadagala (Kandy)

Negombo

Kingdom of Kotte

Colombo

Kotte

Bandaragama

Avissawella

Kingdom of Sitawaka

Kingdom of Raigama

Galle

Matara

Growth of Sitawaka Kingdom (1521 - 1587)

(Sitawaka)

384

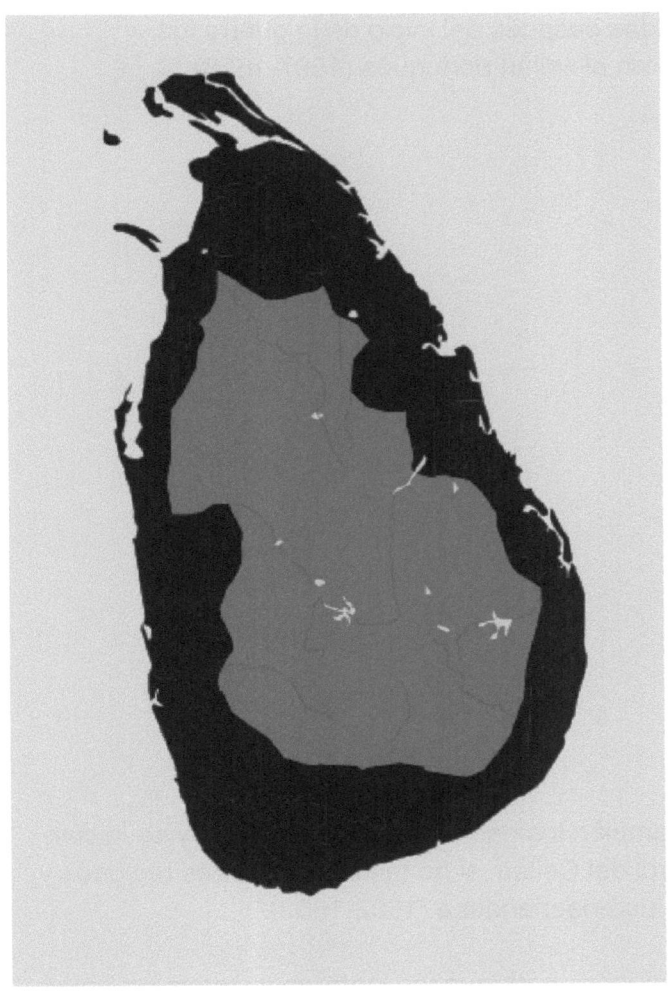

(Kandy, áreas controladas por los neerlandeses en oscuro)

A principios de la edad moderna llegaron los portugueses, estos construyeron factorías gracias a su posición estratégica para comerciar. Los reinos locales se dieron cuenta de las intenciones de los extranjeros, con lo que inicia la guerra cingalesa-portuguesa

(1527-1658). Décadas después del inicio de la guerra los portugueses fundaron el ceilán portugués (1597-1658).

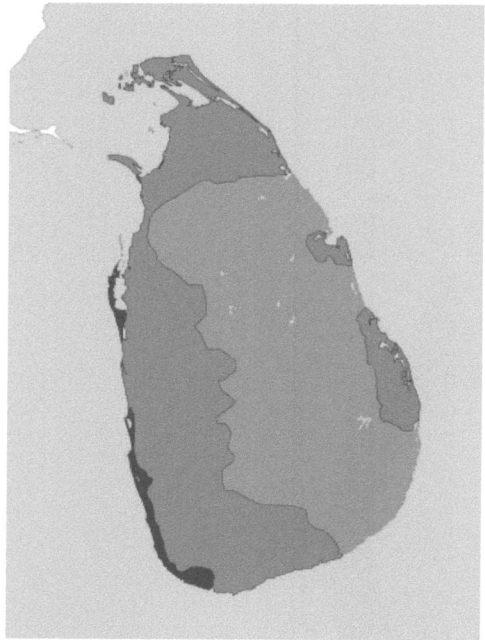

(Ceilán portugués)

En 1638 llegaron también los neerlandeses a la región y se inician, no solo por el control del Ceilán, si no también por otras regiones y razones, la guerra luso-neerlandesa (1602-1663).

Tras la guerra, aunque los portugueses lograron victorias en Brasil, Angola... Los neerlandeses lograron imponerse en Ceilán expulsándolos en 1658, creando el Ceilán neerlandés (1640-1796). Aunque en el interior de la isla seguía resistiendo el reino de Kandy.

En las guerras napoleónicas los británicos invaden la isla y crean el Ceilán británico (1796-1948). En un primer momento fallan a la hora de anexar kandy, pero en 1815 logran finalmente anexarlo. Con lo que el Ceilán británico se extiende por toda la isla. En 1848 se dio la rebelión de Matale, que fue reprimida por las fuerzas británicas.

A principios del siglo XX fue ganando poco a poco autonomía, hasta que en 1948 cambia al estatus de dominio británico (1948-1972), consiguiendo mucha más autonomía. En 1972 se transforma en la república socialista democrática de Sri Lanka (1972-act), dejando el último vínculo político con el Reino Unido. Aunque hasta día de hoy sigue formando parte de la mancomunidad de naciones.

(Sri Lanka actualmente)

50.Historia de Kazajistán

El primer imperio en ocupar territorio kazajo fueron los hunos
(370d.C-469). Tras la caída del imperio huno, el siguiente imperio
en ocupar kazajistán fue el kanato túrquico (552-744), después
muchos otros estados ocuparon kazajistán antes de que los kazajos
consolidaran su propio estado: el kaganato jázaro (650-969), el
kaganato köktürk (630-650), el califato omeya (663-750), el estado
Oguz Yalegu (750-1055), el kanato kara-kitai (1124-1218), el
imperio corasmio (1077-1231) y el imperio mongol (1206-1368).

El imperio mongol se acabó fragmentando en algunos estados, el
que nos compete es la horda de oro (1242-1502). También, el
imperio timúrida (1370-1526) acabó de debilitar a la horda de oro
desde el sur. De la horda de oro se fragmentó el kanato uzbeko
(1428-1471), que también ocupó parte del actual Kazajistán.

En 1465 se fundó el primer estado kazajo organizado, fundado por
Janyele Kan y Kerey Kan, estados fundaron la dinastía toro y
unieron a unos 200 mil kazajos nómadas para fundar este estado,
el kanato kazajo (1465-1848). El gobernante Kasym Kan, que
gobernó entre 1511 y 1523, logró expandir en kanato hasta las
actuales dimensiones de Kazajistán.

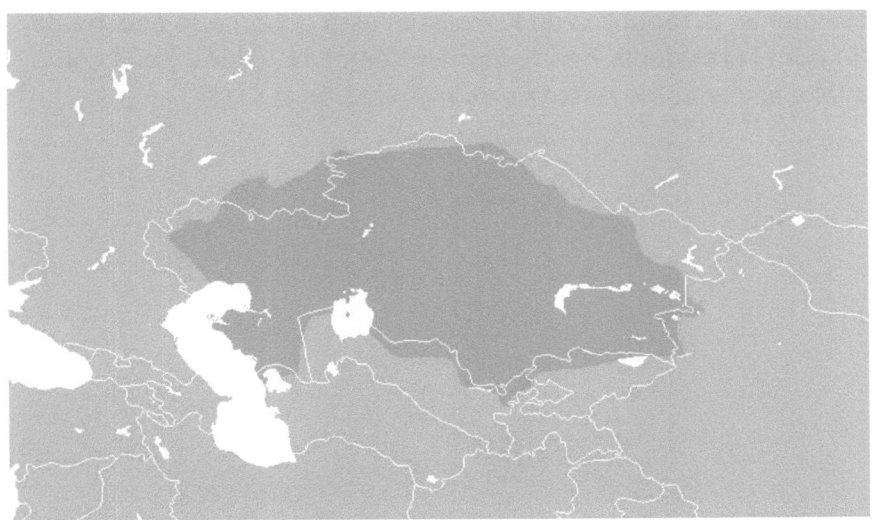

(Kanato Kazajo)

Este estado perdería territorio en el este ante la expansión del kanato de zungaria. Además, perdió territorios en el norte con la expansión del imperio ruso. Finalmente, fue anexado por el imperio ruso en 1848.

Tras una revolución, Kazajistán pasó a ser parte de la república autónoma socialista soviética de Kirguistán en 1920. En 1922 se creó la república socialista de Kazajistán como parte de la URSS. Kazajistán fue gravemente afectada por las hambrunas que disminuyeron un 22% su población. A pesar de que su economía se fue industrializando de manera tardía, este aún se basaba en la agricultura y ganadería.

Tras la caída de la URSS, Kazajstán fue el último país en declarar su independencia, el 16 de diciembre de 1991.

Actualmente, la república de Kazajistán está gobernada a fecha de 2024 por el presidente Kasim-Yomart Kemeluly Tokáev, tiene como capital a la ciudad de Astaná y es miembro de la OTSC.

(Kazajistán actualmente)

51.Historia de China

Las primeras dinastías chinas y más antiguas de todas fueron: la dinastía Xia (2070-1600a.C), algo legendaria por lo que no se sabe si existió como tal; la dinastía Shang (1600-1046a.C) y la dinastía Zhou (1046-256a.C), muy importante por el desarrollo de las filosofías morales y religiosas confucionismo y el taoísmo y por la construcción de grandes templos.

(Xia)

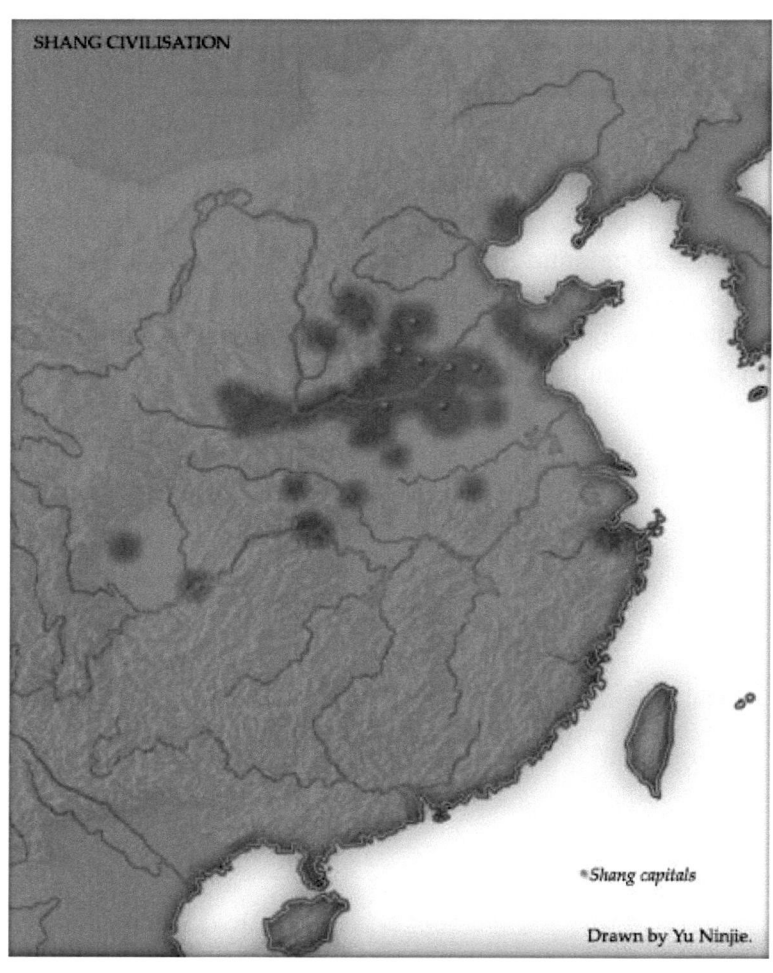

SHANG CIVILISATION

• *Shang capitals*

Drawn by Yu Ninjie.

(Shang)

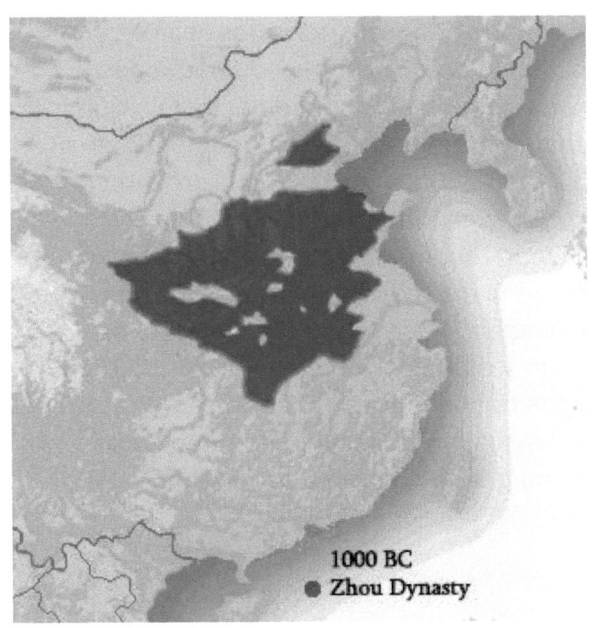

1000 BC
● Zhou Dynasty

Llanura china al final de la época de los Reinos Combatientes (c. 250 a. C.)

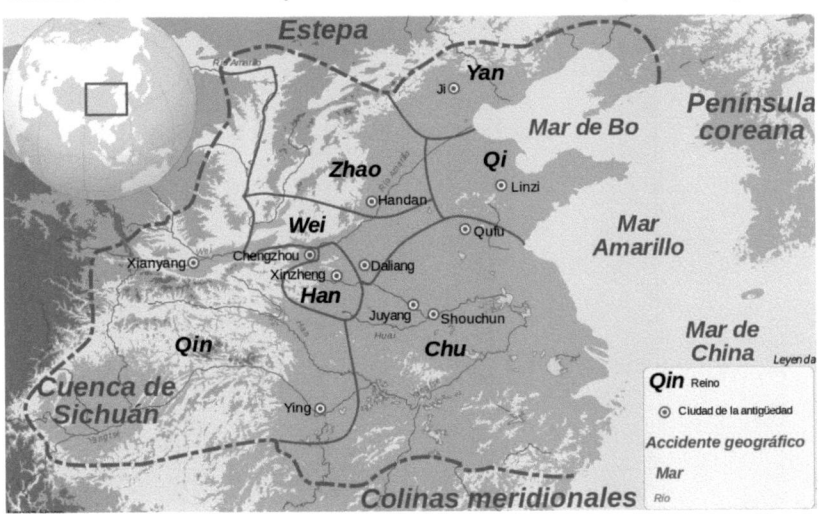

Este fue sucedido por un periodo conocido como los reinos combatientes en el que china se dividió en muchos pequeños estados, uno de ellos estaba controlada por la dinastía Qin que tras varios conflictos unificó china por primera vez en un imperio en el 221a.C, la dinastía Qin (221a.C-206a.C) . Esta fue derrocada por el líder campesino Liu Bang que fundó la dinastía Han (206a.C-220d.C). Los han sido recordados por fundar la recordada ruta comercial de la seda con la que comerciaron con Europa. En el año 9 d.C un funcionario llamado Wang Mang dió un golpe de estado derrocando a los Han y estableció la dinastía Xin (9-23d.C), que sería derrocada 14 años después de su creación restableciendo a los Han. Tras su restablecimiento también se introdujo el budismo en china gracias a la ruta de la seda.

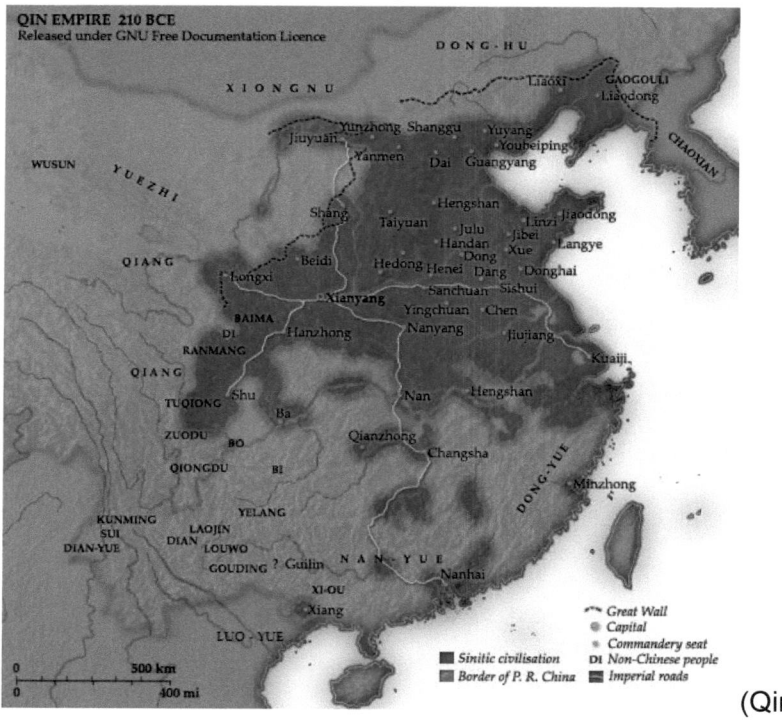

(Qin)

 (Han)

Tras una serie de levantamientos populares y desastres naturales el imperio se dividió en el 220 d.C entre los 3 líderes regionales: Cao Cao (asentó las bases del reino Wei para sus sucesores), Liu Bei (Reino Shu) y Sun Quan (reino Wu). Estos reinos tendrían muchos conflictos entre sí. El clan de los Sima liderados de Sima Ji, que era fiel a los descendientes de Cao Cao, logró conquistar todos los reinos y fundar la dinastía Jin (266-420d.C).

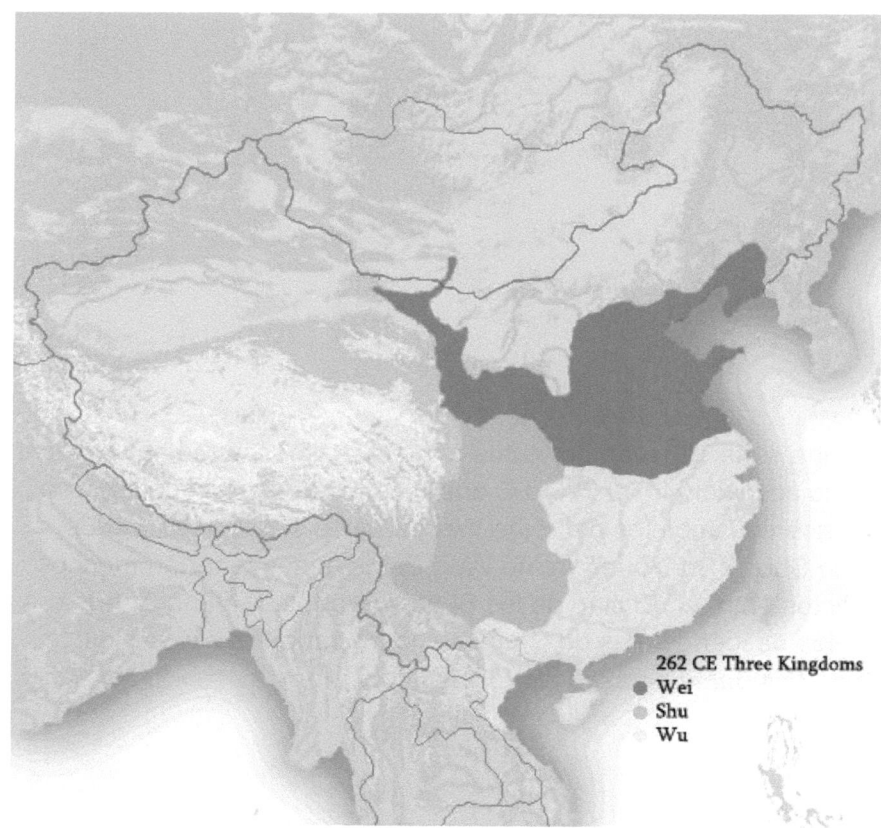

262 CE Three Kingdoms
● Wei
● Shu
○ Wu

Durante el periodo de los Jin las zonas del norte se independizaron en varias tribus muy bélicas, mientras que los Jin seguían controlando el sureste de la actual China. Estos serían derrocados por la dinastía Liu (420-479) en el año 420d.C. Estos fueron sucedidos en el sur por la dinastía Qi sur (479-502, la dinastía Liang (502-557), que se dividiría en la dinastía Liang oeste (555-587) y la dinastía Chen (557-589).

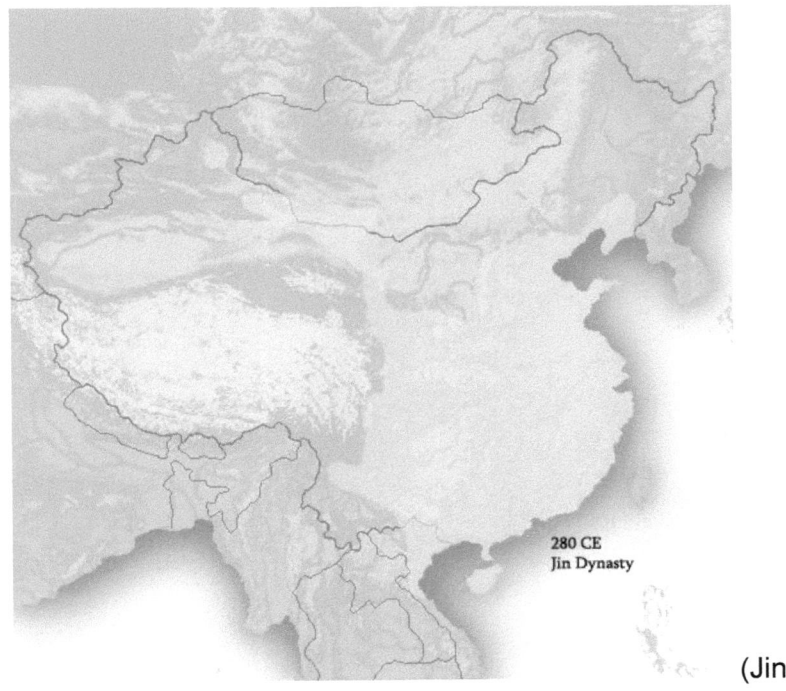

280 CE
Jin Dynasty

(Jin)

Mientras que en el norte se crearía en el 386 la dinastía Wei del norte (286-535), que se dividiría en 2: la Wei oeste (535-557), sucedida por la Zou norte (557-581), y la Wei este (534-550), sucedida por la Qi norte.

La dinastía Sui (581-618), terminaría con este caos de sucesión de dinastías y conflictos unificando China. Tras una rebelión se derrocaría a los Sui que serían sucedidos por la dinastía Tang (618-907). El reinado de los Tang solo se vio interrumpido por el reinado de la emperatriz Wu Zetian de la dinastía Zhou (690-705), que sería la antigua emperatriz viuda de Tang entre el 683 y el 690.

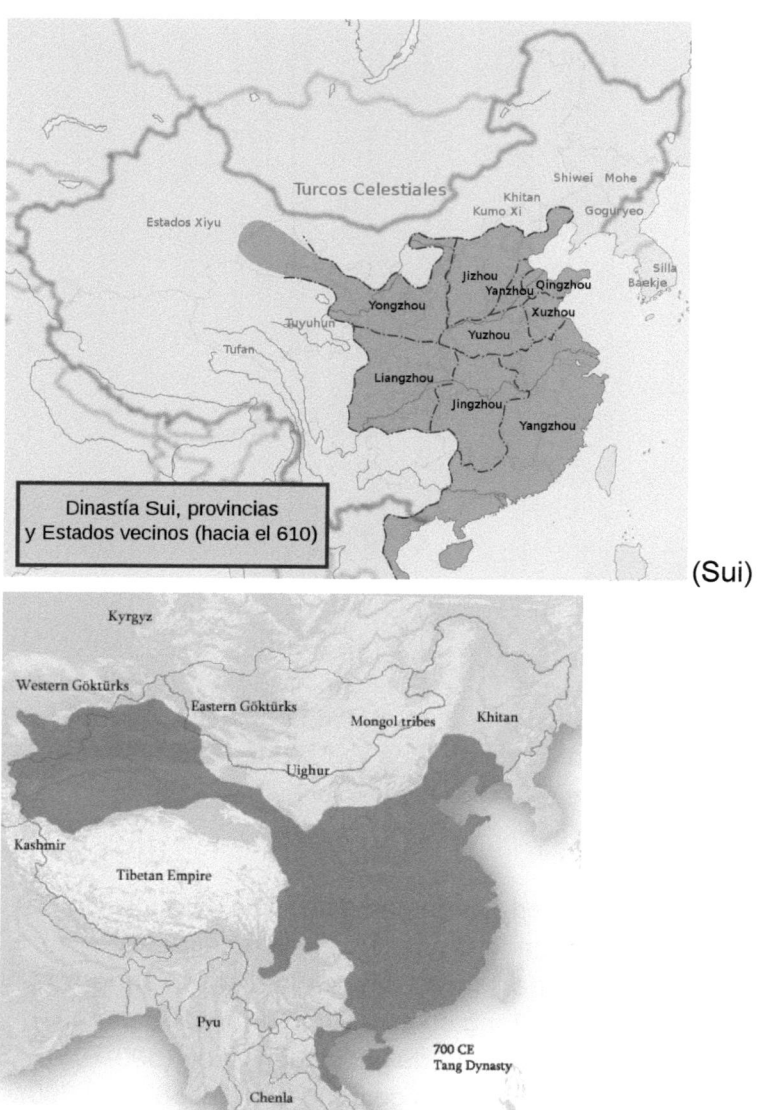

Dinastía Sui, provincias
y Estados vecinos (hacia el 610)

(Sui)

(Tang)

El último emperador Tang sería asesinado por el militar Zhu Wen.
Entonces la dinastía se dividiría nuevamente en muchos pequeños

398

reinos que tendrían constantes conflictos entre sí. Este periodo es conocido como las 5 dinastías del norte y los 10 reinos del sur.

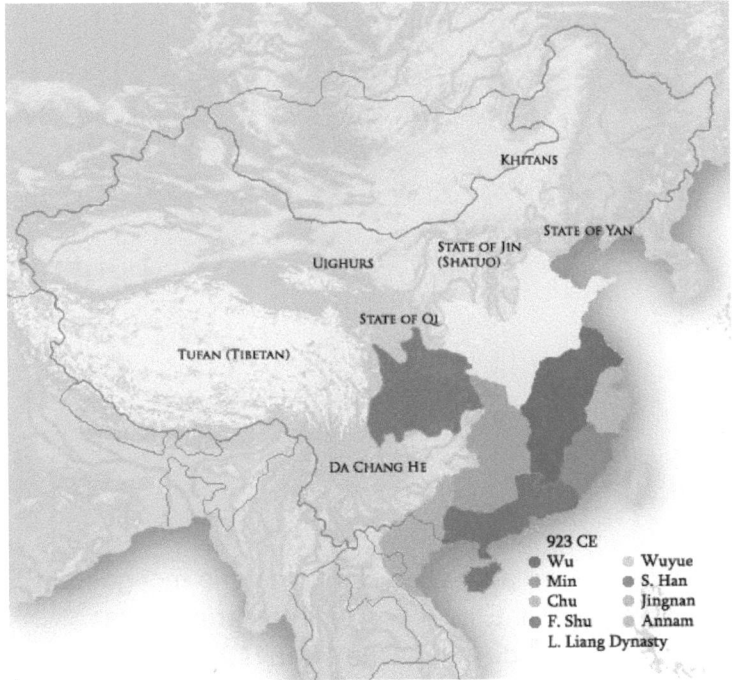

(Fragmentación Tang)

Este periodo de pequeños estados terminaría con la llegada de los Song que volverían nuevamente a unificar gran parte de China (960-1279). Esta dinastía convivió también con otras dos menos relevantes en el norte: la dinastía XI Xia (1038-1227) y la Liao (915-1125).

Todos estos estados caerían ante el creciente imperio mongol que los absorbería en el siglo XIII. Entonces China pasaría a estar gobernada por los mongoles de la dinastía Yuan (1271-1368), un estado semi-autónomo del imperio mongol.

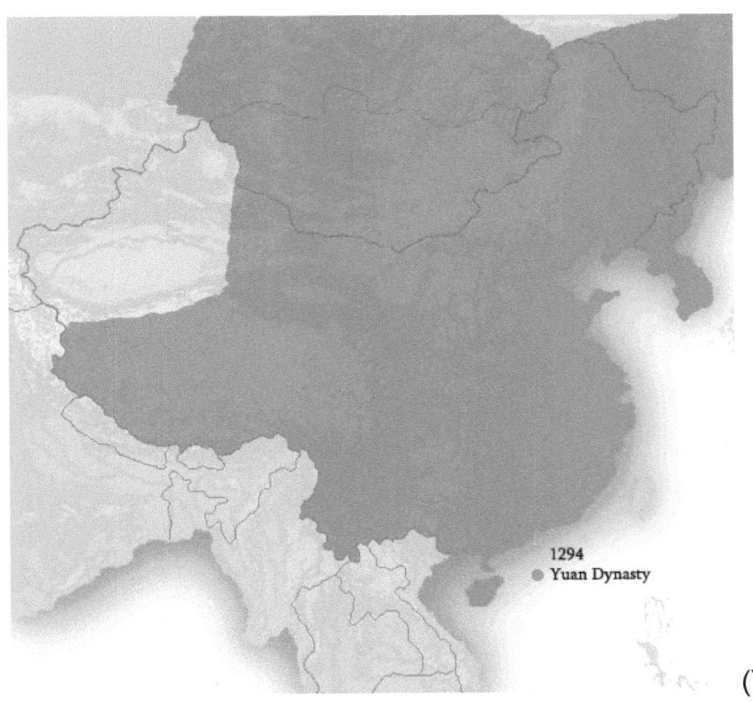

1294
Yuan Dynasty

(Yuan)

En el 1368 un líder rebelde, conocido como Hongwu, derrocó a los Yuan y fundó la dinastía Ming (1368-1644). En esta época los portugueses establecieron una colonia en Macao en 1557. Tras una época de malas cosechas y hambrunas que provocaron rebeliones la dinastía Ming quedó debilitada. Los manchúes se unifican y forman la dinastía Qing que conquistaría al debilitado Yuan del norte que caería en 1635.

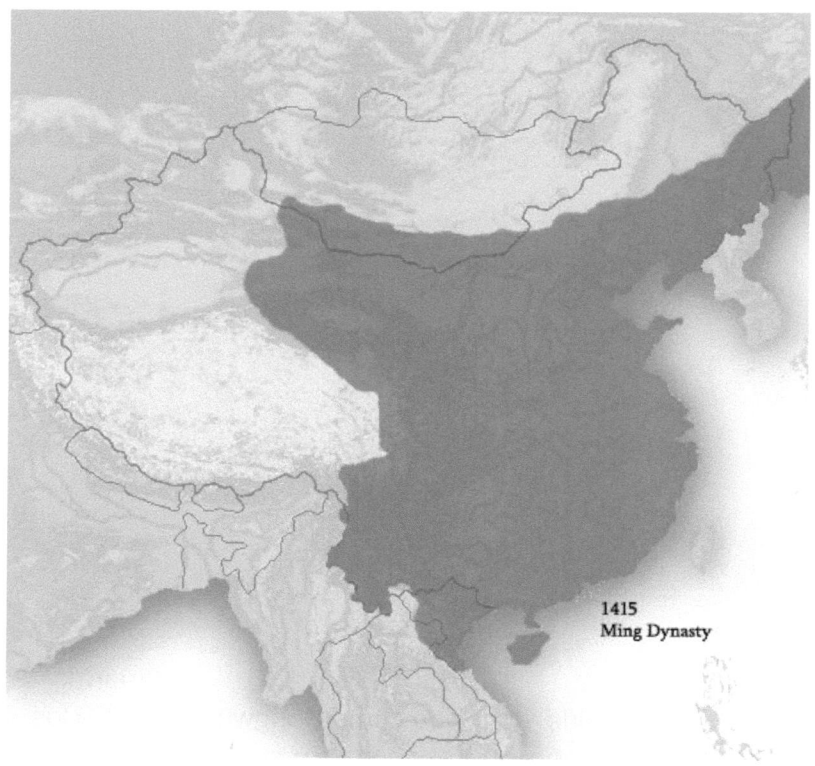

1415
Ming Dynasty

(Ming)
Li Zicheng se proclamó emperador y derrocó a los Ming en 1644 haciendo que los Qing controlen China sucediendo a los Ming. Los Qing se expandirán hasta incluso más del actual territorio de China, además durante su reinado hubo un gran aumento de la población de unos 130 millones a unos 400 millones.

Los Qing comenzaron su decadencia en la primera mitad del siglo XIX. Tras la primera guerra del opio (1839-1842), fueron derrotados por el imperio británico y tuvieron que ceder Hong Kong a los británicos y firmar el tratado de Nankín, un tratado completamente humillante ya que los forzaba a pagar indemnizaciones y reparaciones por las deudas y el opio que habían confiscado y se le obligó a aceptar políticas de libre comercio que beneficiaban a los europeos.

En la segunda guerra del opio (1856-1860), tuvieron que enfrentar al Reino Unido, Francia y los Estados Unidos. Los chinos fueron nuevamente derrotados y obligados a firmar varios tratados desiguales así como ceder Kowloon al Reino Unido. Durante este siglo tuvieron que firmar varios tratados desiguales con potencias occidentales como el Reino Unido, Rusia, Francia, Estados Unidos, Alemania... En los que perdieron varios puertos y puestos comerciales en sus costas y obligados a abrir su comercio y adoptar políticas beneficiosas para occidente.

Entre 1850 y 1864 tuvieron que enfrentar la rebelión Taiping en la que el "reino celestial de la gran paz", se revelaría y proclamaría independiente en 1851. Este lucharía contra los Qing que serían apoyados posteriormente por Francia y el Reino Unido. Finalmente los Qing ganaron el 1864 y ejecutaron al último rey de este estado revolucionario.

Tras la primera guerra sino-japonesa (1894-1895), China es obligada a ceder a Japón la isla de Taiwán, las islas pescadores y Liaodong a Japón. Así como reconocer la independencia de Corea.

Tras la muerte de la emperatriz regente Cixi, se dio el 10 de octubre de 1911 el levantamiento de Xinhai que terminaría por derrocar al último emperador, Puyi, en 1912.

(Qing en 1912)

La revolución librada por Sun Yat-Sen proclamaría la república tras el derrocamiento del emperador. Esta joven república sería gobernada por el partido de Sun Yat-Sen, el Kuomintang.

De esta república se separarían tras la rebelión las naciones del Tíbet y Mongolia. La inestabilidad interna se hizo presente. Como ejemplo de ello, cuando Sun-Yatsen cedió temporalmente la presidencia a Yuan Shinkai, este disolvió el parlamento chino e instauró un nuevo imperio chino entre 1915 y 1916 del cual él se volvió el emperador. Este efímero imperio chino se disolvió en 1916 provocada por los caudillos militares que controlaban las regiones de China.

Tras este derrocamiento comienza la era de los caudillos en la cual ellos controlaron casi todas las provincias mientras que el gobierno chino sólo tenía control efectivo sobre algunas zonas del norte. El kuomintang formó un gobierno en Cantón para restaurar la unidad nacional. Además en este periodo de inestabilidad nace el partido comunista chino comandado por Chen Duxia y deciden colaborar con el kuomintang.

En 1925 muere Sun Yat-Sen que es reemplazado por Chaing Kai-Shek, él lideró el ejército nacional revolucionario y lanza la expedición del norte en 1926 y derrotan a los caudillos. Tras la victoria establecieron la capital en Mankin. La alianza de los comunistas y el kuomintang se rompió con lo que comenzaron a haber disputas entre ellos que dieron lugar a la guerra civil china, que tuvo su primera fase entre 1927 y 1936. Los comunistas empezaron con derrotas aunque ganaron adeptos en las áreas rurales.

Los comunista crearon un estado no reconocido conocido como el soviet de Juagyi. En 1931 ocurre el incidente de Murted que Japón usa como excusa para invadir la Manchuria China y establecer un estado títere, en el que pusieron a Puyi, último gobernante de los Qing en el trono Manchú. Tras el incidente del puente de Marco Polo estalló la segunda guerra sino-japonesa (1937-1945).

En esta guerra los japoneses crearon dos estados satélite más: el gobierno nacionalista de Nankín y el gobierno de Mengjiang. En esta guerra sucedió la masacre de Nankín (diciembre de 1937 hasta enero o febrero de 1938) en la que murieron unos 300 mil chinos. El kuomintang estableció la capital en Chongqing, además de aliarse con los comunistas para expulsar a los japoneses. También la segunda guerra sino-japonesa se considera parte de la segunda guerra mundial.

En 1945 finaliza la guerra con victoria china y la expulsión de los invasores nipones, además de devolverle todos los territorios arrebatados anteriormente como Taiwán y las islas pescadores.

La unión soviética proporcionó armamento a los comunistas, porque tras el fin de la guerra con Japón empezó la segunda fase de la guerra civil china (1945-1949). Mao Zedong lideraría el partido comunsita y tras 4 años de guerra lograron la victoria. El 1 de octubre de 1949 proclamaron la república popular china, por lo que los partidarios del Kuomintang tuvieron que refugiarse en la isla de Taiwán que hoy en día sigue siendo un país independiente de facto.

En un principio el nuevo estado no obtendría el reconocimiento internacional de todos los países. En 1950 conquistan la isla de Hainan que aún estaba bajo control del kuomintang y además inician la conquista del Tíbet que se había independizado tras la disolución del imperio qing, que en 1951 es finalmente anexada por China.

Los chinos también participaron en la guerra de Corea (1950-1953) apoyando a Corea del Norte.

Mao Zedong impulsó una serie de reformas socio-económicas y por culpa de ello se produjo la gran hambruna china (1959-1961), la hambruna más mortífera de la historia que mató entre 15 y 50 millones de personas.

Con la muerte del dirigente de la URSS Josif Stalin en 1953 se dio la ruptura sino-soviética, debido a que la URSS trató de acercarse a occidente e inició una rivalidad entre ambos. En 1966 comienza la revolución cultural en la que se eliminó toda la influencia capitalista.

En total unos 70 millones de disidentes murieron en el régimen de Mao.

Además, hubo una guerra contra la India en 1962 donde China salió victoriosa y afirmó su soberanía en Aksai Chin. En 1970 muere Mao y lo releva Deng Xiaoping, el cual empieza una serie de reformas económicas que provocaron un gran crecimiento económico que para 1990 provocó que 150 millones de campesinos salieran de la pobreza.

Ya para el 2010 se ha convertido en la segunda economía más grande del mundo gracias a sus grandes exportaciones y reformas que industrializaron en país y aumentaron la producción de gran cantidad de bienes. En 2013 ascendió al poder Xi Jinping. Actualmente China es el segundo país más poblado del mundo solo por detrás de la India, que le superó recientemente gracias a la mayor tasa de natalidad de las mujeres indias. Además se encuentra en competencia económica y hegemónica constante con los Estados Unidos.

(China actualmente y en verde claro la isla de Taiwán)

52.Historia de Italia

La fundación de la ciudad más icónica y capital de Italia, Roma, se fundó sobre el 756 a.C. Según la leyenda Rómulo y Remo, que fueron cuidados por una loba llamada Luperca, fundaron la ciudad en una épica historia. Aunque lo más probable es que se hayan unido con tribus regionales para fundarla, creando el reino romano, que en el 509 a.C pasaría a ser la república romana.

En el 510 a.C comienzan las disputas con las tribus de los etruscos que predominaban en Italia. Para el 270 a.C casi toda la península Itálica estaba bajo control romano. A partir de aquí comenzaron a guerrear contra los cartagineses en las guerras púnicas (en historia de Túnez se habla detalladamente de ellas). También en su expansionismo tuvieron luchas contra los macedonios.

En el siglo I a.C el sistema de gobierno republicano entró en decadencia y los militares exitosos en los combates fueron cada vez ganando más poder. La república pasó a ser un triunvirato en el que el poder caía en tres personas: hubo 2 uno con Julio César, Pompeyo Magno y Marco Licinio Craso y el segundo triunvirato con Marco Antonio, Marco Emilio Lépido y César Octavio.

Julio César se convirtió en dictador gracias a sus victorias militares principalmente en la conquista de la Galia, aunque fue asesinado en el 44 a.C con lo que inició una guerra civil en la que su sobrino-nieto, octavio, se hizo con el poder proclamándose emperador y disolviendo por tanto la república en el 27 a.C y fundando el imperio romano. Este imperio se expandió por todo el

Mediterráneo y expandió el latín, su cultura, religión… Siendo uno de los estados más influyentes de la historia de la humanidad.

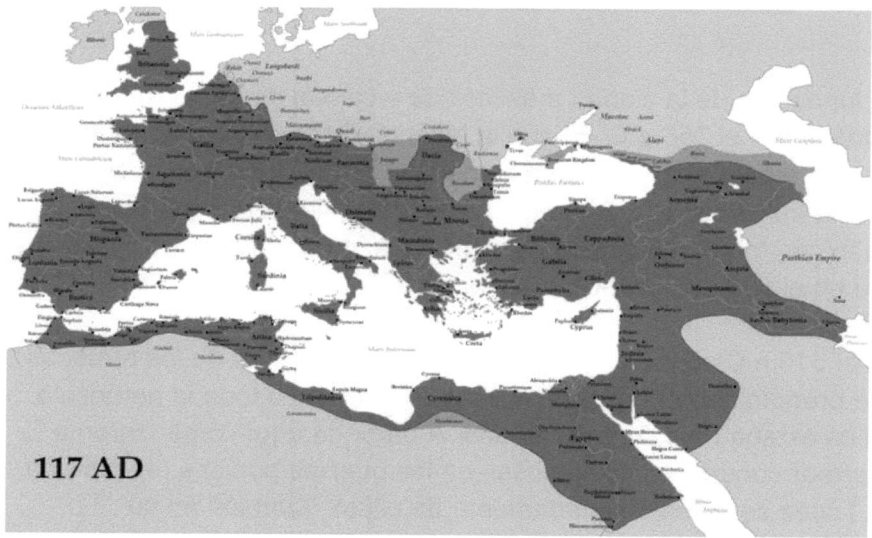

(Imperio romano en su máxima extensión, 117 d.C)
En el siglo IV empezó su declive que llevaría a su partición en el 395 d.C en dos imperios: el occidental que caería en el 476 d.C fruto de la inestabilidades política y las invasiones de pueblos bárbaros, y la parte oriental que lograría resistir hasta 1453 cuando caería ante los turcos otomanos (para saber más de esta historia ver historia del imperio bizantino).

Tras la caída de la parte occidental, donde se encontraba la región de Italia, esta quedó en manos de reyes germánicos. En el siglo VI el emperador del imperio bizantino (parte oriental del imperio romano), Justiniano, trataría en diversas ocasiones recuperar Italia con lo que el territorio de Italia quedó partido entre el reino Lombardo (formado por las tribus germánicas), fundado en el 568, y el exarcado de Rávena (vasallo de los Bizantinos).

BÁVAROS

ÁVAROS

FRANCOS

Milán

ESLAVOS

Pavía

Rávena

Espoleto

Roma

Benevento

● LOMBARDOS
● IMPERIO BIZANTINO

En el 751 los Lombardos tomaron Rávena ante la decadencia
Bizantina y amenazaron al papado que residía el Roma (para más
de esta historia ver historia del papado). El papado acudió a la
ayuda del rey de los Francos Pipino el Breve, que luchó contra los
lombardos y creó los estados pontificios bajo el control de la iglesia
católica, aunque los territorios del norte fueron directamente
anexados por los francos y el posterior imperio carolingio.

Tras la muerte de Carlomagno en el 814, los nietos hicieron
diversos tratados y particiones de su imperio durante todo el siglo IX
(ver historia de Francia o Alemania). Con lo que el norte de Italia

quedó bajo control de varios estados como la Francia Media y posteriormente del S.I.R.G.

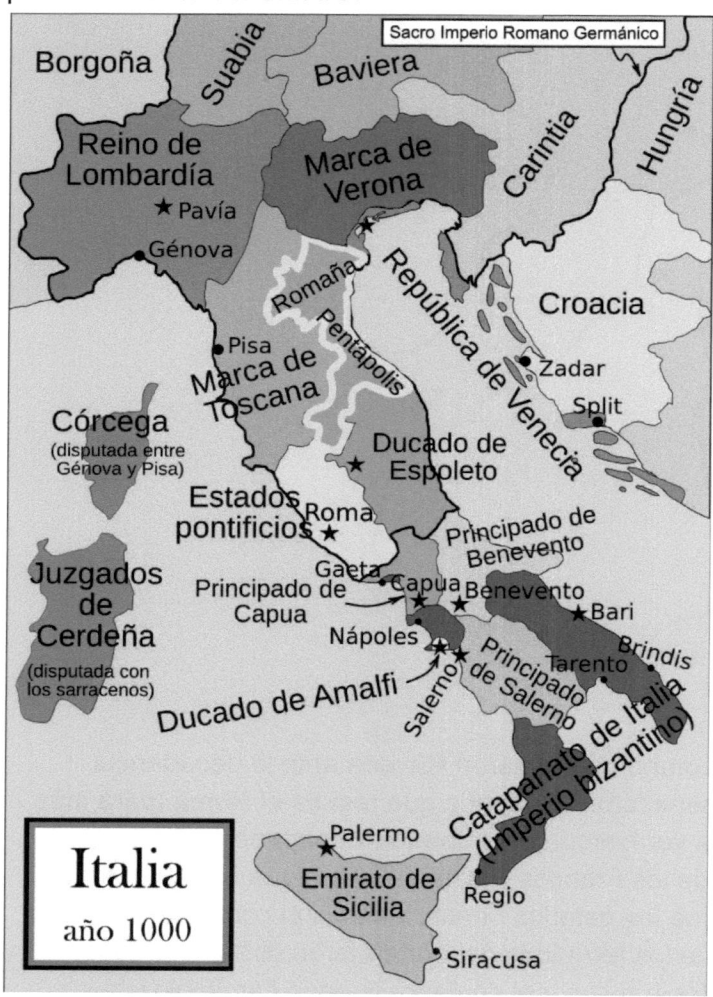

(Italia, 1000d.C)
Mientras que en el sur los ducados lombardos no fueron conquistados hasta la llegada de los normandos en el 1061.

También los musulmanes tomaron algunas posesiones al sur como el emirato de Sicilia.

En los siglos XII y XIII creció la importancia del comercio por lo que los estados del norte y centro de Italia se volvieron muy ricos. Estas ciudades y estados se fueron haciendo cada vez más poderosas, con lo que los emperadores del Sacro Imperio trataron de restaurar su autoridad en las cada vez más autónomas ciudades bajo dominio germánico. Con esto se formaron dos bandos: los Güelfos, que apoyaban al papa y contaban con ciudades como Milán, Mantua o Florencia, y los Gibelinos, que apoyaban al emperador y contaban con respaldo de ciudades como Pisa y Siena.

Las luchas comenzaron, primero el papa excomulgó al emperador Enrique IV, con lo que en el 1077 el emperador fue hasta roma en la llamada humillación de Canossa en la que descalzo y en penitencia pidió que le retiraran la excomunión.

Con el emperador Federico I Barbarroja (1055-1090), el emperador toma la ciudad de Milán. Con este golpe los estados del norte se unieron en la liga lombarda que obligó a Barbarroja a reconocer la independencia de los estados italianos mediante la paz de Constanza en 1183.

El sucesor de Barbarroja, Enrique VI del Sacro Imperio, obtuvo la isla de Sicilia. En 1266 los franceses conquistaron el reino de Sicilia, que incluía tanto la isla de Sicilia como territorios al sur de la península itálica. En 1282 Pedro de Aragón capturó la isla para su corona.

Tras estos sucesos Italia quedó dividida en muchos pequeños estados en el norte y centro y en el sur el reino de Nápoles y Sicilia que pertenecieron a la corona de Aragón y posteriormente a la corona española.

(Italia 1494)

En el siglo XV Italia floreció gracias al renacimiento en el que con las riquezas generadas gracias al comercio se propició este nuevo movimiento impulsado por familias como los Medici. Algunas figuras importantes en esta era fueron: Petrarca, creador de la filosofía del humanismo; Michel de Montaigne, gran literato que creó un nuevo género literario, el Ensayo; Rafael, pintor y arquitecto; Galileo Galilei, astrónomo y físico; Miguel Ángel, escultor, pintor y arquitecto; Leonardo da Vinci, pintor, escultor, arquitecto, ingeniero, científico e inventor o Lorenzo de Médici, gobernante de la República de Florencia y mecenas de varios artistas importantes.

Durante el siglo XVI se dieron varias disputas entre españoles y franceses por la hegemonía y control de la región italiana, que concluirían poco después de la batalla de Pavía en 1525, con la victoria de la corona española.

Tras la guerra de sucesión española (1701-1713), los borbones se instauraron en España pero para poder acceder al poder tuvieron que ceder Sicilia y Nápoles a los austrias con lo que tuvieron disputas entre Habsburgo y borbones por el trono del sur de Italia. Teniendo al principios reyes Habsburgo y después de un tiempo reyes de la casa Borbón-dos sicilias.

(Italia 1796)

Durante las guerras napoleónicas Italia fue invadida por Francia y tras su derrota y el posterior congreso de Viena se decidieron nuevas fronteras, que hicieron que Italia siguiese dividida entre varias casas y estados.

En este momento fue cuando se dio la unificación italiana lideradas por los reyes de Cerdeña. A esta parte de la historia de Italia le he dedicado un capítulo entero en este mismo libro, el capítulo 17 "la unificación italiana". Tras esta etapa se unificó Italia creando el reino de Italia.

En el reparto de África se le asignaron los territorios de Libia, Eritrea, parte de Somalilandia y Etiopía. Los primeros territorios mencionados fueron anexados con facilidad pero Etiopía resistió en la primera guerra ítalo-etíope (1895-1896), y su territorio no sería ocupado hasta la llegada de la italia de benito mussolini en la segunda guerra ítalo-etíope (1935-1936).

Italia se había unido al bando de las potencias centrales, aunque en la primera guerra mundial los aliados le convencieron de unirse a su bando, el cual salió victorioso del conflicto. Aunque las ganancias territoriales italianas a ojos del gobierno y la población fueron escasas, incluyendo: el sur del Tirol, Triste, Trentino e Istria.

(En verde oscuro reino de Italia, en verde claro posesiones coloniales y en gris oscuro posesiones ocupadas por Mussolini)

Tras la primera guerra mundial llegó al poder de Italia el dictador Benito Mussolini en 1922, de ideología fascista que se alineó con Hitler en la segunda guerra mundial. A fines de acabar la guerra los italianos estaban cansados del dictador y el rey decidió arrestarlo e Italia se rindió, aunque los alemanes rescataron a Mussolini y lo restablecieron en el poder ocupando Italia. Aunque Mussolini terminaría siendo atrapado y fusilado, y tras su muerte su cuerpo fue expuesto públicamente en la ciudad de Milán.

Tras la segunda guerra mundial se abolió la monarquía en 1946 e Italia entró en el plan Marshall de Estados Unidos para recibir ayudas económicas. Además tras la guerra Etiopía esta colonia fue liberada e Italia iría perdiendo sus colonias Africanas en un proceso de descolonización.

Actualmente Italia es miembro de la UE y la OTAN, además de ser un país con una economía que ronda los 2,1 billones de dólares anuales y una población de 58 millones de personas. Teniendo una rica historia, gastronomía y siendo uno de los países más visitados del mundo y poderosos del mediterráneo.

(República de Italia actualmente)

-Imagen número 30 (Países Bajos Austriacos, pág 47):
By Carte montrant les Pays-Bas autrichiens et leurs provinces, tels qu'en 1789.svg : Sir Henryderivative work: Rowanwindwhistler - This file was derived from: Carte montrant les Pays-Bas autrichiens et leurs provinces, tels qu'en 1789.svg: Sir Henry, CC BY-SA 3.0, https://commons.wikimedia.org/w/index.php?curid=33979414
-Imágen número 32 y 78 (La rus de Kiev):
De Vitaliyf261 - Trabajo propio.Compare: Plokhy, Serhii (2006) The Origins of the Slavic Nations: Premodern Identities in Russia, Ukraine, and Belarus, Category:New York: Cambridge University Press, p. xiv ISBN: 978-0-521-86403-9., CC BY-SA 4.0, https://commons.wikimedia.org/w/index.php?curid=93773078
-Imágen número 33 (rusia medieval, pág 52):
Per David Liuzzo, Attribution, https://commons.wikimedia.org/w/index.php?curid=14943136
-Imágen número 34 (zarato ruso, pág 53):
De Rus1500-1900.PNG: Mixx321RussianEmpire1700.png: GabagoolRussianEmpire1600.png: Gabagoolderivative work: Dbachmann (talk) - Atlas historyczny dla szkół średnich, wyd. PPWK/Nowa Era, ISBN 83-7409-138-X"The World 1500-1600" and "The World 1600-1700" in: Atlas of World History (2007).Rus1500-1900.PNGRussianEmpire1700.pngRussianEmpire1600.png, GFDL, https://commons.wikimedia.org/w/index.php?curid=14931866
-Imágen número 35 (imperio ruso, pág 54):
De Milenioscuro - Trabajo propio, CC BY-SA 3.0, https://commons.wikimedia.org/w/index.php?curid=14996166
-Imágen número 36 (operación barbarroja, pág 56):
By Benjamín Núñez González - Own work, CC BY-SA 3.0, https://commons.wikimedia.org/w/index.php?curid=22019382
-Imágen número 37 (URSS, pág 57):
De USSR Republics Numbered Alphabetically.png: Aris KatsarisUSSR map.svg: Saul ipderivative work: Master Uegly - Trabajo propio, recreation of Soviet Socialist Republics numbered by the Soviet constitution.png, Dominio público, https://commons.wikimedia.org/w/index.php?curid=68893861
-Imágen número 38 (Países bajos españoles, pág 58):

De David Descamps - Trabajo propio, CC BY 3.0,
https://commons.wikimedia.org/w/index.php?curid=5832665
-Imágen número 39 (guerra luso-neerlandesa, pág 59):
CC BY-SA 3.0,
https://commons.wikimedia.org/w/index.php?curid=1828206
-Imágen número 40 (imperio neerlandés, pág 60):
De Original uploader and author was Rex Germanus at en.wikipedia -
Originally from en.wikipedia; description page is/was here., Dominio
público, https://commons.wikimedia.org/w/index.php?curid=4209986
-Imágen número 41 (imperio austriaco, pág 64):
De TRAJAN 117 - Este mapa incluye elementos que han sido tomados o
adaptados de esta:, CC BY-SA 3.0,
https://commons.wikimedia.org/w/index.php?curid=27673116
-Imágen número 42 (imperio austro-húngaro, pág 66):
De Austria-Hungary_map_ES.svg: *Austria-Hungary_map_new.svg:
*Austria-Hungary_map.svg: IMeowbotderivative work: Rowanwindwhistler
(talk)derivative work: Rowanwindwhistler (talk) -
Austria-Hungary_map_ES.svg, CC BY-SA 3.0,
https://commons.wikimedia.org/w/index.php?curid=11934637
-Imágen número 43 (grupos lingüísticos de austria-hungría, pág 66):
De Austria_Hungary_ethnic.svg: Andrei nacuderivative work:
Rowanwindwhistler (talk) - Austria_Hungary_ethnic.svg, Dominio público,
https://commons.wikimedia.org/w/index.php?curid=9452966
-Imágen número 44 (partición de austria-hungría, pág 67):
By Rowanwindwhistler - This file was derived from:
DisgregacióndeAustriaHungría.svg, CC BY-SA 3.0,
https://commons.wikimedia.org/w/index.php?curid=81129634
-Imágen número 45 (las trece colonias de norteamérica, pág 69):
By Map_Thirteen_Colonies_1775-fr.svg: Urbanderivative work:
Rowanwindwhistler - This file was derived from: Map Thirteen Colonies
1775-fr.svg:, CC BY-SA 3.0,
https://commons.wikimedia.org/w/index.php?curid=22166954
-Imágen número 46 y 108 (negociaciones de la frontera con México):
De Yavidaxiu - Sodro Cedeño, Reynaldo; Sierra Moncayo, María Julia
(2010) Atlas conmemorativo 1810, 1910, 2010; ed.Siglo XXI Editores,
México; ISBN 978-607-03-0141-4; pp.84-85. Basado en Zorrilla, Luis G.

(1977) Historia de las relaciones entre México y los Estados Unidos de América 1800-1958, ed. Porrúa, México pp-208-209Trabajo propio, CC BY-SA 3.0, https://commons.wikimedia.org/w/index.php?curid=16055417
-Imágen número 47 (estados confederados de américa, pág 72):
De I, Mao06, CC BY-SA 3.0,
https://commons.wikimedia.org/w/index.php?curid=2841480
-Imágen número 48 (expansión territorial de EE.UU, pág 75):
De US gov - US gov, Dominio público,
https://commons.wikimedia.org/w/index.php?curid=3899376
-Imágen número 49 (territorios de ultramar de EE.UU, pág 75):
De Lencer - Trabajo propio, CC BY-SA 3.0,
https://commons.wikimedia.org/w/index.php?curid=1999359
-Imágen número 50 (provincias de roma, pág 76):
De Andrei nacu de Wikipedia en inglés. Spanish version Nachosan - Transferido desde en.wikipedia a Commons., Dominio público, https://commons.wikimedia.org/w/index.php?curid=26446452
-Imágen número 51 (reino de Estanglia, pág 77):
By HeptarquiaEstanglia.jpg: Deu, LuigimalatestaBritain peoples circa 600-es.svg: Rowanwindwhistlerderivative work: rowanwindwhistler (talk) - File:HeptarquiaEstanglia.jpgThis file was derived from: HeptarquiaEstanglia.jpgThis file was derived from: Britain peoples circa 600-es.svg, CC0,
https://commons.wikimedia.org/w/index.php?curid=111011145
-Imágen número 52 (Northumbria, pág 77):
De Map of the Kingdom of Northumbria around 700 AD.svg: Deu, Hogweardderivative work: rowanwindwhistler (discusión) - Este archivo deriva de: Map of the Kingdom of Northumbria around 700 AD.svg, CC BY-SA 4.0, https://commons.wikimedia.org/w/index.php?curid=111012919
-Imágen número 53 (Danelaw, pág 78):
De Yorkshirian at the English Wikipedia, CC BY-SA 3.0,
https://commons.wikimedia.org/w/index.php?curid=4635458
-Imágen número 54 y 125 (imperio del mar del norte):
De Cnut lands.svg: Hel-hamaderivative work: Rowanwindwhistler - Cnut lands.svg: Hel-hama, CC BY-SA 3.0,
https://commons.wikimedia.org/w/index.php?curid=32273233
-Imágen número 55 (invencible inglesa, pág 81):

De NACLE - Trabajo propio, CC BY-SA 4.0,
https://commons.wikimedia.org/w/index.php?curid=88874954
-Imágen número 56 (reino de Inglaterra, pág 82):
De Gerrynobody de Wikipedia en inglés. - Derived from British Empire
evolution3.gif., CC BY-SA 3.0,
https://commons.wikimedia.org/w/index.php?curid=27696958
-Imágen número 57 (imperio británico, pág 83):
De Vadac. - Trabajo propio., Dominio público,
https://commons.wikimedia.org/w/index.php?curid=1436172
-Imágen número 58 y 126 (unión de Kalmar):
De Ssolbergj - File:Blank map of Europe (polar stereographic projection)
cropped.svgTrabajo propio, CC BY-SA 3.0,
https://commons.wikimedia.org/w/index.php?curid=5729889
-Imágen número 59 (imperio sueco, pág 87):
De Red4tribe de Wikipedia en inglés, CC BY-SA 3.0,
https://commons.wikimedia.org/w/index.php?curid=3934787
-Imágen número 60 (expansión del imperio sueco, pág 88):
De Swedish Empire (1560-1815) fr.svg:Justass (discusión · contribs.),
Bourrichon (discusión · contribs.)derivative work: rowanwindwhistler
(discusión) - Swedish Empire (1560-1815) fr.svg, CC BY-SA 4.0,
https://commons.wikimedia.org/w/index.php?curid=42152739
-Imágen número 61 (Imagen GIF del reino franco, pág 91):
De No se ha podido leer automáticamente información sobre el autor; se
asume que es Roke~commonswiki (según los derechos de autor
reclamados). - No se ha podido leer automáticamente información sobre la
fuente; se asume que es trabajo propio (según los derechos de autor
reclamados)., CC BY-SA 3.0,
https://commons.wikimedia.org/w/index.php?curid=1484097
-Imágen número 62 (S.I.R.G, pág 93):
De ziegelbrenner - Trabajo propio/Referencias:Putzger, F. W. (1965)
Historischer Weltatlas (89.o ed.)(1969) Westermanns Großer Atlas zur
Weltgeschichte, Georg Westermann VerlagHaacks geographischer Atlas.
VEB Hermann Haack Geographisch-Kartographische Anstalt,
Gotha/Leipzig, 1. Auflage, 1979Kinder, Hermann (1989) Dtv-Atlas
Weltgeschichte / 2, Von der Französischen Revolution bis zur Gegenwart.
(23.o ed.), Múnich: Dt. Taschenbuch-Verl ISBN: 3-423-03002-X. OCLC:

313766861., CC BY 2.5,
https://commons.wikimedia.org/w/index.php?curid=3613283
-Imágen número 63 (prusia en 1818, pág 93):
De User:52 Pickup - Based on map data of the IEG-Maps project (Andreas
Kunz, B. Johnen and Joachim Robert Moeschl: University of Mainz) -
www.ieg-maps.uni-mainz.de., CC BY-SA 2.5,
https://commons.wikimedia.org/w/index.php?curid=1440329
-Imágen número 64 (Prusia en 1918, pág 94):
De User:52 Pickup - Based on map data of the IEG-Maps project (Andreas
Kunz, B. Johnen and Joachim Robert Moeschl: University of Mainz) -
www.ieg-maps.uni-mainz.de., CC BY-SA 2.5,
https://commons.wikimedia.org/w/index.php?curid=1440329
-Imágen número 65 (Conf.Alemana del norte, pág 95):
De Blank map of Europe.svg: maix¿? derivative work: Alphathon - Este
archivo deriva de: Blank map of Europe.svg:, CC BY-SA 4.0,
https://commons.wikimedia.org/w/index.php?curid=49132168
-Imágen número 66 (imperio alemán, pág 96):
De Andrew0921 at the English Wikipedia, CC BY-SA 3.0,
https://commons.wikimedia.org/w/index.php?curid=10551185
-Imágen número 67 (república de Weimar, pág 97):
De Blank_map_of_Europe.svg: maix¿?derivative work: Alphathon
/'æl.f'æ.ðɒn/ (talk) - Blank_map_of_Europe.svg, CC BY-SA
3.0, https://commons.wikimedia.org/w/index.php?curid=17137094
-Imágen número 68 (alemania nazi, pág 99):
De TRAJAN 117 - Esta imagen vectorial incluye elementos que han sido
tomados o adaptados de esta:, CC BY-SA 3.0,
https://commons.wikimedia.org/w/index.php?curid=27127904
-Imágen número 69 (ocupación aliada de Alemania, pág 100):
De WikiNight2 - Trabajo propio, basado en: ✦ Germany location map
labeled 8 Jun 1947 - 22 Apr 1949.svg ✦ Flag of France.svg ✦ Flag of the
Soviet Union (1923-1955).svg ✦ US flag 48 stars.svg ✦ Government
Ensign of the United Kingdom.svg, GFDL,
https://commons.wikimedia.org/w/index.php?curid=10252531
-Imágen número 70 (Alemania occidental y oriental, pág 101):
CC BY-SA 3.0, https://commons.wikimedia.org/w/index.php?curid=488919
-Imágen número 71 (celtas de irlanda, pág 103):

De Www.wesleyjohnston.com-users-ireland-maps-historical-map1014.gif: Electionworld (discusión · contribs.)IrelandVIII-FirstThirdIX-es.svg: rowanwindwhistler (discusión · contribs.)derivative work: rowanwindwhistler (discusión) - Www.wesleyjohnston.com-users-ireland-maps-historical-map1014.gifIreland VIII-FirstThirdIX-es.svg, CC BY-SA 4.0, https://commons.wikimedia.org/w/index.php?curid=65994579
-Imágen número 72 (señorío de Irlanda en color rojizo, pág 104): De self-created - Trabajo propio, CC BY-SA 3.0, https://commons.wikimedia.org/w/index.php?curid=7333760
-Imágen número 73 (divisiones del señorío de Irlanda, pág 105): De The original uploader was (Automated conversion) de Wikipedia en inglés. - Transferido desde en.wikipedia a Commons., Dominio público, https://commons.wikimedia.org/w/index.php?curid=523133
-Imágen número 74 (reino de Irlanda, pág 106): De Elevatorrailfan - Esta imagen vectorial incluye elementos que han sido tomados o adaptados de esta:, CC BY-SA 4.0, https://commons.wikimedia.org/w/index.php?curid=41415781
-Imágen número 75 (estado libre de Irlanda, pág 108): De Rob984 - Derived from:File:Blank map of Europe (polar stereographic projection) cropped.svg, CC BY-SA 4.0, https://commons.wikimedia.org/w/index.php?curid=36709433
-Imágen número 76 (Jara-Jitai, pág 111): De Gabagool - Trabajo propio, CC BY 3.0, https://commons.wikimedia.org/w/index.php?curid=6608726
-Imágen número 77 y 112 (imperio jorezmita): De Khwarezmian Empire 1190 - 1220 (AD).svg: Rcsprinter123derivative work: Rowanwindwhistler - Este archivo deriva de: Khwarezmian Empire 1190 - 1220 (AD).svg: Rcsprinter123, CC BY-SA 4.0, https://commons.wikimedia.org/w/index.php?curid=34389477
-Imágen número 79 (expansión del imperio mongol, pág 115): De Ali Zifan - Trabajo propio; used orthographic projection from here., CC BY-SA 4.0, https://commons.wikimedia.org/w/index.php?curid=44303908
-Imágen número 80 (horda de oro, pág 116): De Golden Horde 1389.svg: MapMasterderivative work: Rowanwindwhistler - Este archivo deriva de: Golden Horde 1389.svg:

MapMaster, CC BY-SA 4.0,
https://commons.wikimedia.org/w/index.php?curid=35556629
-Imágen número 81 (kanato chagatai, pág 117):
De Gabagool - Trabajo propio, CC BY 3.0,
https://commons.wikimedia.org/w/index.php?curid=6624582
-Imágen número 82 (Ilkanato, pág 117):
De File:Map of Asia (it).svg: CacahuateFile:Ilkhanate in 1256–1353.PNG:
Arab Leagueobra derivada Rowanwindwhistler - Este archivo deriva de:
Map of Asia (it).svg: Cacahuate,Este archivo deriva de: Ilkhanate in
1256–1353.PNG: Arab League, CC BY-SA 4.0,
https://commons.wikimedia.org/w/index.php?curid=35282749
-Imágen número 83 (Gran Yuan, pág 118):
De Ian Kiu - Trabajo propio, CC BY 3.0,
https://commons.wikimedia.org/w/index.php?curid=3082897
-Imágen número 84 (ducado de Polonia, pág 119):
De Blank map of Europe.svg: maix¿? derivative work: Alphathon - Este
archivo deriva de: Blank map of Europe.svg:Data
sources:Europe_byzantine_empires.jpgDroysens-22-23.jpgWww.wesleyjoh
nston.com-users-ireland-maps-historical-map1014.gifWales 986-99
(Maredudd ab Owain).svg, CC BY-SA 4.0,
https://commons.wikimedia.org/w/index.php?curid=48954916
-Imágen número 85 (reino de Polonia, pág 120):
De Polska 960 - 992-es.svg:Rowanwindwhistler (discusión ·
contribs.)Polska 992 - 1025.svg: Poznaniak (discusión · contribs.)derivative
work: Rowanwindwhistler (discusión) work: Rowanwindwhistler (discusión)
- Polska 960 - 992-es.svgPolska 992 - 1025.svg, CC BY-SA 3.0,
https://commons.wikimedia.org/w/index.php?curid=51411047
-Imágen número 86 (Reino de Polonia y gran ducado de Lituania, pág
121):
De Poland, Lithuania and Teutonic state at the beginning of the XV cn.svg:
Azgar (discusión · contribs.)derivative work: Rowanwindwhistler (discusión)
- Poland, Lithuania and Teutonic state at the beginning of the XV cn.svg,
CC BY-SA 3.0,
https://commons.wikimedia.org/w/index.php?curid=51263766
-Imágen número 87 (entidades de la mancomunidad polaco-lituana, pág
122):

De Polish-Lithuanian Commonwealth at its maximum extent.svg: Samotny Wędrowiec (discusión · contribs.)Rzeczpospolita2nar.pt.png: Bonas (discusión · contribs.)derivative work: Rowanwindwhistler (discusión) work: Rowanwindwhistler (discusión) - Polish-Lithuanian Commonwealth at its maximum extent.svgRzeczpospolita2nar.pt.png, CC BY-SA 3.0, https://commons.wikimedia.org/w/index.php?curid=51369341
-Imágen número 88 (repartos de Polonia, pág 124):
De Partitions of Poland.png: Sneecs (discusión · contribs.)derivative work: Rowanwindwhistler (discusión) - Este archivo deriva de: Partitions of Poland.png, CC BY-SA 4.0,
https://commons.wikimedia.org/w/index.php?curid=38703221
-Imágen número 89 (gran ducado de Varsovia, pág 125): De Este gráfico vectorial, sin especificar según el W3C, fue creado con Inkscape . - Esta imagen vectorial incluye elementos que han sido tomados o adaptados de esta:, CC BY-SA 3.0,
https://commons.wikimedia.org/w/index.php?curid=22837434
-Imágen número 90 (Cracovia, pág 126):De Blank_map_of_Europe.svg: maix¿?derivative work: Alphathon /'ælfə.θɒn/ (talk) - Este archivo deriva de: Blank map of Europe.svg:, CC BY-SA 3.0,
https://commons.wikimedia.org/w/index.php?curid=27668323
-Imágen número 91 (república de Polonia, pág 127):
De Blank_map_of_Europe.svg: maix¿?derivative work: Alphathon /'æl.f'æ.ðɒn/ (talk) - Blank_map_of_Europe.svg, CC BY-SA 3.0, https://commons.wikimedia.org/w/index.php?curid=18978803
-Imágen número 93 (expediciones portuguesas, pág 129):
De Descobrimentos_e_explorações_portugueses.png:
*Portuguese_discoveries_and_explorations.png:
*Portuguese_Empire_map.jpg: Toklederivative work: Uxbona (talk) - Descobrimentos_e_explorações_portugueses.png, CC BY-SA 3.0, https://commons.wikimedia.org/w/index.php?curid=6964254
-Imágen número 94 (imperio portugués, pág 130):
De Luis wiki de Wikipedia en inglés - Transferido desde en.wikipedia a Commons por Mocu., Dominio público,
https://commons.wikimedia.org/w/index.php?curid=3853131
-Imágen número 95 (Imperio del Brasil, pág 131):

De Heraldry - Trabajo propio, GFDL,
https://commons.wikimedia.org/w/index.php?curid=7438981
-Imágen número 96 (provincias de brasil en 1889, pág 132):
De Milenioscuro - Trabajo propio utilizando:File:Brazil, administrative
divisions (states) - en - colored.svgFile:Brazil Provinces 1889.svgAtlas
histórico escolar do Ministério da EducaçãoIBGE - Evolução da Divisão
Territorial do Brasil 1872-2010A divisão estadual após a Proclamação da
RepúblicaFile:Republica do Brasil 1889.jpgFile:Map of Brazil 1889.jpg, CC
BY-SA 4.0, https://commons.wikimedia.org/w/index.php?curid=45356328
-Imágen número 97 (estados unidos del brasil, pág 133):
De Addicted04 - Trabajo propio, CC BY-SA 3.0,
https://commons.wikimedia.org/w/index.php?curid=30696149
-Imágen número 98 (Italia en 1815, pág 135):
-Imágen número 99 (Italia en 1843, pág 137):
De Italia_1843-fr.svg: *Italia_1843.svg: Gigillo83derivative work: Pline
(talk)derivative work: Rowanwindwhistler - Este archivo deriva de: Italia
1843-fr.svg:, CC BY-SA 3.0,
https://commons.wikimedia.org/w/index.php?curid=27498986
-Imágen número 100 (Unificación Italiana, pág 139) :
De Artemka - Trabajo propio, CC BY-SA 3.0,
https://commons.wikimedia.org/w/index.php?curid=25812774
-Imágen número 101 (Olmecas, pág 140):
De Artemka - Trabajo propio, CC BY-SA 3.0,
https://commons.wikimedia.org/w/index.php?curid=25812774
-Imágen número 102 (Mayas, pág 141):
De Original: Simon Burchell; transcripción de topónimos al español:
Dodecaedro. - File:Maya civilization location map - geography.svg, CC
BY-SA 4.0, https://commons.wikimedia.org/w/index.php?curid=45417009
-Imágen número 103 (Imperio mexica, pág 142):
De No se sabe - https://enciclopediadehistoria.com/cultura-azteca/, CC
BY-SA 4.0, https://commons.wikimedia.org/w/index.php?curid=134494182
-Imágen número 104 (zapotecos, pág 142):
De Yavidaxiu - Trabajo propio, basado en cartografía producida por
User:Koba-chan, Dominio público,
https://commons.wikimedia.org/w/index.php?curid=1402995
-Imágen número 105 (cronología civilizaciones prehispánicas, pág 143):

By No identificado - es:Wikipedia México prehispánico, CC BY-SA 4.0, https://commons.wikimedia.org/w/index.php?curid=55450556
-Imágen número 106 (virreinato de Nueva España en 1794, pág 144):
-Imágen número 107 (primer imperio mexicano, pág 145):
De Heraldry - Trabajo propio, CC BY-SA 3.0, https://commons.wikimedia.org/w/index.php?curid=7438909
-Imágen número 109 (segundo imperio mexicano, pág 148):
De Milenioscuro - Trabajo propio, CC BY-SA 4.0, https://commons.wikimedia.org/w/index.php?curid=68766189
-Imágen número 110 (imperio del Japón, pág 153):
De Milenioscuro - File:Japan (orthographic projection).svgFile:BlankMap-World-WWII.PNGFile:Greater Japanese empire.pngFile:Pacific Area - The Imperial Powers 1939 - Map.svg1942 Map of Japanese Empire.jpgFile:Imperio Japonés.JPGFile:Japanese Empire - 1942.svgFile:Occupied Japan.png, CC BY-SA 3.0, https://commons.wikimedia.org/w/index.php?curid=16999831
-Imágen número 111 (Selyúcidas, pág 155):
De <a href="//commons.wikimedia.org/wiki/User:MapMaster" title="User:MapMaster">MapMaster</a> - <span class="int-own-work" lang="es">Trabajo propio</span>, <a href="https://creativecommons.org/licenses/by-sa/4.0" title="Creative Commons Attribution-Share Alike 4.0">CC BY-SA 4.0</a>, <a href="https://commons.wikimedia.org/w/index.php?curid=3692668">Enlace</a>
-Imágen número 113 y 123 (Expansión otomana):
De Empèri Otoman - Expansion territòriala de 1307 a 1490.png: Nicolas Eynaudderivative work: Rowanwindwhistler (discusión) - Empèri Otoman - Expansion territòriala de 1307 a 1490.png, CC BY-SA 4.0, https://commons.wikimedia.org/w/index.php?curid=49007646
-Imágen número 114 (Imp.Otomano 1481, pág 158):
De Empèri Otoman - Expansion territòriala de 1307 a 1490.png: Nicolas Eynaudderivative work: Rowanwindwhistler (discusión) - Empèri Otoman - Expansion territòriala de 1307 a 1490.png, CC BY-SA 4.0, https://commons.wikimedia.org/w/index.php?curid=49007646
-Imágen número 115 (Imp.Otomanp 1566, pág 159):

De Chamboz (discusión · contribs.) - Wikipédia, CC BY-SA 4.0, https://commons.wikimedia.org/w/index.php?curid=64294534
-Imágen número 116 y 141 (Otomanos en 1683, pág 160):
De Chamboz de Wikipedia en inglés, CC BY-SA 4.0, https://commons.wikimedia.org/w/index.php?curid=89899000
-Imágen número 117 (Otomanos en 1739, pág 160):
De Chamboz - Own work, CC BY-SA 4.0, https://commons.wikimedia.org/w/index.php?curid=137608219
-Imágen número 118 (Imperio otomano en 1914, pág 161):
De Chamboz (discusión · contribs.) - File:OttomanEmpire1566.png, CC BY-SA 4.0, https://commons.wikimedia.org/w/index.php?curid=102341211
-Imágen número 119 (Turquía actualmente, pág 162):
De Trabajo propio, CC BY-SA 3.0, https://commons.wikimedia.org/w/index.php?curid=7818230
-Imágen número 120 (Partición del imperio romano en el 395, pág 163):
De Geuiwogbil at the English Wikipedia, CC BY-SA 3.0, https://commons.wikimedia.org/w/index.php?curid=1455678
-Imágen número 121 (partición del imperio bizantino, pág 166):
De Bizancio1204.jpg: Jani NiemenmaaByzantium1204-es.svg: Rowanwindwhistlerderivative work: Rowanwindwhistler (discusión) - Bizancio1204.jpgByzantium1204-es.svg, CC BY-SA 4.0, https://commons.wikimedia.org/w/index.php?curid=49262178
-Imágen número 122 (imperio bizantino, pág 167):
De Tataryn - Trabajo propio, CC BY-SA 3.0, https://commons.wikimedia.org/w/index.php?curid=19926428
-Imágen número 124 (estados vikingos de Dinamarca, pág 168):
CC BY-SA 2.5, https://commons.wikimedia.org/w/index.php?curid=521046
-Imágen número 127 (Imperio danés en 1800, pág 172):
De Kasper Holl - Trabajo propio, CC BY-SA 3.0, https://commons.wikimedia.org/w/index.php?curid=220280
-Imágen número 128 (reino de Dinamarca actualmente, pág 174):
De Orionist - Este gráfico vectorial, sin especificar según el W3C, fue creado con Adobe Illustrator., CC BY-SA 3.0, https://commons.wikimedia.org/w/index.php?curid=18042499
-Imágen número 129 (Corea- 108 a.C, pág 175):

De Shattering isochamend.png: Busterof666 (discusión · contribs.)A large blank world map with oceans marked in blue planisferio en blanco.svg: Gustavo Girardelli (discusión · contribs.)derivative work: rowanwindwhistler (discusión) - Shattering isochamend.png A large blank world map with oceans marked in blue planisferio en blanco.svg, CC BY-SA 4.0, https://commons.wikimedia.org/w/index.php?curid=41714091
-Imágen número 142 (mapa de países con población musulmana, pág 189):
De Baba66, NordNordWest / Before changing this file, please look at the detailed information provided in its source code. - Trabajo propio, Data from CIA World Factbook, ca. 2005, CC BY-SA 3.0, https://commons.wikimedia.org/w/index.php?curid=697595
-Imágen número 143 (reino odrisio, pág 190):
De Kandi - Trabajo propio, CC BY-SA 4.0, https://commons.wikimedia.org/w/index.php?curid=17094266
-Imágen número 145 (antigua gran bulgaria, pág 192):
De Cthuljew and Targovishtenec bg GFDL, CC BY-SA 3.0, https://commons.wikimedia.org/w/index.php?curid=21157888
-Imágen número 146 (bulgaria del volga, pág 193):
De Gabagool - Trabajo propio, CC BY 3.0, https://commons.wikimedia.org/w/index.php?curid=6617806
-Imágen número 147 y 160 (primer imperio búlgaro):
De Balkans850.png: HxseekBalkans 925AD-es.svg: rowanwindwhistlerderivative work: rowanwindwhistler (discusión) - Este archivo deriva de: Balkans850.pngEste archivo deriva de: Balkans 925AD-es.svgProjection: IGNF:UTM30Rivers, Coast, Sea, land: Natural EarthLocation of cities/towns: OSM, Wikipedia, CC BY-SA 3.0, https://commons.wikimedia.org/w/index.php?curid=111352937
-Imágen número 148 (segundo imperio búlgaro, pág 194):
De Vaskots7 & NuclearVacuum - Trabajo propio, CC BY-SA 3.0, https://commons.wikimedia.org/w/index.php?curid=30108239
-Imágen número 149 (bulgaria durante el reinado de Iván Alejandro, pág 195):
De Bulgaria_Ivan_Alexander_(1331-1371).svg: Todor Bozhinovderivative work: Rowanwindwhistler - Este archivo deriva de: Bulgaria Ivan Alexander

(1331-1371).svg:, CC BY-SA 3.0,
https://commons.wikimedia.org/w/index.php?curid=21157169
-Imágen número 150 (Bulgaria en 1878, pág 196):
De Bulgaria-SanStefano_-(1878)-byTodorBozhinov.png: Todor
Bozhinovderivative work: Rowanwindwhistler (talk) -
Bulgaria-SanStefano_-(1878)-byTodorBozhinov.png, CC BY-SA 3.0,
https://commons.wikimedia.org/w/index.php?curid=11549416
-Imágen número 151 (Bulgaria 1914, pág 196):
De Este gráfico vectorial, sin especificar según el W3C, fue creado con
Inkscape . - Esta imagen vectorial incluye elementos que han sido
tomados o adaptados de esta:, CC BY-SA 3.0,
https://commons.wikimedia.org/w/index.php?curid=18681058
-Imágen número 152 (frentes de la segunda guerra de los balcanes, pág
197):
De Kandi, Rowanwindwhistler - Este archivo deriva de: Second Balkan
War.png, CC BY-SA 3.0,
https://commons.wikimedia.org/w/index.php?curid=79534486
-Imágen número 153 (república popular de Bulgaria, pág 199):
De Blank_map_of_Europe_1956-1990.svg: *Blank_map_of_Europe.svg:
maix¿?derivative work: Alphathon /'æɫfə.θɒn/ (talk)derivative work:
StalwartUK (talk) - Blank_map_of_Europe_1956-1990.svg, CC BY-SA 3.0,
https://commons.wikimedia.org/w/index.php?curid=17479788
-Imágen número 154 (primera república griega, pág 200):
De Lassner - Trabajo propio, CC BY-SA 4.0,
https://commons.wikimedia.org/w/index.php?curid=39857044
-Imágen número 155 (la expansión territorial de Grecia, pág 202):
De Historicair, translator Reignerok - Image:Map Greece expansion
1832-1947-fr.svg (adaptation of Image:Population exchange 1923.gif,
GFDL). Image renamed from Image:L'expansion territoriale de la
Grèce 1832-1947.svg, CC BY-SA 3.0,
https://commons.wikimedia.org/w/index.php?curid=3292433
-Imágen número 156 (reino de Dacia, pág 205):
De Bogdangiusca - Trabajo propio, CC BY-SA 3.0,
https://commons.wikimedia.org/w/index.php?curid=259543
-Imágen número 157 (provincia romana de Dacia, pág 206):

De Milenioscuro - Trabajo propio, CC BY-SA 4.0,
https://commons.wikimedia.org/w/index.php?curid=45059715
-Imágen número 158 (imperio huno, pág 206):
De 450 roman-hunnic-empire 1764x1116.jpg: Shepherd, William R.:
Historical Atlas. New York: Henry Holt and Company, 1923.Rivers, coast
& lakes: Natural EarthProjection Lambert conformal conic (+proj=lcc
+lat_1=33.89543558825862 +lat_2=54.4065415185282
+lon_0=20.21484375)derivative work: rowanwindwhistler (discusión) - 450
roman-hunnic-empire 1764x1116.jpg, CC BY-SA 4.0,
https://commons.wikimedia.org/w/index.php?curid=68283594
-Imágen número 159 (kanato de los Ávaros, pág 207):
De Historical map of the Balkans around 582-612 AD-pt.svg: William
Shepherd R. (discusión · contribs.)derivative work: Rowanwindwhistler
(discusión) - Historical map of the Balkans around 582-612 AD-pt.svg, CC
BY-SA 4.0, https://commons.wikimedia.org/w/index.php?curid=38608605
-Imágen número 161 (Europa central 1683, pág 209):
De File:Vassal states of the Ottoman Empire in 1683.svg: Goran
tek-enderivative work: Rowanwindwhistler (talk) - File:Vassal states of the
Ottoman Empire in 1683.svg, CC BY-SA 3.0,
https://commons.wikimedia.org/w/index.php?curid=31884086
-Imágen número 162 (Transilvania y el principado de Rumanía, pág 210):
De Olahus, RowanwindwhistlerRowanwindwhistler - Este archivo deriva
de: Romania 1859-1878.pngFile:Danubian_Principalities_1800_es.svg,
Dominio público,
https://commons.wikimedia.org/w/index.php?curid=77978553
-Imágen número 163 (evolución del reino de Rumanía GIF, pág 212):
De RomaniaBorderHistoryAnnimation_1859-2010.gif:
User:Scooter20.Original uploader was Scooter20 at en.wikipedia.Later
version(s) were uploaded by Alexandrey at en.wikipedia.derivative work:
Rowanwindwhistler (talk) -
RomaniaBorderHistoryAnnimation_1859-2010.gif,
https://commons.wikimedia.org/w/index.php?curid=10089589
-Imágen número 164 (reinos germánicos, pág 213):
De Roman Empire 460 CE.svg: Wojwojderivative work: Rowanwindwhistler
- Este archivo deriva de: Roman Empire 460 CE.svg: Wojwoj,, CC BY-SA
4.0, https://commons.wikimedia.org/w/index.php?curid=35192362

-Imágen número 165 (Imperio carolingio, pág 214):
De Blank map of Europe.svg: maix¿? derivative work: Alphathon - Este archivo deriva de: Blank map of Europe.svg:Data sources:Main data: http://www.lib.utexas.edu/maps/historical/shepherd/byzantine_empires_814 .jpg (A lower quality version is available on commons: Europe around 800.gif)Bulgarian Empire: Territorial expansion during the reign of Khan Krum (803-814).png, CC BY-SA 4.0, https://commons.wikimedia.org/w/index.php?curid=48980912

-Imágen número 166 (tratado de Verdún, pág 215):
De Verdun Treaty 843.svg: FlyingPC (discusión · contribs.)derivative work: Rowanwindwhistler (discusión) - Verdun Treaty 843.svg, CC BY-SA 4.0, https://commons.wikimedia.org/w/index.php?curid=38765529

-Imágen número 167 (tratado de mersen, pág 216):
De Trasamundo - Trabajo propio, CC BY-SA 3.0, https://commons.wikimedia.org/w/index.php?curid=9729935

-Imágen número 168 (antigua confederación Suiza, pág 218):
De No se ha podido leer automáticamente información sobre el autor; se asume que es Ignacio Icke (según los derechos de autor reclamados). - No se ha podido leer automáticamente información sobre la fuente; se asume que es trabajo propio (según los derechos de autor reclamados)., CC BY 2.5, https://commons.wikimedia.org/w/index.php?curid=1809750

-Imágen número 169 (república helvética, pág 219):
De Marco Zanoli, CC BY-SA 4.0, https://commons.wikimedia.org/w/index.php?curid=1275790

-Imágen número 170 (guerra del Sonderbund, pág 220):
De Marco Zanoli, CC BY-SA 4.0, https://commons.wikimedia.org/w/index.php?curid=47050041

-Imágen número 171 (cantones de Suiza, pág 222):
De Tschubby - Trabajo propio, CC BY-SA 3.0, https://commons.wikimedia.org/w/index.php?curid=12421401

-Imágen número 172 (principado de Serbia medieval, pág 224):
De Hadzi-Aleksandrov - Trabajo propio, Dominio público, https://commons.wikimedia.org/w/index.php?curid=11650245

-Imágen número 173 (territorios Serbios en el siglo XI, pág 225):

De Srbsko IX ru.svg: Jaspederivative work: Rowanwindwhistler (talk) - Srbsko IX ru.svg, CC BY-SA 3.0, https://commons.wikimedia.org/w/index.php?curid=31665608
-Imágen número 174 (Gran principado de Serbia, pág 226):
De Srbija St Nemanje kraj XII v.svg: Bratislav Tabašderivative work: Rowanwindwhistler (talk) - Srbija St Nemanje kraj XII v.svg, CC BY-SA 3.0, https://commons.wikimedia.org/w/index.php?curid=31922198
-Imágen número 175 (reino de Serbia, pág 227):
De Balkans 1265.jpg: {William R. Shepherd.ShepherdByzempire1265-es.svg: rowanwindwhistlerderivative work: rowanwindwhistler (discusión) - Balkans 1265.jpgShepherdByzempire1265-es.svg, CC BY-SA 4.0, https://commons.wikimedia.org/w/index.php?curid=66394891
-Imágen número 176 (Imperio serbio, pág 228):
De Ajdebre, CC BY-SA 3.0, https://commons.wikimedia.org/w/index.php?curid=6051798
-Imágen número 177 (principado de Serbia tras su creación, pág 229):
De Serbia1817.png: PANONIANderivative work: Rowanwindwhistler - Este archivo deriva de: Serbia1817.png:, CC BY-SA 3.0, https://commons.wikimedia.org/w/index.php?curid=19092356
-Imágen número 178 (Serbia en 1914, pág 230):
De Este gráfico vectorial, sin especificar según el W3C, fue creado con Inkscape . - Esta imagen vectorial incluye elementos que han sido tomados o adaptados de esta:, CC BY-SA 3.0, https://commons.wikimedia.org/w/index.php?curid=19992796
-Imágen número 179 (Yugoslavia, pág 232):
De Este gráfico vectorial, sin especificar según el W3C, fue creado con Inkscape . - Own work, based upon File:Weimar Republic 1930.svg, CC BY-SA 3.0, https://commons.wikimedia.org/w/index.php?curid=17647140
-Imágen número 180 (Repúblicas que formaban Yugoslavia, pág 233):
De Department of Public Information Cartographic Section, edited by Stian H and translated by Chai. - http://www.un.org/Depts/Cartographic/map/profile/frmryugo.pdf, Dominio público, https://commons.wikimedia.org/w/index.php?curid=9206959
-Imágen número 181 (Unión de Serbia y Montenegro, pág 234):

De Este gráfico vectorial, sin especificar según el W3C, fue creado con Inkscape . - Own work, based upon File:Blank map of Europe.svg, CC BY-SA 3.0, https://commons.wikimedia.org/w/index.php?curid=17669086
-Imágen número 182 (condado de Luxemburgo en 1350, pág 236):
-Imágen número 183 (Países Bajos Borgoñones, pág 237):
-Imágen número 184 (Países Bajos españoles, pág 238):
De David Descamps - Trabajo propio, CC BY 3.0, https://commons.wikimedia.org/w/index.php?curid=5832665
-Imágen número 185 (países bajos austriacos, pág 239):
De Carte montrant les Pays-Bas autrichiens et leurs provinces, tels qu'en 1789.svg : Sir Henryderivative work: Rowanwindwhistler - Este archivo deriva de: Carte montrant les Pays-Bas autrichiens et leurs provinces, tels qu'en 1789.svg: Sir Henry, CC BY-SA 3.0, https://commons.wikimedia.org/w/index.php?curid=33979414
-Imágen número 186 (Reino unido de los países bajos, pág 240):
De Blank_map_of_Europe.svg: maix¿?derivative work: Alphathon /'æɫfə.θɒn/ (talk) - Este archivo deriva de: Blank map of Europe.svg:, CC BY-SA 3.0, https://commons.wikimedia.org/w/index.php?curid=27657220
-Imágen número 187 (Luxemburgo actualmente, pág 241):
De NuclearVacuum - File:Location European nation states.svg, CC BY-SA 3.0, https://commons.wikimedia.org/w/index.php?curid=8097312
-Imágen número 188 (Imperio Vijayanagara, pág 242):
De Wario2 - Trabajo propio, CC BY-SA 4.0, https://commons.wikimedia.org/w/index.php?curid=134634234
-Imágen número 189 (Sultanato de Delhi, pág 243):
De Netzach - Trabajo propio, CC BY-SA 3.0, https://commons.wikimedia.org/w/index.php?curid=13259209
-Imágen número 190 (Imperio protugués en sus inicios, pág 243):
De Descobrimentos_e_explorações_portugueses.png:
*Portuguese_discoveries_and_explorations.png:
*Portuguese_Empire_map.jpg: Toklederivative work: Uxbona (talk) - Descobrimentos_e_explorações_portugueses.png, CC BY-SA 3.0, https://commons.wikimedia.org/w/index.php?curid=6964254
-Imágen número 191 (Imperio durrani, pág 244):

De Arab Hafez and edited by me. -
https://en.wikipedia.org/wiki/File:Safavid_Empire_1501_1722_AD.png,
Dominio público,
https://commons.wikimedia.org/w/index.php?curid=25797668
-Imágen número 192 (Imperio sij, pág 245):
De Jangvijay - Este archivo deriva de: Sikh Empire.JPG, CC BY-SA 4.0,
https://commons.wikimedia.org/w/index.php?curid=54460107
-Imágen número 193 (bandera sij, pág 245):
De Himasaram - Trabajo propio, Dominio público,
https://commons.wikimedia.org/w/index.php?curid=2417516
-Imágen número 194 (símbolo sij, pág 245): De Self-made - Unicode,
Dominio público,
https://commons.wikimedia.org/w/index.php?curid=635293
-Imágen número 195 (Confederación maratha, pág 246):
De User:Rowanwindwhistler - Este archivo deriva de: India1760
1905.jpgProjection: EPSG: 4044Rivers, sea, lakes: Natural EarthLocation
of cities/towns: OSM (mostly), CC BY-SA 4.0,
https://commons.wikimedia.org/w/index.php?curid=81603049
-Imágen número 196 (Raj británico y sus vasallos, pág 247):
De British Raj.svg: Jiangkm3obra derivada de Milenioscuro - Este archivo
deriva de: British Raj.svgFile:British Raj.svgFile:British Indian Empire 1909
Imperial Gazetteer of India.jpg, CC BY-SA 4.0,
https://commons.wikimedia.org/w/index.php?curid=87284013
-Imágen número 197 (Gandhi, pág 248):
De Elliott & Fry - philogalichet.frgettyimages.in, Dominio público,
https://commons.wikimedia.org/w/index.php?curid=76882768
-Imágen número 198 (India actualmente, pág 249):
De Ssolbergj (talk) - Este gráfico vectorial fue creado con Inkscape ., CC
BY-SA 3.0, https://commons.wikimedia.org/w/index.php?curid=5123101
-Imágen número 199 (capitulaciones de 1534, pág 251):
De Milenioscuro - Trabajo propio, basado en: File:South_america_es.svg,
CC BY-SA 4.0,
https://commons.wikimedia.org/w/index.php?curid=62995460
-Imágen número 200 (Virreinato del río de la plata, pág 252):
De Keepscases - Own work, based on the Image:Brazil (orthographic
projection).svg, created by the Wikimedia Commons user Ssolbergj, under

De Addicted04 - Trabajo propio, CC BY-SA 3.0,
https://commons.wikimedia.org/w/index.php?curid=30634879
-Imágen número 208 (Imperio bizantino en el 555, pág 264):
De Tataryn - Trabajo propio, CC BY-SA 3.0,
https://commons.wikimedia.org/w/index.php?curid=19926428
-Imágen número 209 (Dinastía Idrisí, pág 265):
De Idrisids vectori map.svg: Nastoshkaderivative work: Rowanwindwhistler
- Este archivo deriva de: Idrisids vectori map.svg: Nastoshka, CC BY-SA
3.0, https://commons.wikimedia.org/w/index.php?curid=33869920
-Imágen número 210 (Almorávides, pág 266):
De Rowanwindwhistler - Trabajo propio, CC BY-SA 4.0,
https://commons.wikimedia.org/w/index.php?curid=101069135
-Imágen número 211 (Imperio Almohade, pág 267):
De Empire almohade.PNG: Omar-Toons (discusión · contribs.)derivative
work: Rowanwindwhistler (discusión) - Empire almohade.PNGBase map
(coast, territory, rivers...) from Natural EarthLocation of towns from
Wikipedia, CC BY-SA 3.0,
https://commons.wikimedia.org/w/index.php?curid=50280364
-Imágen número 212 (Imperio meriní, pág 268):
De Empire mérinide - XIVe.PNG: Omar-Toonsderivative work:
Rowanwindwhistler - Este archivo deriva de: Empire mérinide - XIVe.PNG:
Omar-Toons, CC BY-SA 3.0,
https://commons.wikimedia.org/w/index.php?curid=33879272
-Imágen número 213 (Sultanato Wattásida, pág 269):
De Wattasids - Simplified map.PNG: Omar-Toons (discusión ·
contribs.)derivative work: Rowanwindwhistler (discusión) - Wattasids -
Simplified map.PNGBase map (coast, territory, rivers...) from Natural
EarthLocation of towns from WikipediaProjection UTM 29 N, CC BY-SA
3.0, https://commons.wikimedia.org/w/index.php?curid=50340998
-Imágen número 214 (Sultanto Saadí, pág 270):
De Maroc - fin XVIe siècle.PNG: Omar-Toons (discusión ·
contribs.)derivative work: Rowanwindwhistler (discusión) - Maroc - fin XVIe
siècle.PNGBased on Ibn Malih al-Sarraj's -Abdulaziz
Al-Fashtali's -Ahmed bin Khalid Al-Nasiri's descriptionBase
map (coast, territory, rivers...) from Natural EarthLocation of towns from

Wikipedia, CC BY-SA 3.0,
https://commons.wikimedia.org/w/index.php?curid=50274999
-Imágen número 215 (Dinastía Alauí en el siglo XVIII, pág 271):
De Askelaadden - Trabajo propioSluglett, Peter (2015) (inglés) Atlas of
Islamic History, Taylor & Francis ISBN: 978-1-317-58897-9.حسين مؤنس
2006)) (árabe) أطلس تاريخ الإسلام (Atlas of Islamic history), دار الزهراء للإعلام
العربي, pp. 170, CC BY-SA 4.0,
https://commons.wikimedia.org/w/index.php?curid=105171193
-Imágen número 216 (Marruecos en 1956, pág 273):
By Milenioscuro - Own work based on:File:Mapa de África Occicdental
hasta 1956.pngFile:Saharaoccidentales.svg, CC BY-SA 4.0,
https://commons.wikimedia.org/w/index.php?curid=38936435
-Imágen número 217 (Expansión de Marruecos a partir de 1956, pág 303):
By Mushii - Own work, CC BY-SA 4.0,
https://commons.wikimedia.org/w/index.php?curid=3951861
-Imágen número 218 (Estado púnico, pág 275):
De No se ha podido leer automáticamente información sobre el autor; se
asume que es BishkekRocks (según los derechos de autor reclamados). -
No se ha podido leer automáticamente información sobre la fuente; se
asume que es trabajo propio (según los derechos de autor reclamados).,
Dominio público,
https://commons.wikimedia.org/w/index.php?curid=641092
-Imágen número 219 (Reino vándalo, pág 276):
De AD 0455 Greatest extent of the Vandal Kingdom EN.svg: Rsteen
(discusión · contribs.)derivative work: Rowanwindwhistler (discusión) - AD
0455 Greatest extent of the Vandal Kingdom EN.svg, CC BY-SA 4.0,
https://commons.wikimedia.org/w/index.php?curid=38339370
-Imágen número 220 (Reino Hafsí, pág 277):
De Gabagool - Trabajo propio, CC BY 3.0,
https://commons.wikimedia.org/w/index.php?curid=6731295
-Imágen número 221 (Túnez otomano, pág 278):
De Underlying lk - Trabajo propio, CC BY-SA 3.0,
https://commons.wikimedia.org/w/index.php?curid=16430199
-Imágen número 222 (Túnez actualmente, pág 280):
De Credits to Habib M'henni / Wikimedia Commons - Trabajo propio, CC
BY-SA 4.0, https://commons.wikimedia.org/w/index.php?curid=78462616

-Imágen número 223 y 233 (Imperio Inca):
De L'Américain - Este gráfico vectorial, sin especificar según el W3C, fue creado con Inkscape ., CC BY-SA 3.0, https://commons.wikimedia.org/w/index.php?curid=9097872
-Imágen número 224 (Capitanía general de Chile, pág 283):
By B1mbo - Own work based on: the Brazil (orthographic projection).svg, created by the Wikimedia Commons user Ssolbergj, under a Creative Commons Licence.Boundaries based in the following sources:Guyanas, Brazil-La Plata, Patagonia: Mapa Geografico de America Meridional (1790).jpgUnited States: United States 1798-1800-07-04.pngNew Granada: Nuevo Reino Granada.jpg, Mapa del Virreinato de Nueva Granada.png, CC BY 3.0, https://commons.wikimedia.org/w/index.php?curid=10689483
-Imágen número 225 (Chile actualmente, pág 286):
By Addicted04 - Own work, CC BY-SA 3.0, https://commons.wikimedia.org/w/index.php?curid=30703702
-Imágen número 226 (Caral, pág 288):
De Ontrvet - Trabajo propio, CC BY-SA 3.0, https://commons.wikimedia.org/w/index.php?curid=18736804
-Imágen número 227 (Cultura Paracas, pág 289):
De QQuantum - Trabajo propio, CC BY-SA 4.0, https://commons.wikimedia.org/w/index.php?curid=67355063
-Imágen número 228 (Chavín, pág 290):
De QQuantum - Trabajo propio, CC BY-SA 4.0, https://commons.wikimedia.org/w/index.php?curid=67354421
-Imágen número 229 (Cultura Nazca, pág 290):
De QQuantum - Trabajo propio, CC BY-SA 4.0, https://commons.wikimedia.org/w/index.php?curid=67410579
-Imágen número 230 (Cultura Moche, pág 291):
-Imágen número 231 (Wari y Tiahuanaco, pág 291):
By QQuantum - Own work, CC BY-SA 4.0, https://commons.wikimedia.org/w/index.php?curid=60432613
-Imágen número 232 (Cultura Chimú, pág 292):
De QQuantum - Trabajo propio, CC BY-SA 4.0, https://commons.wikimedia.org/w/index.php?curid=67287726
-Imágen número 235 (Confederación Perú-Boliviana, pág 295):

De Milenioscuro - Trabajo propio, CC BY-SA 3.0,
https://commons.wikimedia.org/w/index.php?curid=8547454
-Imágen número 236 (Perú actualmente, pág 298):
De Addicted04 - Trabajo propio with Natural Earth Data, CC BY-SA 3.0,
https://commons.wikimedia.org/w/index.php?curid=17638228
-Imágen número 237 (Cuba actualmente, pág 302):
De Addicted04 - Trabajo propio with Natural Earth Data, CC BY-SA 3.0,
https://commons.wikimedia.org/w/index.php?curid=17156859
-Imágen número 238 (Posesiones Europeas en Norteamérica en 1702,
pág 304):
De QueenAnnesWarBefore.svg:Magicpiano (discusión ·
contribs.)derivative work: rowanwindwhistler (discusión) -
QueenAnnesWarBefore.svg, CC BY-SA 4.0,
https://commons.wikimedia.org/w/index.php?curid=42195885
-Imágen número 239 (Norteamérica en 1750, pág 305):
By Nouvelle-France map-en.svg:Pinpin (talk · contribs)derivative work:
rowanwindwhistler (talk) - Nouvelle-France map-en.svg, CC BY-SA 4.0,
https://commons.wikimedia.org/w/index.php?curid=42196225
-Imágen número 240 (Compañía de la Bahía de Hudson, pág 306):
De Ruperts land.svg:Themightyquill (discusión · contribs.)derivative work:
rowanwindwhistler (discusión) - Ruperts land.svg, CC BY-SA 4.0,
https://commons.wikimedia.org/w/index.php?curid=42196468
-Imágen número 241 (mapa de la confederación canadiense, pág 307):
By No machine-readable author provided. Golbez assumed (based on
copyright claims). - No machine-readable source provided. Own work
assumed (based on copyright claims)., CC BY 2.5,
https://commons.wikimedia.org/w/index.php?curid=575707
-Imágen número 242 (Canadá actualmente, pág 308):
De Made by User:Golbez. - Trabajo propio, CC BY 2.5,
https://commons.wikimedia.org/w/index.php?curid=667187
-Imágen número 243 (reino de Israel, pág 310):
De Kingdom of Israel 1020 map-pt.svg: Richardprins (discusión ·
contribs.)derivative work: rowanwindwhistler (discusión) - Kingdom of Israel
1020 map-pt.svg, CC BY-SA 3.0,
https://commons.wikimedia.org/w/index.php?curid=57227277
-Imágen número 244 (reino de Judá y reino de Israel, pág 311):

De Kingdoms_of_Israel_and_Judah_map_830.svg:
*Oldtidens_Israel_&_Judea.svg: FinnWikiNoderivative work:
Richardprins (talk)derivative work: Kordas (sínome!) -
Kingdoms_of_Israel_and_Judah_map_830.svg, CC BY-SA 3.0,
https://commons.wikimedia.org/w/index.php?curid=11574042
-Imágen número 245 (Reino de Jerusalén, pág 312):
De MapMaster - Trabajo propio, CC BY-SA 3.0,
https://commons.wikimedia.org/w/index.php?curid=1622291
-Imágen número 246 (Eyalato de Damasco en 1609, pág 313):
De MapMaster - Trabajo propio, CC BY-SA 3.0,
https://commons.wikimedia.org/w/index.php?curid=1622291
-Imágen número 247 (tabla de las migraciones de judíos de 1948 a 2007,
pág 313):
-Imágen número 248 (Eyalato de Damasco en 1795, pág 314):
De Underlying lk - Trabajo propio, CC BY-SA 3.0,
https://commons.wikimedia.org/w/index.php?curid=23273018
-Imágen número 249 (Mandato británico de Palestina, pág 315):
De PalestineAndTransjordan.svg: Onceinawhilederivative work:
Rowanwindwhistler (discusión) - PalestineAndTransjordan.svg, CC BY-SA
4.0, https://commons.wikimedia.org/w/index.php?curid=63648447
-Imágen número 250 (Israel en la guerra de los 6 días, pág 317):
De Six_Day_War_Territories.svg: *User:Ling.Nutderivative work:
Rafyderivative work: Kordas - Este archivo deriva de: Six Day War
Territories.svg:, CC BY-SA 3.0,
https://commons.wikimedia.org/w/index.php?curid=26811746
-Imágen número 251 (Israel actualmente, pág 318):
De BlueHypercane761 - Este gráfico vectorial, sin especificar según el
W3C, fue creado con Inkscape ., CC BY-SA 4.0,
https://commons.wikimedia.org/w/index.php?curid=77532904
-Imágen número 252 (Reino de Funan, pág 319):
Dominio público,
https://commons.wikimedia.org/w/index.php?curid=1440089
-Imágen número 253 (Reino de Lavo y sus vecinos, pág 320):
De Javierfv1212, rowanwindwhistler - Este archivo deriva de:
Map-of-southeast-asia 1000 - 1100 CE.pngEste archivo deriva de:

Map-of-southeast-asia 900 CE-es.svg, CC BY-SA 4.0,
https://commons.wikimedia.org/w/index.php?curid=93069087
-Imágen número 254 (Reino de Sujotai, pág 321):
De Nicolas Eynaud, rowanwindwhistler - Este archivo deriva de: Southeast
Asian history - 13th century.pngBase map from Natural earth (coast &
rivers). Projection EPSG 3261., CC BY-SA 4.0,
https://commons.wikimedia.org/w/index.php?curid=93071760
-Imágen número 255 y 261 (Reino de Ayutthaya):
De Map-of-southeast-asia 1400 CE.png:
Javierfv1212Map-of-southeast-asia 900 CE-es.svg:
Rowanwindwhistlerderivative work: Rowanwindwhistler (discusión) -
Map-of-southeast-asia 1400 CE.pngMap-of-southeast-asia 900
CE-es.svghttp://ecaimaps.berkeley.edu/animations/2003_03_khmer_anima
tion.swf
http://www.britannica.com/EBchecked/media/3395/Khmer-empire-1200
Atlas of world history, Patrick Karl O'brien. Societies, Networks, and
Transitions: A Global History, Volume B. Craig A.Lockard
http://upload.wikimedia.org/wikipedia/commons/thumb/4/45/Srivijaya_Empi
re.svg/2000px-Srivijaya_Empire.svg.png
File:DvaravatiMapThailand.pnghttp://upload.wikimedia.org/wikipedia/comm
ons/e/eb/Thailand_2002_CIA_map.jpg, CC BY-SA 4.0,
https://commons.wikimedia.org/w/index.php?curid=49192197
-Imágen número 256 (Reino de Rattanakosin, pág 323):
De Milenioscuro - Trabajo propioDavid K. Wyatt: A Shot History of
Thailand, 2003The lost territories: Franco-Thai relations after WWII, CC
BY-SA 4.0, https://commons.wikimedia.org/w/index.php?curid=86165483
-Imágen número 257 (Tailandia actualmente, pág 325):
De Zuanzuanfuwa - Trabajo propio, CC BY-SA 3.0,
https://commons.wikimedia.org/w/index.php?curid=20211238
-Imágen número 258 (Ván Lang, pág 326):
By I Love Triệu Đà - Own work, CC0,
https://commons.wikimedia.org/w/index.php?curid=30814732
-Imágen número 259 (Nanyue, pág 327):
By The original uploader was Sea888 at English Wikipedia. - Transferred
from en.wikipedia to Commons by Alagos., CC BY-SA 3.0,
https://commons.wikimedia.org/w/index.php?curid=23612489

-Imágen número 260 (Van Xuan, pág 328):
By I Love Triệu Đà - Own work, CC0,
https://commons.wikimedia.org/w/index.php?curid=45876330
-Imágen número 262 (Nguyen, pág 330):
De 段黎志寶 - Trabajo propio, CC BY-SA 4.0,
https://commons.wikimedia.org/w/index.php?curid=37442555
-Imágen número 263 (Indochina francesa, pág 331):
De French Indochina 1900-1946-fr.svg: Flappiefhderivative work:
Rowanwindwhistler (discusión) - French Indochina 1900-1946-fr.svg, CC
BY-SA 4.0, https://commons.wikimedia.org/w/index.php?curid=47036261
-Imágen número 264 (Indochina en la guerra de Vietnam, pág 332):
De Indochina 1954 to 55 map de.svg: Don-kun (discusión · contribs.),
NordNordWest (discusión · contribs.)derivative work: Rowanwindwhistler
(discusión) - Indochina 1954 to 55 map de.svg, CC BY-SA 3.0,
https://commons.wikimedia.org/w/index.php?curid=38636666
-Imágen número 265 (Vietnam actualmente, pág 333):
De Anewplayer - El estado de autorización de esta imagen todavía no ha
sido revisado. Tú puedes ayudar., CC BY-SA 4.0,
https://commons.wikimedia.org/w/index.php?curid=92795791
-Imágen número 266 y 332 (Exarcado de Rávena):
De Alboin's_Italy-fr.svg: *File:Alboin's Italy.svg :
User:Castagnaderivative work : User:Sir Henryderivative work:
Rowanwindwhistler - Este archivo deriva de: Alboin's Italy-fr.svg:,
CC BY-SA 3.0,
https://commons.wikimedia.org/w/index.php?curid=27017406
-Imágen número 267 (Tratado de Mersen, pág 336):
De Trasamundo - Trabajo propio, CC BY-SA 3.0,
https://commons.wikimedia.org/w/index.php?curid=9729935
-Imágen número 268 (Estados Papales, pág 338):
De Elevatorrailfan - Esta imagen vectorial incluye elementos que han sido
tomados o adaptados de esta:, CC BY-SA 4.0,
https://commons.wikimedia.org/w/index.php?curid=36791433
-Imágen número 269 (Vaticano, pág 340):
De Elevatorrailfan - Esta imagen vectorial incluye elementos que han sido
tomados o adaptados de esta:, CC BY-SA 4.0,
https://commons.wikimedia.org/w/index.php?curid=40973939

-Imágen número 270 (Magan, pág 341):
De Jcwf - Trabajo propio, CC BY-SA 3.0,
https://commons.wikimedia.org/w/index.php?curid=26181628
-Imágen número 271 (Imperio omaní, pág 343):
De AbdurRahman AbdulMoneim - Trabajo propio, basado
en:https://www.worldstatesmen.org/Mozambique_native.html(Newitt,
Malyn. A History of Mozambique. Indiana University Press, Bloomington,
IN,
1995.)https://www.worldstatesmen.org/Tanzania_native.htmlhttps://www.wo
rldstatesmen.org/Kenya_native.htmlhttps://understandingthehorn.berkeley.
edu/horn-africa-1730-ce (uses
https://operationoverload.wordpress.com/category/mogadishu/)https://book
s.google.com.eg/books?id=WixiTjxYdkYC&pg=PA521&redir_esc
=y#v=onepage&q&f=falsehttps://en.wikipedia.org/wiki/Sultanate_
of_Zanzibar(https://www.worldcat.org/title/zanzibar-its-history-and-its-peopl
e/oclc/186237036)(https://archive.org/details/africanaencyclop00appi)(http:/
/www.heliograph.com/trmgs/trmgs2/bea.shtml)(http://hansard.millbanksyste
ms.com/commons/1895/jun/13/british-east-africa#S4V0034P0_18950613_
HOC_216)(https://books.google.com.eg/books?id=2WOuAAAAIAAJ&r
edir_esc=y)https://en.wikipedia.org/wiki/East_Africa_Protectorate(https://w
ww.fotw.info/flags/eaf-brit.html#%3Cww1)https://en.wikipedia.org/wiki/Rum
alizahttps://commons.wikimedia.org/wiki/File:Stanley_Founding_of_Congo
_Free_State_365_Political_Divisions_of_the_Congo_Basin.jpghisatlasothe
r sourcesSources that confirm the map:The Cambridge History of Africa
Vol. 5, p. 275Oman in History. pp. 445-463Muqdisho in the Nineteenth
Century: A Regional Perspective. The Journal of African History, Vol. 24,
No. 4 (1983), pp. 441-459The Swahili Coast: Politics, Diplomacy and Trade
on the East African Littoral, 1798-1856Somalia: Nation in Search of a
StateGazetteer of the Persian Gulf, Oman and Central Arabia. Volume 1.
John Gordon Lorimer, CC BY-SA 4.0,
https://commons.wikimedia.org/w/index.php?curid=106493531
-Imágen número 272 (Imperio de Omán en color naranja, pág 344):
De Empire of Oman.svg: ArnoldPlaton (discusión · contribs.)derivative
work: Rowanwindwhistler (discusión) - Empire of Oman.svg, CC BY-SA
4.0, https://commons.wikimedia.org/w/index.php?curid=38588533
-Imágen número 273 (Región de Dhofar, pág 346):

jihad states map general c1830-es.svgAfrica de l'Oèst en 1875.png, CC BY-SA 4.0,
https://commons.wikimedia.org/w/index.php?curid=56969322
-Imágen número 292 (Colonia de Lagos, pág 366):
De Himalayan Explorer based on work by Uwe Dedering - Based on File:Nigeria location map.svg, CC BY-SA 3.0,
https://commons.wikimedia.org/w/index.php?curid=9449667
-Imágen número 293 (Protectorado de Nigeria del Sur, pág 367):
De Colonial_Africa_1913_map.svg: Eric Gaba (Sting - fr:Sting)derivative work: P. S. Burton (talk) - Colonial_Africa_1913_map.svg, CC BY-SA 3.0,
https://commons.wikimedia.org/w/index.php?curid=12097029
-Imágen número 294 (Protectorado de Nigeria del Norte, pág 368):
De Colonial_Africa_1913_map.svg: Eric Gaba (Sting - fr:Sting)derivative work: P. S. Burton (talk) - Colonial_Africa_1913_map.svg, CC BY-SA 3.0,
https://commons.wikimedia.org/w/index.php?curid=12097023
-Imágen número 295 (Colonia de Nigeria, pág 369):
De Colonial_Africa_1913_map.svg: Eric Gaba (Sting - fr:Sting)derivative work: P. S. Burton (talk) - Colonial_Africa_1913_map.svg, CC BY-SA 3.0,
https://commons.wikimedia.org/w/index.php?curid=12096838
-Imágen número 296 (Nigeria actualmente, pág 371):
De Ukabia - Trabajo propio, CC BY-SA 3.0,
https://commons.wikimedia.org/w/index.php?curid=9525020
-Imágen número 297 (Muro de antonino y muro de Adriano, pág 373):
De Basquetteur - Trabajo propio, CC BY-SA 3.0,
https://commons.wikimedia.org/w/index.php?curid=21560456
-Imágen número 298 (Reino de los Pictos y Dál Riata, pág 374):
De en:User:Briangotts - Copied from en:Image:Dalriada.jpg., Dominio público, https://commons.wikimedia.org/w/index.php?curid=342442
-Imágen número 299 (Posesiones noruegas en Escocia, pág 375):
De Jokkemans91 - Trabajo propio, CC BY-SA 3.0,
https://commons.wikimedia.org/w/index.php?curid=9469419
-Imágen número 300 (Reino de Escocia poco antes de su unión con Inglaterra, pág 377):
De Nadie Huamán - Trabajo propio, CC BY-SA 4.0,
https://commons.wikimedia.org/w/index.php?curid=122911688
-Imágen número 301 (Escocia actualmente, pág 378):

libre:de compartir – de copiar, distribuir y transmitir el trabajode remezclar – de adaptar el trabajoBajo las siguientes condiciones:atribución – Debes otorgar el crédito correspondiente, proporcionar un enlace a la licencia e indicar si realizaste algún cambio. Puedes hacerlo de cualquier manera razonable pero no de manera que sugiera que el licenciante te respalda a ti o al uso que hagas del trabajo.compartir igual – En caso de mezclar, transformar o modificar este trabajo, deberás distribuir el trabajo resultante bajo la misma licencia o una compatible como el original.Esta etiqueta de licencia fue agregada a este archivo como parte de la actualización de la licencia GFDL., CC BY-SA 3.0, https://commons.wikimedia.org/w/index.php?curid=2202746

-Imágen número 316 (Shang, pág 392):
CC BY-SA 3.0, https://commons.wikimedia.org/w/index.php?curid=333887

-Imágen número 317 (Zhou, pág 393):
De Territories_of_Dynasties_in_China.gif: Ian Kiu - Territories_of_Dynasties_in_China.gif: Albert Herrmann (1935). History and Commercial Atlas of China. Harvard University Press.from "The Chou Dynasty, 11th-9th Centuries B.C.", CC BY-SA 3.0, https://commons.wikimedia.org/w/index.php?curid=13309273

-Imágen número 318 (Reinos combatientes, pág 393):
De Royaumes combattants 250 aC.svg: Yugderivative work: Rowanwindwhistler (discusión) - Royaumes combattants 250 aC.svg, CC BY-SA 4.0, https://commons.wikimedia.org/w/index.php?curid=45803644

-Imágen número 319 (Qin, pág 395):
De Itsmine - Self-published work by Itsmine, CC BY-SA 3.0, https://commons.wikimedia.org/w/index.php?curid=1389340

-Imágen número 320 (Han, pág 395):
De User:Historian of the arab people - Trabajo propio utilizando:Map, p. 63, Mapping History: World History (London: Cartographica, 2007), by Dr. Ian Barnes. ISBN 978-1-84573-323-0, Dominio público, https://commons.wikimedia.org/w/index.php?curid=75621165

-Imágen número 321 (Los tres reinos, historia de China, pág 396):
De Ian Kiu - Trabajo propio, CC BY 3.0, https://commons.wikimedia.org/w/index.php?curid=3082890

-Imágen número 322 (Jin, pág 397):

De Ian Kiu - Trabajo propio, CC BY-SA 3.0,
https://commons.wikimedia.org/w/index.php?curid=3708103
-Imágen número 323 (Sui, pág 398):
De China, 610.svg: Yug (discusión · contribs.)derivative work:
rowanwindwhistler (discusión) - China, 610.svg, CC BY-SA 4.0,
https://commons.wikimedia.org/w/index.php?curid=41887949
-Imágen número 324 (Tang, pág 398):
De Ian Kiu - Tang Dynasty 700 AD from "The T'ang Dynasty,
618-906 A.D.-Boundaries of 700 A.D." Albert Herrmann (1935).
History and Commercial Atlas of China. Harvard University Press., CC
BY-SA 3.0, https://commons.wikimedia.org/w/index.php?curid=4641484
-Imágen número 325 (Fragmentación de la dinastía Tang, pág 399):
De Ian Kiu - Trabajo propio, CC BY 3.0,
https://commons.wikimedia.org/w/index.php?curid=3048730
-Imágen número 326 (Song, Liao y Xi xia, pág 400):
De Song-Liao-Xixia-1111.png: DouglasfrankfortChina, 610-es.svg:
rowanwindwhistlerderivative work: rowanwindwhistler (discusión) -
Song-Liao-Xixia-1111.pngChina, 610-es.svg, CC BY-SA 3.0,
https://commons.wikimedia.org/w/index.php?curid=66397274
-Imágen número 327 (dinastía yuan, pág 401):
De Ian Kiu - Trabajo propio, CC BY 3.0,
https://commons.wikimedia.org/w/index.php?curid=3082897
-Imágen número 328 (Ming, pág 402):
CC BY 3.0, https://commons.wikimedia.org/w/index.php?curid=3123887
-Imágen número 329 (Qing en 1912, pág 404):
CC BY 3.0, https://commons.wikimedia.org/w/index.php?curid=3123887
-Imágen número 330 (China actualmente, pág 408):
CC BY-SA 3.0,
https://commons.wikimedia.org/w/index.php?curid=17078293
-Imágen número 331 (Imperio romano en 117 d.C, pág 410):
De Tataryn - Trabajo propio, CC BY-SA 3.0,
https://commons.wikimedia.org/w/index.php?curid=19625326
-Imágen número 333 (Italia en el año 1000 d.C, pág 412):
By No machine-readable author provided. Molorco assumed (based on
copyright claims). - No machine-readable source provided. Own work

-Los nombres de las imágenes que aparecen entre paréntesis al lado del
número de cada imagen no se refiere al nombre que el autor de esa
imagen le ha puesto, es simplemente una referencia para poder encontrar
la imagen de manera más sencilla.

La primera ilustración se refiere a la que hace la función de portada del
libro y/o documento.